Walther Müller-Jentsch

Die Kunst in der Gesellschaft

Walther Müller-Jentsch

Die Kunst
in der Gesellschaft

Bibliografische Information der Deutschen Nationalbibliothek
Die Deutsche Nationalbibliothek verzeichnet diese Publikation in der
Deutschen Nationalbibliografie; detaillierte bibliografische Daten sind im Internet über
<http://dnb.d-nb.de> abrufbar.

1. Auflage 2011

Alle Rechte vorbehalten
© VS Verlag für Sozialwissenschaften | Springer Fachmedien Wiesbaden GmbH 2011

Lektorat: Cori Mackrodt

VS Verlag für Sozialwissenschaften ist eine Marke von Springer Fachmedien.
Springer Fachmedien ist Teil der Fachverlagsgruppe Springer Science+Business Media.
www.vs-verlag.de

Das Werk einschließlich aller seiner Teile ist urheberrechtlich geschützt. Jede Verwertung außerhalb der engen Grenzen des Urheberrechtsgesetzes ist ohne Zustimmung des Verlags unzulässig und strafbar. Das gilt insbesondere für Vervielfältigungen, Übersetzungen, Mikroverfilmungen und die Einspeicherung und Verarbeitung in elektronischen Systemen.

Die Wiedergabe von Gebrauchsnamen, Handelsnamen, Warenbezeichnungen usw. in diesem Werk berechtigt auch ohne besondere Kennzeichnung nicht zu der Annahme, dass solche Namen im Sinne der Warenzeichen- und Markenschutz-Gesetzgebung als frei zu betrachten wären und daher von jedermann benutzt werden dürften.

Umschlaggestaltung: KünkelLopka Medienentwicklung, Heidelberg
Gedruckt auf säurefreiem und chlorfrei gebleichtem Papier
Printed in Germany

ISBN 978-3-531-17694-9

Inhalt

Übersichten 7
Vorwort und Einleitung 9

I. **Kunst als Gegenstand der Soziologie** 13
  1. Produktion und Rezeption 13
  2. Theoretische Zugänge zur Kunstsoziologie 16
  3. Art Worlds und Kunstsystem 25

II. **Das Kunstsystem und seine Organisationen** 29
  1. Funktionssystem und Organisation 29
  2. Die Kunst als autonomes Teilsystem der Gesellschaft 30
  3. Organisationen der Ausbildung und Sozialisation 34
  4. Organisierte Kunstproduktion 46
  5. Organisationen der Distribution 57
  6. Organisationen der Vermittlung 68
  7. Organisierung des Publikums 78
  8. Resümee 82

III. **Der Künstler – eine prekäre Profession** 85
  1. Begriff und Profession 85
  2. Künstlerethos und Künstlerhabitus 88
  3. Historische Sozialtypen des Künstlers 92
  4. Der moderne Künstler 102
  5. Künstler und Bürger 106

IV. **Künstlergruppen – manifeste und latente Ziele** 109
    1. Gruppenbildung als neuzeitliches Phänomen 109
    2. Formen der Gruppenbildung 112
    3. Ausgewählte Künstlergruppen
       (Nazarener – Barbizon – Worpswede – Brücke – Bloomsbury) 115

V. **Strategien im literarischen Feld** 139
    1. Wie man Schriftsteller wird 139
    2. Literarisches Feld und „verkehrte Ökonomie" 141
    3. Skizze des George-Kreises 145
    4. Skizze der Gruppe 47 155
    5. Vergleich beider Gruppen 163
    6. Resümee 177

VI. **Zwischen Kritik und Affirmation** 181
    1. Transzendierende Kritik versus affirmative Kultur 181
    2. Markt und Kommerz 184
    3. Pop Art und Business Artists 196
    4. Gegenbewegungen 201

Literaturverzeichnis 207
Register 221

Übersichten

Übersicht 1: Das Kunstsystem und seine wichtigsten Komponenten 27

Übersicht 2: Ausgewählte Kunstakademien und Kunsthochschulen (mit Studienschwerpunkt Bildende/Freie Kunst) 37

Übersicht 3: Kunstuniversitäten 44

Übersicht 4: Strukturdaten über Oper und Schauspiel (Düsseldorf und Dresden) 2008/2009 49

Übersicht 5: Klassisches Organigramm (Einlinien-Organisation) eines Verlages 58

Übersicht 6: Netzwerk des Kunsthandels 61

Übersicht 7: Funktionen und Adressaten von Museen 71

Übersicht 8: Die großen Nationalbibliotheken 77

Übersicht 9: Einkommen selbständiger Kulturberufe, 2004 87

Übersicht 10: Die teuersten Kunstwerke der Welt (Auktionsergebnisse) 187

Übersicht 11: Jahresumsätze der großen Auktionshäuser, 2005-2009 188

Vorwort und Einleitung

Mit diesem Band verfolgt der Verfasser die Absicht, einen Aufriss zur empirischen Soziologie der Kunst (genauer: der Künste) vorzulegen. Ansätze zur Begründung dieser Speziellen Soziologie gab es in Deutschland zuletzt in den 1960er und 1970er Jahren; sie sind mit dem Namen des Kölner Soziologen Alphons Silbermann verknüpft. Indes vermochte seine „Empirische Kunstsoziologie" (1973) keine Schule zu begründen, und die von ihm inaugurierte Buchreihe „Klassiker der Kunstsoziologie" kam über drei Titel nicht hinaus.[1] Ein wenige Jahre später von Rainer Wick herausgegebener Reader zur Kunstsoziologie (1979) war ein singuläres Unternehmen; das von ihm konstatierte „entwicklungsbedürftige Randgebiet" blieb steiniger Boden, den auch zwanzig Jahre später ein von Jürgen Gerhards herausgegebener neuer Reader zur Soziologie der Kunst (1997) nicht zum Blühen brachte. Unter diesen Umständen ist der Optimismus des Verfassers gedämpft, wenn er mit diesem Buch die Chance für einen neuen Anlauf zur Wiederbelebung einer vernachlässigten Speziellen Soziologie ergreift.

Der Buchtitel wurde nicht ohne Bedenken gewählt, weil er sich von dem großen Werk Niklas Luhmanns (1995) allein durch die Präposition „in" unterscheidet. Inhaltlich wird ein ungleich bescheideneres Ziel verfolgt. Wäre er nicht so inhaltsarm, hätte sich als alternativer Titel „Zur Soziologie des Kunstsystems" angeboten. Eingebettet in die systematische Darstellung des Kunstsystems mit seinen Komponenten und Institutionen, wurden in dem Band einige bereits früher veröffentlichte Aufsätze[2] in überarbeiteter und erweiterter Version aufgenommen.

***

---

[1] Bd. 1: Jean Marie Guyeau: Die Kunst als soziologisches Phänomen. Berlin 1987. Bd. 2: Hippolyte Taine: Philosophie der Kunst. Berlin 1987. Bd. 3: Pierre Joseph Proudhon: Von den Grundlagen der sozialen Bestimmung. Ins Deutsche übertragen, eingeleitet und erläutert von Klaus Herding, Berlin 1988.

[2] „Das Kunstsystem und seine Organisationen oder Die fragile Autonomie der Kunst", in: Wieland Jäger/Uwe Schimank (Hg.), Organisationsgesellschaft. Facetten und Perspektiven, Wiesbaden 2005, S. 186-219. – „Künstler und Künstlergruppen. Soziologische Ansichten einer prekären Profession", in: Berliner Journal für Soziologie, 15. Jg. (2005), Heft 2, S. 159-177. – „Exklusivität und Öffentlichkeit. Über Strategien im literarischen Feld", in: Zeitschrift für Soziologie, 36. Jg. (2007), H. 3, S. 219-241.

Auch eine empirische Soziologie des Kunstsystems ist nicht voraussetzungslos. Schon der deskriptive Aufriss des Kunstsystems, ganz zu schweigen von der Bestimmung seines Stellenwerts und seiner Funktion in der Gesellschaft, bedarf der Begriffe und Konzepte. Als analytische Kategorien finden die soziologischen Begriffe *Organisation, Profession* und *Strategie* bevorzugt Verwendung. Niklas Luhmanns theoretische Bestimmung der Kunst als ein ausdifferenziertes gesellschaftliches Funktionssystem wird als Ausgangskonzept übernommen, ohne zugleich der Luhmannschen Theoriearchitektur in ihren Feinheiten und Verästelungen zu folgen. So verstehen wir, abweichend davon, das Kunstsystem nicht als allein durch Kommunikationen konstituiert. Unsere Architektur ruht auf den Hauptsäulen *Künstler – Kunstwerk – Publikum*. Diese Trias schließt Produktions- wie Wahrnehmungsästhetik ebenso ein wie handelnde Individuen in sozialen Rollen und Gruppenzusammenhängen. Weitere Fragestellungen verdanken sich der Organisations- und Professionssoziologie, von deren Begriffsangebot wir reichlich Gebrauch machen. Weil überhaus erhellend für das Verständnis strategischen Handelns im Kunstsystem, bedienen wir uns zudem des analytischen Potentials Pierre Bourdieus, vornehmlich seiner Konzeption des künstlerischen Feldes und seines Strategiebegriffs. Nachhaltige Anregungen verdanken wir nicht zuletzt den ästhetischen und kunstsoziologischen Überlegungen Theodor W. Adornos einschließlich seiner kritischen Befunde zur Kulturindustrie.

Obwohl in der Kunstsoziologie zuweilen zwischen Literatursoziologie, Musiksoziologie und Soziologie der Bildenden Künste unterschieden wird, ist hier mit Kunstsoziologie das Spektrum aller Kunstgattungen gemeint: Bildende Kunst (Malerei, Bildhauerei, Zeichnung, Grafik, Installationen und Performance), Literatur, Musik, Film und Fotografie, Medienkunst, Architektur, Darstellende Kunst (Schauspiel, Oper, Pantomime und Tanz). Als wissenschaftlicher Terminus erscheint eine „Soziologie der Künste" noch ungewöhnlich.[3]

Kunstsoziologie ist ein Zweig der Soziologie wie auch der Kunstwissenschaft. Neben ihren beiden Hauptzweigen, der Kunst- (und Literatur-)geschichte und der Ästhetik (bzw. Kunstphilosophie), stellt die Kunstsoziologie, nebst der Kunstpsychologie und Kunstpädagogik, eine für die Kunstwissenschaft eher nachgeordnete Wissenschaft dar, während sie in der Systematik der Soziologie den Status einer Speziellen Soziologie neben vielen anderen einnimmt.

Im Gegensatz zur Ästhetik, als Wissenschaft der sinnlichen Wahrnehmung und Erkenntnis, und Kunstphilosophie, als der Lehre vom Wesen des Schönen und Erhabenen, geht es der Kunstsoziologie um die soziokulturelle Einbettung der

---

3   Auf dem letzten, dem 35. Kongress der Deutschen Gesellschaft für Soziologie, 2010 in Frankfurt am Main, hat sich eine Ad hoc-Gruppe „Soziologie der Künste" konstituiert.

Vorwort und Einleitung

Kunst, das heißt im Einzelnen um die sozialen Bedingungen ihrer Entstehung, Vermittlung, Aneignung und Wirkung, ferner um die sozialen Funktionen der Kunst. Deren Darstellung liegt in diesem Buch die folgende generelle Überlegung zugrunde: Mit dem spätestens in der Romantik einsetzenden Prozess der Freisetzung des Hofkünstlers zum modernen, autonomen Künstler entstehen, parallel und als Annex zum (Kunst- und Literatur-) Markt, Organisationen und Institutionen, die zwischen Künstler und Publikum vermitteln und dessen prekäre Existenz als autonomes Subjekt erst ermöglichen; unterstützend dienen dem gleichen Zweck Zusammenschlüsse von Künstlern zu exklusiven Gruppen. Die Existenz, Profession und Autonomie des Künstlers ermöglichenden und schützenden Organisationen haben eine Kehrseite – sie geraten in den Strudel kapitalistischer Verwertungsprozesse und drohen durch zunehmende Kommerzialisierung der Kunst deren Autonomie zu untergraben. Diese Dialektik zwischen Autonomie und Kommerzialisierung grundiert die inhaltlichen Analysen des Buches.

Es ist wie folgt gegliedert. Zunächst wird nach dem wissenschaftlichen Interesse der Soziologie an der Kunst gefragt und sodann werden repräsentative theoretische Zugänge zum Gegenstandsbereich sowie ein erster topographischer Aufriss des Kunstsystems mit seinen wichtigsten Komponenten vorgestellt (I). Dem folgt ein Kapitel, das das Kunstsystem als ein autonomes gesellschaftliches System analysiert und die für dieses System relevanten Organisationen darstellt, die der Sozialisation der Kunstsubjekte sowie der kollektiven Produktion, der Distribution, Vermittlung und Rezeption von Kunstobjekten dienen (II). Die historische Herausbildung der verschiedenen Sozialtypen des Künstlers und sein durchgängig prekärer Status als Profession ist Thema des folgenden Kapitels (III), dem ein Kapitel über Formen und Funktionen von Künstlergruppen mit Charakterisierungen ausgewählter Gruppen folgt (IV). Strategisches Handeln im künstlerischen Feld, das im Zentrum von Kapitel V steht, wird komparativ und exemplarisch an den literarischen Gruppierungen des George-Kreises und der Gruppe 47 analysiert. Das abschließende Kapitel VI thematisiert die aktuellen Tendenzen zur Kommerzialisierung der Kunst im zunehmenden Sog der Kulturindustrie und verweist auf exemplarische Gegenströmungen.

***

Gewidmet ist das Buch meinen Freundinnen und Freunden, die der prekären Profession des Künstlers und der Künstlerin mit Passion nachgehen und deren kreative Anregungen die gesicherte Existenz des emeritierten Universitätsprofessors sensibel gemacht haben in seinen akademischen Bemühungen, eine Erscheinungswelt zu verstehen, die uns Erfahrungen vermittelt, welche der diskursiven Beschreibung deutliche Grenzen setzen. *Kunst transportiert eine Erfahrung, die durch kein anderes Medium transportierbar ist.*

Düsseldorf, im Januar 2011

I. Kunst als Gegenstand der Soziologie

> Die Kunst ist innerhalb der Gesellschaft das utopische
> Experimentierfeld, in dem zunächst versuchsweise die Widerstände zerstäubt werden von einem spielerischen Handeln, das
> übergehen möchte in die Befreiung des Ganzen.
>
> Dieter Wellershoff[4]

Die Tatsache, dass die Soziologie sich auch mit der Kunst beschäftigt, ist auf den ersten Blick ebenso wenig oder genauso erstaunlich, wie die, dass sie sich mit Medizin oder Sprache oder Technik befasst. Nicht anders als diese Gegenstände ist die Kunst als ein gesellschaftliches „Produkt" oder „Projekt" zu begreifen, das – bestehend aus Symbolen, Artefakten und Praktiken – menschlichen Interaktionen entspringt, mit anderen Worten, aus kommunikativen Handlungen vergesellschafteter Individuen hervorgeht, an nachfolgende Generationen weitergegeben wird und gesellschaftliche Effekte erzeugt.

Auf den zweiten Blick stellt sich freilich die Frage: Ist Kunst nicht eine zutiefst individuelle Angelegenheit? Schafft der Künstler nicht allein in seinem Atelier, am Schreibpult, im Tonstudio, Fotolabor oder am Schneidetisch in kreativen Akten Kunstwerke, die wiederum der Kunstrezipient (Betrachter, Leser, Hörer) sich individuell aneignet? Gewiss. Doch Künstler wie Rezipient sind Mitglieder einer Gesellschaft, in deren Verkehrs- und Gesellungsformen die künstlerische Produktion und die ästhetische Wahrnehmung soziokulturell eingebettet sind.

1. Produktion und Rezeption

Künstler und Künstlerin[5] arbeiten mit einem Material,[6] das sie als historisch präformiertes vorfinden; es ist von anderen Künstlern, den Vorgängern, vorgeformt worden, die es wiederum von ihren Vorgängern übernommen und sich anverwandelt haben. Ob Sprache, Farben, bildnerische Formen, Tonmaterial oder performative Techniken – sie alle sind gleichermaßen historisch imprägniert, symbolisch aufgeladen. Pointiert formuliert: Kunstobjekte fallen nicht vom Himmel, sie sind zwar ästhetische Gebilde *sui generis*, aber zugleich, in Emile Durkheims Worten,

---

4   „Die Auflösung des Kunstbegriffs" (Wellershoff 1981: 127).
5   Aus Gründen sprachlicher Vereinfachung werden wir im Folgenden weitgehend das generische Maskulinum verwenden.
6   „Material" wird hier im weitesten Sinne verstanden, einschließlich seiner vielfältigen, historisch erworbenen Bedeutungen, Symbolik und Ideen, die es mittransportiert.

faits sociaux – Objekte, die ihre wie immer geartete Bindung an die menschliche Sozietät nicht abstreifen können. In der ihm eigenen Zuspitzung hat Theodor W. Adorno diese Erkenntnis wie folgt formuliert: „Wie jedem produktiven Künstler, so ‚gehört' auch dem Komponisten unvergleichlich viel weniger von seinem Gebilde als die vulgäre, stets noch am Geniebegriff orientierte Ansicht Wort haben will. Je höher geartet ein musikalisches Gebilde, desto mehr verhält sich der Komponist als dessen Vollzugsorgan, als einer, der dem gehorcht, was die Sache von ihm will." Noch die selbstgestellte Regel „ist eine solche bloß dem Schein nach. Sie reflektiert in Wahrheit den objektiven Stand des Materials und der Formen. Beide sind in sich gesellschaftlich vermittelt" (Adorno 1978a, GS 16: 17). Diesen Gedanken des immanenten Anschließens und Weiterführens von objektiv Gegebenem (Material, Verfahren, Überliefertes) finden wir auch bei verschiedenen Schriftstellern artikuliert. Robert Manesse bringt ihn mit dem Satz zum Ausdruck, dass „ein Schreibverfahren oftmals einen Autor weiter trägt, als er gehen wollte" (Manesse 2006: 45); ähnlich der Lyriker Durs Grünbein: „Etwas in mir schreibt am Gedicht. Ich bin es und ich bin es nicht." (Grünbein 2010) Und schließlich Botho Strauß: „Man schreibt einzig im Auftrag der Literatur. Man schreibt unter Aufsicht alles bisher Geschriebenen." (Strauß 2004: 80)

Die auf das Verhältnis von Kunstwerk und Gesellschaft zielende Argumentation entspricht Adornos Sicht auf Ästhetik und Kunstsoziologie, welche die Kunst vornehmlich unter dem Produktions- und Werkaspekt, der *Werkästhetik*, gelten lassen will. Kunst ist jedoch nicht nur eine *hervorbringende*, sondern auch eine *aufnehmende* Tätigkeit. Jedes Kunstwerk ist adressiert, richtet sich an einen Betrachter, Leser, Hörer; und nicht wenigen literarischen oder bildnerischen Werken ist dies explizit eingeschrieben. Man denke nur an die direkte Anrede des „lieben Lesers" etwa in Romanen Jean Pauls und Laurence Sternes oder an die notorische Rückenfigur in Gemälden Caspar David Friedrichs, der damit den Betrachter ins Bild setzt. Bereits in Hegels „Ästhetik" finden wir den erstaunlichen Satz: „Wie sehr es nun aber auch eine in sich übereinstimmende und abgerundete Welt bilden mag, so ist das Kunstwerk selbst doch als wirkliches, vereinzeltes Objekt nicht *für sich*, sondern *für uns*, für ein Publikum, welches das Kunstwerk anschaut und es genießt." (1956 I: 259; Hervorh. i. O.) Neuere Analysen sprechen auch von einer „Prozessualisierung der Kunst" und thematisieren damit sowohl den Prozess des Produzierens wie den der Vermittlung in die Gesellschaft hinein (Hantelmann/Lüthy 2010: 7).

Nach dem heutigem Verständnis der *Rezeptionsästhetik* (vgl. Jauß 1991; Kemp 1992; Stöhr 1996) stehen Künstler und ihre Werke mit dem kunstrezipierenden Publikum in einem rekursiven kommunikativen Prozess, in dem Rezeption und Re-

1. Produktion und Rezeption

zeptionsgeschichte auf den Gehalt der Werke zurückwirken. „Objekte der Kunst existieren nicht unabhängig von den Möglichkeiten ihrer *Wahrnehmung* als Objekte der Kunst." (Seel 2007: 60; Hervorh. i. O.) So versteht Bourdieu „die Geschichte der Wahrnehmungsinstrumente eines Werkes" als „unerlässliche Ergänzung zur Geschichte seiner Produktionsinstrumente, da ein jedes Werk in gewisser Weise zweimal gemacht wird, nämlich einmal vom Urheber und einmal vom Betrachter oder, genauer, von der Gesellschaft, der dieser Betrachter angehört" (1974: 175). Den aktiven Beitrag des Lesers hat Roland Barthes akribisch herausgearbeitet. Er begreift einen literarischen Text als ein semiologisches Geflecht beziehungsweise Zeichensystem, das nach fünf verschiedenen und sich kreuzenden Codes oder Stimmen gelesen werden kann: den Stimmen der Empirie, der Person, der Wissenschaft, der Wahrheit und der Symbolstimme (Barthes 1987: 26).

Die Interaktion zwischen Produktion und Rezeption, beide sozialstrukturell eingebettet, schließt auch den zeitlichen Brückenschlag zwischen Damals und Jetzt ein. Das Kunstwerk ist nicht nur Produkt, sondern auch Spiegel der Gesellschaft. Aus soziologischer Perspektive erscheint das Kunstwerk „als Symbol, das etwas mitteilt über die Werte des sozialen Feldes, aus dem es kommt" (Roeck 1999: 23). Der britische Kunsthistoriker Michael Baxandall hat an Bildern des italienischen Quattrocento aufgezeigt, wie charakteristische Fertigkeiten und Gewohnheiten einer Gesellschaft visuell in das Medium des Malers eingehen und seinen malerischen Stil bestimmen. Seine Darstellung sei konventionsgebunden wie die Sprache. Wer sie zu lesen gelernt habe und richtig auf sie zugehe, könne die Bilder als Dokumente über ihre Zeit lesen, wie Urkunden oder Kirchenbücher (Baxandall 1980: 185f.).

Wie uns die philosophische *Hermeneutik* lehrt (Gadamer [1960] 1990), vermitteln sich Vergangenheit und Gegenwart beständig: ein Werk der Vergangenheit wird mit dessen Entstehungskontext aus dem Horizont der Gegenwart rezipiert. Der Interpretierende lässt sich auf den historischen Bedeutungshorizont eines Textes oder Kunstwerkes ein und setzt sie zu seinem eigenen geschichtlichen Bedeutungshorizont in Bezug. Es geht bei dieser doppelten Historizität und Sozialität nicht nur um historische Vergegenwärtigung, sondern zugleich um gegenwartsbezogene Befragung; in Hans-Georg Gadamers Worten: „Verstehen ist immer der Vorgang der Verschmelzung solcher vermeintlich für sich seiender Horizonte" (ebd.: 311). Wenn Werke der Vergangenheit in den Dialog mit der Gegenwart treten, schließt dies auch das Wissen früherer Rezeptionen dieser Werke ein.

Um das an einem Beispiel zu veranschaulichen: Der Sinngehalt von Shakespeares „Hamlet" ergibt sich *zunächst* aus der textimmanenten Interpretation des Dramas, *sodann* aus der Vergegenwärtigung der historischen Person, die das Werk schuf, und der geschichtlichen Situation, in der es entstand, und *schließlich* ganz entscheidend auch aus seiner Wirkungsgeschichte. Nahezu unerlässlich für die Arbeit von Dramaturgen und Theaterregisseuren ist das Studium der Aufführungsgeschichte eines Theaterstückes. Erst sie erschließt jene Sinnfülle, der jedes eminente Kunstwerk zu einem unausschöpfbaren macht. Dass Shakespeare sich die Augen reiben würde, sähe er eine moderne Aufführung seines Dramas, könnte als Einwand allenfalls der naive Theaterbesucher erheben.

Nach den bisherigen Überlegungen könnte eine erste formale Gegenstandsbestimmung der Soziologie der Kunst wie folgt lauten: Soziologie der Kunst befasst sich mit der Trias von *Künstler – Werk – Publikum* und deren interaktivem Zusammenspiel im gesellschaftlich-historischen Kontext.

2. Theoretische Zugänge zur Kunstsoziologie

Schon die Gründerväter der Soziologie hatten ihren Blick auf die Kunst gerichtet. Sowohl Karl Marx als auch Max Weber und Georg Simmel befassten sich, freilich mit unterschiedlicher Intensität, mit dem Phänomen der Kunst.

Von Karl Marx stammt der bemerkenswerte Satz: „Im Gegensatz zum Tier formiert der Mensch auch nach den Gesetzen der Schönheit" (Marx/Engels 1968: 517). Allerdings hat er sich über Kunst und Literatur meist nur en passant geäußert. In seiner dialektischen Gesellschaftstheorie ist die Kunst – zusammen mit Politik, Recht, Philosophie und Religion – Bestandteil des gesellschaftlichen Überbaus, der sich über der ökonomischen Basis, dem System der gesellschaftlichen Arbeit, erhebt und von deren Entwicklung abhängig bleibt.

Gleichwohl verficht Marx keinen strengen Determinismus, wonach die Kunst ein Derivat der ökonomischen Basis sei. Insbesondere verweist er auf Ungleichzeitigkeiten von gesellschaftlicher und künstlerischer Entwicklung, So konstatiert er, dass „bestimmte Blütezeiten (der Kunst) keineswegs im Verhältnis zur allgemeinen Entwicklung der Gesellschaft, also auch der materiellen Grundlage, gleichsam des Knochenbaus ihrer Organisation, stehn" (Marx 1939: 30). Kunst und Epos der Griechen seien zwar an „gewisse gesellschaftliche Entwicklungsformen geknüpft", aber schwieriger zu verstehen sei, dass „sie uns noch Kunstgenuß gewähren und in gewisser Beziehung als Norm und unerreichbare Muster gelten" (ebd.: 39). Den Künstler als abgesonderte Profession sieht er als eine „Folge der Teilung der Arbeit" in den Klassengesellschaften. „In einer kommunistischen Gesellschaft gibt es keine Maler, höchstens Menschen, die unter Anderm auch malen." (Marx/Engels 1962: 378f.)

2. Theoretische Zugänge zur Kunstsoziologie

Max Webers Ausflug in die Kunst beschränkte sich auf die Sphäre der Musik. Die Fragment gebliebene Arbeit, posthum unter dem Titel „Die rationalen und soziologischen Bedingungen der Musik" veröffentlicht (Weber 1956), schätzte Adorno als den „bisher umfassendsten und anspruchsvollsten Entwurf einer Musiksoziologie" (Adorno 1978a, GS 16: 13). Im akkordharmonischen System der Musik entdeckte Weber das Rationalitätsprinzip – mit Adornos Worten – „geradezu als historisches Gesetz (...), nach dem die Musik sich entfaltet hat" (Adorno 1996b, GS 15: 30) und in dem sie gewissermaßen Anteil am außerkünstlerischen Prozess der okzidentalen Rationalisierung hat. Bemerkenswert an Webers Arbeit ist einmal, dass er an einem Phänomen, das gemeinhin als der Sphäre des Irrationalen und Emotionalen zugehörig betrachtet wurde und wird, dessen rationale Struktur herausarbeitet, und ein andermal, dass er weitgehend immanent, gleichsam „materialistisch", aus dem musikalischen Material heraus den rationalen Progress erklärt.

Umfassender hat Georg Simmel über Kunstwerke und Künstler der verschiedenen Kunstgattungen sich verbreitet (Simmel 2008). Seine Essays sind indessen in einer vorwiegend nichtdiskursiven Sprache und unter Vermeidung strenger Definitionen verfasst, sie bleiben schillernd und vieldeutig, durchsetzt mit Assoziationen. Hinzu kommt „sein Hang, sich mit Vorliebe in Analogien, diesem typisch literarischen, ja allgemein künstlerischen Ausdrucksmittel (...) zu bewegen" (Eisermann 1979: 81). Seine Gegenstände waren thematisch von großer Spannweite; mit Intuition und sensiblem Gespür hat er sich in sie versenkt und das Individuelle und Exemplarische hervorgehoben. Alle Kunst stellt ihm zufolge eine Distanz zwischen uns und den Dingen her; sie „verändert die Blickweite, in der wir uns ursprünglich und natürlich zu der Wirklichkeit stellen. Sie bringt sie uns einerseits näher, zu ihrem eigentlichen und innersten Sinn setzt sie uns in ein unmittelbares Verhältnis, hinter der kühlen Fremdheit der Außenwelt verrät sie uns die Beseeltheit des Seins, durch die es uns verwandt und verständlich ist. Daneben aber stiftet jede Kunst eine Entfernung von der Unmittelbarkeit der Dinge, sie läßt die Konkretheit der Reize zurücktreten und spannt einen Schleier zwischen uns und sie, gleich dem feinen bläulichen Duft, der sich um ferne Berge legt." (Simmel 1989: 658f.) Eine genuin kunstsoziologische Theorie hat Simmel nicht formuliert. In einer bei ihm schon unüblich verallgemeinerten Form äußerte er sich in einer frühen Schrift zur Musik (Simmel 2000), in der er ein Vehikel für die Kommunikation von Gefühlen sah, wobei er der Vokalmusik präziseren Ausdruck zugestand als der Instrumentalmusik, die eher diffuse Gefühle kommuniziere (Eisermann 1979: 75).

Eine bedeutende Richtung der Kunstsoziologie, für die Namen wie Georg Lukàcs (1962ff.) und Arnold Hauser (1983) stehen, sieht in der Kunst so etwas wie einen (kritischen) Spiegel der bürgerlichen Gesellschaft. Diesem Kunstverständnis zufolge lassen sich Kunststile als Verkörperungen bestimmter Gesellschaftsformen und Klassenstrukturen dechiffrieren. Zugleich sind ihre Vertreter stark an den manifesten Inhalten der Kunstwerke interessiert und suchen ihre bevorzugten Referenzfälle in den großen Gesellschaftsromanen des 19. Jahrhunderts (z.B. in den Werken Balzacs) und in der realistischen Malerei. Es kommt dieser marxistischen Variante der Kunstsoziologie vornehmlich darauf an, bürgerliche Weltbilder, Gesellschaftsstrukturen und Klassenverhältnisse sowie die von ihnen verursachten Phänomene der Entfremdung und Verdinglichung in der Kunst wiederzuentdecken. Ihrer Interpretation zufolge manifestieren sich in progressiver Kunst die (optimistischen) Weltsichten aufsteigender Klassen (frühes Bürgertum, Proletariat) im Kampf mit den herrschenden Gewalten, während „dekadente" Kunst die Verfalls- und Verfaulungsprozesse absteigender Klassen (Adel, spätes Bürgertum) widerspiegelt.

Wichtige Impulse verdankt die Kunstsoziologie der Kritischen Theorie (Frankfurter Schule). In ihren kunstwissenschaftlichen Schriften haben insbesondere Herbert Marcuse und Theodor W. Adorno luzide Beiträge über den Stellenwert der Kunst in der bürgerlichen Gesellschaft vorgelegt. Ihre polaren Stichworte sind Kritik und Affirmation der gesellschaftlichen Verhältnisse. Anders als die marxistische Ästhetik, die die Kunst als Teil des ideologischen Überbaus versteht, in denen sich die Weltsichten von (auf- und absteigenden) Klassen artikulieren und widerspiegeln, versteht die Kritische Theorie das Kunstwerk als eine Produktivkraft und stellt es ins Verhältnis zum gesellschaftlichen Ganzen als einem Leidenszusammenhang.

Im theoretischen Denkens Herbert Marcuses nimmt das Ästhetische, genauer: die Bestimmung von Form und Funktion der Kunst, einen essentiellen Stellenwert ein. Seit seiner Dissertation über den „deutschen Künstlerroman" (1922) hat er, ausgehend von der klassisch-idealistischen Ästhetik (Kant, Herder, Schiller), über das Verhältnis von Kunst und Leben, Kultur und Gesellschaft reflektiert. Insbesondere von Schiller übernahm er den Gedanken des Spiels aus dessen Schrift „Über die ästhetische Erziehung des Menschengeschlechts".

Kunst begreift Marcuse „als eine Art von Sprachcode für Prozesse, die in der Gesellschaft ablaufen, als einen Code, der mit Hilfe der kritischen Analyse zu dechiffrieren ist" (aus einem unveröffentlichten Memorandum von 1944; zit. n. Jay 1973: 213). In seiner Abhandlung „Über den affirmativen Charakter der Kultur" ([1937] 1965) analysiert er die ambivalenten Funktionen der Kunst – die affirmative und die kritische – in der bürgerlichen Gesellschaft. Affirmativ sei die Kunst, weil sie das Elend der gesellschaftlichen Verhältnisse, „die Glücklosigkeit des Bestehenden" (1965: 86) kompensiere: „(...) die Einstreuung des kulturellen

2. Theoretische Zugänge zur Kunstsoziologie

Glücks in das Unglück, die Beseelung der Sinnlichkeit mildert die Armseligkeit und Krankhaftigkeit solchen Lebens zu einer ‚gesunden' Arbeitsfähigkeit" (ebd.: 90). Das Affirmative bestehe in der falschen Versöhnung, in der Abspaltung eines autonomen Bereichs von der Gesellschaft; denn nur im Medium der Schönheit dürfen die Menschen am Glück teilhaben. „Die Schönheit der Kunst ist – anders als die Wahrheit der Theorie – verträglich mit der schlechten Gegenwart; in ihr kann sie Glück gewähren." (Ebd.: 86). Doch bleibt für Marcuse die Kunst (im Gegensatz zur Kulturindustrie) in ihrem Gehalt gleichwohl kritisch und subversiv – als Ahnung eines glücklichen Zustandes, einer „promesse du bonheur" (Stendhal). Das politische Potential der Kunst sieht er in der „Qualität der ästhetischen Form, die den gesellschaftlichen Verhältnissen gegenüber weitgehend autonom ist. Die Kunst protestiert gegen diese Verhältnisse, indem sie sie *transzendiert*. In dieser Transzendenz bricht sie mit dem herrschenden Bewußtsein, revolutioniert sie die Erfahrung." (1977: 7; Hervorh. i. O.) „In diesem Sinne ist jedes authentische Kunstwerk Anklage, Rebellion, Hoffnung. Es steht gegen die Wirklichkeit, die es doch repräsentiert." (Ebd.: 8f.)

In seiner späteren politisch-ästhetischen Utopie der sechziger Jahre argumentierte Marcuse, dass die dem Charakter der Klassengesellschaft geschuldete Ambivalenz der Kunst in einer befreiten Gesellschaft sich auflösen könne, indem „der konkret-utopische Gehalt der Kunst" verwirklicht werde und die Kunst aufhöre, Kunst zu sein (Schweppenhäuser 2000: 22). Er sah in den kulturrevolutionären Impulsen der neuen Linken Nordamerikas und Westeuropas eine „neue Sensibilität", und in den aktionsorientierten Kunstformen der westlichen Neo-Avantgarde „Vorboten nahender gesellschaftlicher Umwälzungen" (ebd.). Dass die emanzipatorischen Potentiale der Kunst die gesellschaftliche Praxis zu einer ästhetischen Lebensform verändern könnten, waren ein Nachhall der von Surrealismus und den Avantgarden des frühen 20. Jahrhunderts gehegten Hoffnung auf eine Entgrenzung der Kunst.

Doch bald erkannte Marcuse seinen fehlgeleiteten Optimismus und vollzog in seiner kunstphilosophischen Theorie eine Revision der Revision. In einem seiner letzten Essays, „Die Permanenz der Kunst" (1977) kehrte er zurück zu seiner Position, dass Kunst Wahrheit und Ideologie zugleich sei. Wie im Untertitel – „Wider eine bestimmte marxistische Ästhetik" – hervorgehoben, wendet er sich gegen die orthodox-marxistische Ästhetik, dass Kunstwerke die Interessen bestimmter gesellschaftlicher Klassen im Zusammenhang bestehender Produktionsverhältnisse gestalteten. Vielmehr breche Kunst mit dem herrschenden Bewusstsein: „Der Widerspruch zum Besehenden ist dem Kunstwerk immanent" (1977: 7), es negiere das Realitätsprinzip. Da aber auch die freie Gesellschaft das „Reich der Notwendigkeit nicht aufheben, sondern nur auf ein Minimum reduzieren könne, „bleiben die Künste Ausdrucksformen ganz und gar eigener Art, Ausdruckformen einer Schönheit und Wahrheit, die die Wirklichkeit so nicht kennt" (Schweppenhäuser 2000: 31).

Der positiven ästhetischen Theorie Marcuses kontrastiert die negative Adornos. Seine kunstsoziologischen Überlegungen, in der posthum veröffentlichten „Ästhetischen Theorie" (1996a, GS 7) komprimiert dargelegt,[7] sind sperrige, hochkomplexe Aussagen. Fruchtlos wäre das Unterfangen, ihre Gedanken wie Feilspäne mit einem Magneten zu zentrieren zu suchen. Wenn Adorno in seinen „Thesen zur Kunstsoziologie", die des Kölner Soziologen Alphons Silbermanns Ansichten zur Kunstsoziologie attackieren, scheinbar arglos definiert: „Kunstsoziologie umfasst, dem Wortsinn nach, alle Aspekte im Verhältnis von Kunst und Gesellschaft" (Adorno 1977a, GS 10.1: 367), dann lässt er dem sogleich den Zweifel folgen, ob die meisten der von seinem Kontrahenten hervorgehobenen Aspekte es überhaupt wert sind, untersucht zu werden. Im Zentrum der Kunstsoziologie Adornos stehen allein die Kunstwerke und ihr gesellschaftlicher Gehalt. Selbst mit der Profession des Künstlers macht er kurzen Prozess, indem er ihn auf eine „Hebammenfunktion" (Michel 1980: 53) reduziert. Der Künstler ist für ihn bloßes „Vollzugsorgan" (1996a, GS 7: 249), das eine immanente Gesetzlichkeit realisiert, die das künstlerische Material ihm gebietet, ein „verlängertes Werkzeug" des „Übergangs von der Potentialität zur Aktualität" (ebd.).[8]

Als Ariadnefaden durch das Labyrinth seines dialektischen Denkens mit janusköpfigen Kategorien[9] dient uns ein doppeltes Begriffspaar. Mit dem einen verweist Adorno auf den „Doppelcharakter der Kunst: der von Autonomie und fait social" (1996a, GS 7: 340). Adorno benutzt hier einen Begriff Durkheims, der mit „fait social" einen gesellschaftlich erzeugten Tatbestand bezeichnet„ der sein Substrat nicht im Individuum hat, sondern eine „Realität sui generis" darstellt (Durkheim 1961: 106ff.). Als Produkt von gesellschaftlicher Arbeit des Geistes ist Kunst fait social. Auch ihre Materialien verdanken sich, ebenso wie ihr Stoffgehalt, gesell-

---

7 Weitere einschlägige Arbeiten Adornos zur Kunstsoziologie sind zudem: „Rede über Lyrik und Gesellschaft" (GS 11), „Thesen zur Kunstsoziologie" (GS 10.1), „Einleitung in die Musiksoziologie (GS 14), „Ideen zur Musiksoziologie" (GS 16).
8 „Die Tathandlung des Künstlers ist das Minimale, zwischen dem Problem zu vermitteln, dem er sich gegenüber sieht und das selbst bereits vorgezeichnet ist, und der Lösung, die ebenso potentiell in dem Material steckt." (1996a, GS 7: 249) Vgl. auch die fast schon kuriose Aussage: „In der Tastatur jeden Klaviers steckt die ganze Appassionata, der Komponist muß sie nur herausholen, und dazu freilich bedarf es Beethovens" (1996a, GS 7: 403), bei der allerdings der nachstehende Nebensatz die voranstehende Trivialität zu revidieren scheint.
9 Karl Markus Michel verweist darauf, dass „bei Adorno fast alle Kategorien janusköpfig sind, genauer: sich bald in guter, bald in böser Gestalt zeigen, wie in der Psychoanalyse die Mutterbrust" (Michel 1980: 64).

2. Theoretische Zugänge zur Kunstsoziologie

schaftlicher Herkunft. Ihre Autonomie jedoch behauptet sie in ihrer Gegenposition zur Gesellschaft: „Indem sie sich als Eigenes in sich kristallisiert, statt bestehenden gesellschaftlichen Normen zu willfahren und als ‚gesellschaftlich nützlich' sich zu qualifizieren, kritisiert sie die Gesellschaft, durch ihr bloßes Dasein" (Adorno 1996a, GS 7: 337). Allein ihrem eigenen Formgesetz gehorchend, stellt sie sich gegen die durch Tausch und Profit „verhexte Wirklichkeit" (ebd.). Aus ihrer Autonomie folgt, dass Kunstwerke funktionslos sind: „Soweit von Kunstwerken eine gesellschaftliche Funktion sich prädizieren läßt, ist es ihre Funktionslosigkeit" (1996a, GS 7: 336). Daher bestimmt nicht ihre manifeste Stellungnahme, sondern „ihre immanente Bewegung gegen die Gesellschaft" (ebd.) ihren sozialen Gehalt. Kunstwerke „haben ihre Größe einzig daran, daß sie sprechen lassen, was die Ideologie verbirgt" (1990a, GS 11: 52). Gleichwohl unterliegen auch sie dem Zwang, Ware zu werden. Adorno berichtet vom todkranken Beethoven, „der einen Roman von Walter Scott mit dem Ruf ‚Der Kerl schreibt ja für Geld' von sich schleudert, und gleichzeitig noch in der Verwertung der letzten Quartette, der äußersten Absage an den Markt, als überaus erfahrener und hartnäckiger Geschäftsmann sich zeigt" (1984, GS 3, 161) – für Adorno das „großartigste Beispiel der Einheit der Gegensätze Markt und Autonomie in der bürgerlichen Kunst" (ebd.).

Das zweite Begriffspaar schließt Versöhnung einerseits und Gesellschaftskritik andererseits zusammen, wie im folgenden Satz: „Kunst ist nicht nur der Statthalter einer besseren Praxis als der bis heute herrschenden, sondern ebenso Kritik von Praxis als der Herrschaft brutaler Selbsterhaltung" (1996a, GS 7: 26); paradoxer formuliert: sie hat „das Unversöhnte zu bezeugen und gleichwohl tendenziell zu versöhnen" (ebd.: 251). Als ihre Wahrheit ist ihnen die vorweggenommene Versöhnung (von Allgemeinem und Besonderem, von Individuum und Gesellschaft, von Geist und Natur) eingeschrieben, womit sie ein Glücksversprechen transportieren, das sie brechen, weil es im Modus des Scheins erfolgt; sie täuschen vor, „Versöhnung wäre schon" (ebd.: 203).

Andererseits hält Adorno es für eine zentrale Aufgabe der Kunstsoziologie, herauszufinden, „wie Gesellschaft in den Kunstwerken sich objektiviert" (1977a, GS 10.1: 374), „wie das *Ganze* einer Gesellschaft, als einer in sich widerspruchsvollen Einheit, im Kunstwerk erscheint" (1990a, GS 11: 51). Einer engagierten Kunst à la Sartres *littérature engagée*, die ihren Stoff etwa im Protest gegen gesellschaftliches Unrecht findet, erteilte Adorno eine Absage. „Unter den Vermittlungen von Kunst und Gesellschaft ist die stoffliche, die Behandlung offen oder verhüllt gesellschaftlicher Gegenstände die oberflächlichste und trügerischste." (1996a, GS 7: 341) Den Schlüssel dafür, in welcher Weise „gesellschaftliche Strukturmomente, Positionen, Ideologien und was immer in den Kunstwerken selbst sich durchsetzen" (1977a, GS 10.1: 374), liefert die Struktur von Kunstwerken, in der sich „gesellschaftliche Kämpfe, Klassenverhältnisse" abdrücken (1996a, GS 7: 344). Was die Werke an Gesellschaftlichem vorstellen, kann nicht mit soziologischen Begriffen von außen erschlossen werden, sondern muss geschöpft werden aus der genauen Anschauung der künstlerischen Gebilde (1990a, GS 11: 51). Aus Kunstwerken dechiffrierbar ist die antagonistische Gesellschaft, wenn „die zentralen Kategorien der künstlerischen Produktion (...) in gesellschaftliche" (1990b, GS 14: 411) übersetzt werden.

Das in den Kunstwerken vermutete Medium der „unbewussten Geschichtsschreibung ihrer Epoche" (1996a, GS 7: 272) lässt Adorno durch vielfältige Verweise auf die gesellschaftliche Realität sprechen, so wenn er, unvermittelt direkt, in Kafkas Sprache den Monopolkapitalismus und die verwaltete Welt mit ihrem totalen gesellschaftlichen Bann wiederentdeckt oder wenn er bei Becketts Stücken die Existenz von Konzentrationslagern evoziert. Feiner gesponnen liebt er es in der musiksoziologischen Sparte: Der musikalische Kontrapunkt gemahnt ihn an unversöhnliche Konflikte der antagonistischen Gesellschaft, und in der Musik Beethovens, des „musikalischen Prototypen des revolutionären Bürgertums" (1990b, GS 14: 411), spürt er dessen „Verhältnis zu bürgerlicher Autonomie, Freiheit, Subjektivität, bis in seine kompositorische Verfahrensweise hinein" nach (1977a, GS 10.1: 371). In ihm wird das „Wesen der Gesellschaft, die aus ihm als dem Statthalter des Gesamtsubjekts spricht, zum Wesen der Musik" (1990b, GS 14: 411).

Den Gegenpol zur authentischen Kunst sieht Adorno in der „Kulturindustrie"; das ist für ihn die von Profit und Tausch lückenlos besetzte Sphäre der Unterhaltungsindustrie und Massenkultur (1984, GS 3: 141-191 und 1977b, GS 10.1: 337-345). Ihren Produkten lassen sich nicht mehr jene beiden für die Kunst charakteristischen Begriffspaare zuordnen. Sie sind nur noch Ware ohne Autonomie, und in ihrem sozialen Gehalt weder Utopie der Versöhnung noch kritische Gesellschaftsdiagnose, sondern affirmative Reproduktion der Welt, wie sie ist.

Mit der Kunstfeldtheorie hat Pierre Bourdieu eine neue Schule der Kultur- und Kunstsoziologie begründet. Ihr zufolge hat sich die moderne Gesellschaft in unterschiedliche soziale Felder (Wirtschaft, Politik, Recht, Religion, Kultur etc.) ausdifferenziert. Bei ihnen handelt es sich um relativ autonome, von besonderen Regeln durchwirkte Handlungssphären vergesellschafteter Menschen mit spezifischen Qualifikationen, Praktiken und Strategien. Institutionalisierung von Autonomie ist das Konstitutionsprinzip eines Feldes. Jedes Feld verfügt über eine Hierarchie von (Macht-)Positionen. Uns interessiert hier speziell das Feld der kulturellen

2. Theoretische Zugänge zur Kunstsoziologie

Produktion, zu dem, gleichsam als Subfelder, die der künstlerischen Produktion – im Einzelnen wiederum der Bildenden Kunst, Literatur, Musik, Film etc. – gehören.[10] Im gesellschaftlichen Gesamtzusammenhang dient Kunst der Konstituierung von gesellschaftlicher Ungleichheit (Distinktion) und der Aufrechterhaltung bzw. Legitimierung von Klassenherrschaft. Herrschaft heißt hier primär „Benennungsmacht", „autorisierter Standpunkt" einer Gruppe oder Klasse in symbolischen Ordnungen. Klassen bilden Akteure mit vergleichbarer Kapitalausstattung, die sich durch einen gleichen, von anderen Klassen abgehobenen Habitus und Lebensstil auszeichnen. Mit einer großen und ideenreichen empirischen Untersuchung („Die feinen Unterschiede", 1982) hat Bourdieu dies an den Unterschieden des Kulturkonsums der französischen Gesellschaftsklassen dokumentiert.

Es ist eher der Umgang mit Kunst, die Präsentation und Rezeption von Kunstwerken, die im Zentrum der Bourdieuschen Theorie stehen. Anknüpfend an Erwin Panofskys ikonologische Analysen ([1955]1975) argumentiert Bourdieu in seiner „Soziologie der symbolischen Formen" (1974), dass jedes Kunstwerk Bedeutungen unterschiedlichen Niveaus enthält, die zu entschlüsseln dem Betrachter (Leser, Hörer) ein entsprechendes Bildungsniveau abverlangt. „Die Lesbarkeit eines Kunstwerks hängt für ein bestimmtes Individuum von der Distanz zwischen dem Emissionsniveau (verstanden als Grad der immanenten Komplexität und Verfeinerung des vom Werk erforderten Codes) und dem Rezeptionsniveau ab (das sich daran bemisst, inwieweit das Individuum den sozialen Code beherrscht, der dem von Werk erforderten Code mehr oder weniger angemessen sein kann)." (1974: 176f.) Die ästhetische Kompetenz, stilistische Eigentümlichkeiten von Kunstwerken zu erfassen und sie einer Schule oder Epoche zuzuordnen, wird in der Regel während der Sozialisation durch musischen Unterricht, Museums- und Konzertbesuche, Lektüre etc. erworben. Derart inkorporierte, klassenspezifische Erfahrungen nennt Bourdieu *kulturelles Kapital*, dessen ungleiche Verteilung und Akkumulation Distinktionsgewinne verschafft. Kulturelles Kapital existiert noch in zwei weiteren Formen: als objektiviertes kulturelles Kapital, das zum Beispiel in Form von Kunstschätzen, Autographen, Bibliotheken etc. übertragbare und mit ökonomischem Kapital erwerbbare Objekte verkörpert, sowie als institutionalisiertes kulturelles Kapital, zum Beispiel als schulische Titel oder akademische Diplome.

Spricht Bourdieu von symbolischem Kapital, meint er den Ruf, das Prestige, die Berühmtheit, die jemand aufgrund der erworbenen Menge und Zusammensetzung der verschiedenen Kapitalsorten (d.h. ökonomisches, kulturelles, soziales Kapital) genießt. Es ist die „wahrgenommene und als legitim anerkannte Form der drei vorgenannten Kapitalien" (Bourdieu 1985: 11). Die Klasse, die genügend

---

10   Andere Subfelder der kulturellen Produktion sind Wissenschaften, Philosophie etc.

kulturelles und symbolisches Kapital akkumuliert hat, übt im Feld der künstlerischen Produktion Konsekrationsmacht aus, das heißt sie bestimmt über den legitimen Geschmack, über legitime Kunst; zugleich dokumentiert sie damit ihren „Sinn für Distinktion" gegenüber der bildungsbeflissenen Mittelschicht, dem Kleinbürgertum und der Arbeiterschicht.

Die Ausdifferenzierung eines autonomen Kunstfeldes und die in diesem Prozess von den interessierten Akteuren eingesetzten Strategien hat Bourdieu in seinen „Regeln der Kunst" (1999) am Beispiel Frankreichs detailliert beschrieben. Entscheidende Anstöße zur „Konstitution des literarischen Feldes als einer gesonderten Welt mit je eigenen Gesetzen" (1999: 84) gingen Mitte des 19. Jahrhunderts von Baudelaire und Flaubert aus. Die sich danach etablierende künstlerisch-intellektuelle Bohème konnte im Kampf um die Benennungsmacht der Bourgeoisie die Dominanz über das künstlerische Feld tendenziell entwinden, weil sie sich von den Institutionen der strukturellen Herrschaft des Bürgertums über die Künstler – Akademie, Markt und Salon – unabhängig machte. Sie konnte die Autonomie des literarischen und künstlerischen Feldes erringen, indem sie ein eigenes Milieu gegenseitiger Unterstützung schuf, das es ihr erlaubte, sich vom ökonomischen Erfolg und von den Normen bürgerlicher Lebensführung freizumachen, um ausschließlich der Kunst zu dienen. Mit anderen Worten: ihre nicht-kommerzielle Strategie zielte auf die Abschaffung des Bourgeois als Kunden. Fortan spaltete sich das künstlerische Feld in Avantgarde-Kunst (l'art pour l'art) und nachfrageorientierter Massenkunst mit jeweils unterschiedlichen Vermittlungsinstitutionen (Galerien, Verlage; Kunst- und Literaturkritik).

Schließlich hat im ausgehenden 20. Jahrhundert der systemtheoretische Blick Niklas Luhmanns auf die Kunst als ein funktional gesellschaftliches Teilsystem (Luhmann 1995) der Soziologie weitere Perspektiven geöffnet. Mit der gesellschaftlichen Umstellung auf funktionale Differenzierung lösen sich Anbindung und Anlehnung der Kunst an Religion, Politik, Ideologien zugunsten einer autonomen Selbstbestimmung der Kunst. Das Autonomwerden der Kunst geht einher mit Selbstreferentialität und Selbstprogrammierung. Bei allen ihren Verweisen auf die natürliche und gesellschaftliche Realität, bezieht sich Kunst fortan im wesentlichen wiederum auf andere Kunstwerke. Und nicht mehr äußeren Qualitätsmaßstäben unterworfen, führt jedes moderne Kunstwerk seine eigenen Bewertungskriterien mit sich. Gesellschaftlichkeit der Kunst bedeutet aus dieser Perspektive die „Freisetzung des Sozialsystems Kunst für eine spezifische Funktion *in* der Gesellschaft" (Hermsen 2001: 165). Und diese Funktion besteht in der „Herstellung von Weltkontingenz" (Luhmann 1986: 625) durch Konfrontation der vorfindbaren Realität mit anderen Ordnungs*möglichkeiten* oder, mit einer Frage beantwortet: „wie zeigt sich Realität, wenn es Kunst gibt?" (1995: 231) Erinnert diese Bestimmung der Kunst nicht an die (als Motto dieses Kapitels gewählte) Aussage des Schriftstellers Dieter Wellershoff vom „utopischen Experimentierfeld" der Kunst?

3. Art Worlds und Kunstsystem

Einen produktiven Ansatz zur empirischen Kunstsoziologie hat der amerikanische Soziologe Howard S. Becker mit seinem Buch "Art Worlds" ([1982] 2008) vorgelegt. Während das Buch in der angelsächsischen Welt auf breite Resonanz gestoßen ist, blieb die Rezeption in Deutschland begrenzt.

Die soziologische Analyse der „Kunstwelten" steht in der Tradition der Theorie des von George Herbert Mead begründeten Symbolischen Interaktionismus. Kunst ist für Becker nicht das Werk eines einzelnen Schöpfers, sondern eine Aktivität, die kollektiv und interaktiv ausgeübt wird. Kunstwelten konzipiert er als Netzwerke von Individuen, die miteinander arbeitsteilig kooperieren, um ein Kunstwerk hervorzubringen und es dem Publikum zu vermitteln. Eine Kunstwelt kann lokal begrenzt oder weltweit vernetzt sein, wie z. B. der moderne Kunstbetrieb. Das kollektive Handeln wird durch Konventionen strukturiert und ist abhängig von materiellen und anderen Ressourcen. Als instruktives Beispiel für die Kollektivität der Kunstwelt verweist Becker auf den Abspann eines Hollywoodfilms mit seiner Aufzählung von vielfältigen Funktionen und Personen. Becker konstatiert: Jede Kunstform beruht auf einer extensiven Arbeitsteilung, besonders gilt dies für die darstellenden Künste wie Film, Konzert, Schauspiel, Oper. Aber auch der singuläre Maler im Atelier ist davon abhängig, dass Gewerbe existieren, die Leinwand, Pinsel und Farbe herstellen, dass Galeristen, Sammler, Museumsleute und Kritiker seine Werke zur Kenntnis nehmen und dem Publikum vermitteln (Becker 2008: 13).

Becker ist sich selbstverständlich bewusst, dass in diesem arbeitsteiligen Prozess der Beitrag der einzelnen Akteure unterschiedlich zu bewerten ist; konsequenterweise differenziert er zwischen der artistischen Kernaktivität und den unterstützenden Tätigkeiten bzw. zwischen dem künstlerischen und dem unterstützenden Personal (ebd.: 16f.), wobei es wiederum Grenzfälle gibt. Besonders bei der Filmproduktion sind die Grenzen zwischen beiden Personengruppen fließend. Neben dem Regisseur sind viele künstlerische Berufe involviert, die zuständig sind für Drehbuch, Kamera, Musik, Kulissen, Kostüme, Beleuchtung, Maske, Tricks etc., was für Skriptgirl, Stuntmen und die technischen Operateure sicherlich nicht mehr zutrifft.

Die arbeitsteilige Kooperation zwischen dem künstlerischen und unterstützenden Personal erfolgt im Rahmen von Konventionen; sie ersparen Kosten, Energie und andere Ressourcen. Aber auch die artistische Kernaktivität wird teilweise von Konventionen geleitet. Ein Dichter, der ein Sonett schreibt, ein Komponist, der eine Sonate in Töne setzt, ein Maler, der ein Porträt malt – sie alle tun dies im Rahmen konventioneller Formvorgaben. Ihr Verhältnis zu Konventionen ist jedoch ein widersprüchliches, da die Kunstproduktion unter dem Postulat steht, etwas Neues zu schaffen, will sie nicht in Epigonentum, Akademismus und Manierismus erstarren.

Die Kunstwelt ist Beckers Grundeinheit („basic unit"). Sie besteht aus realen Personen, die in Kooperation miteinander und mehr oder weniger geleitet von Konventionen ein Projekt verfolgen, in der Regel ein Kunstwerk herstellen. Die Grenzen einer Kunstwelt sind fließend. Die kleinste Kunstwelt ist die des solitären Künstlers, der zwar in Abhängigkeit von Materialen und anderen Ressourcen sein Werk (gemaltes Bild, getipptes Gedicht) produziert, aber bei der Produktion seines Werkes in keine direkte Kooperation mit anderen tritt; um es zu verbreiten, bedarf er freilich anderer Personen (Galeristen, Verleger), will er nicht als Straßenhändler seine Produkte an den Mann bringen. Andere Kunstwelten sind lokal begrenzt und bestehen aus einer überschaubaren Zahl von Personen (z. B. eine kleine Experimentierbühne), wiederum andere bestehen aus einem komplexen Ensemble von Personen und Organisationen (z.B. Kunstbiennalen und Filmfestspiele) bis zu weltweiten Netzwerken.

Bedeutsam für unsere Überlegungen sind Beckers Erkenntnisse, dass Kunst keine individuelle Angelegenheit ist, dass sie gesellschaftliche Voraussetzungen hat und eingebettet ist in ein System arbeitsteiliger Abhängigkeiten und überkommener Konventionen. Seinem Konzept der Kunstwelt verdanken wir wertvolle Ansätze für die soziologische Analyse und empirische Beschreibung des Kunstsystems, das wir auch als ein Ensemble von Kunstwelten begreifen können.

Wir setzen die Abstraktionsschnitte jedoch anders und schlagen auch einen anderen Fokus für die Analyse des Kunstsystems vor. Der weiteren Darstellung wird als Analysekonzept das *Kunstsystem* dienen. Wir fokussieren damit auf die „sozialen Entstehungsbedingungen, Vermittlungsformen, Aneignungsweisen und Wirkungen" (Thurn 2002: 305) der Kunst, was über die triviale Aussage hinausgeht, Kunst sei sozial bedingt. Vielmehr begreifen wir Kunst, nicht anders als Wirtschaft, Politik, Recht und Wissenschaft, als eine eigenständige gesellschaftliche Wert- und Handlungssphäre, die von spezifischen Regel- und Gesetzmäßigkeiten der Vergesellschaftung gekennzeichnet ist und ebenso die Kunstsubjekte wie die Kunstobjekte, die kunstvermittelnden Institutionen sowie die Kunstrezipienten erfasst.

3. Art Worlds und Kunstsystem

Im systematischen Aufriss des Kunstsystems lassen sich der Trias von *Künstler, Kunstwerk* und *Publikum*, wie in Übersicht 1 dargestellt, verschiedene Professionen, Institutionen und Organisationen zuordnen.

Übersicht 1: Das Kunstsystem und seine wichtigsten Komponenten

Kunstmarkt / Kunstkritik			
Künstler	**Kunstwerk**	**Publikum**	
Sozialisation/ Ausbildung:	*organisierte/kollektive Kunstproduktion:*	*Distribution/ Vermittlung:*	*Rezeption:*
Akademien	Orchester/ Philharmonie	Verlage	Kunstvereine
Kunst-/Musik-/ Theater-/Film- Hochschulen	Theater/ Oper/ Ballett	Galerien/ Kunsthandel	Lesegesellschaften
„Creative Writing"		Museen/ Ausstellungen	Salons
			Literaturhäuser
	Film-/ TV-Produktion	Bibliotheken	
		literarische Gesellschaften	
Künstlergruppen / Künstlerverbände			

Gleichsam gerahmt wird diese Trias vom Kunstmarkt einerseits und der Kunstkritik andererseits.[11] Beide vermitteln zwischen Künstler und Publikum: die Kritik, indem sie das Publikum mit Kunstwerken bewertend vertraut macht, der Markt, indem er die Kunstwerke über verschiedene Distributionsagenturen (Galerien, Verlage) an das Publikum verteilt. Älter als der Kunstmarkt ist die Kunstkritik; sie reicht zurück bis ins Altertum, aber als eigenständige literarische Gattung entstand sie mit den Akademien und deren regelmäßigen Ausstellungen im Frankreich des 17. und 18. Jahrhunderts (Dresdner [1915] 1968), während der Kunstmarkt sich erstmals in den Niederlanden im 17. Jahrhundert (North 2001) etablieren konnte. Die eher dem 19. und vornehmlich dem 20. Jahrhundert ihre Entstehung verdankenden Künstlergruppen und Künstlerverbände, zu denen Künstler aus vielfältigen Gründen sich zusammenschließen, überspannen ebenfalls das gesamte Spektrum dieser Trias. Fokussieren die einen auf den Produktionsaspekt, dann die anderen

---

11 Mit Kunstmarkt ist zugleich der Literatur- und Musikmarkt, mit Kunstkritik auch die Literatur- und Musikkritik gemeint.

auf öffentlichkeitsadressierte Proklamationen, wiederum andere auf die Berufsvertretung gegenüber Vermittlungsagenturen und Publikum.

Im historischen Rückblick weist die Agenda der Kunstsoziologie neben den keineswegs erschöpfend genannten Richtungen und jenseits des subtilen soziologischen Blick auf den intersubjektiven, gesellschaftlichen Charakter der Kunst, ihrer Objekte und Rezeption, eine Vielzahl von Themen und Gegenständen auf, die in einem „handfesteren" Sinne als spezifisch soziologische anzusehen sind.

So behandelt die Kunstsoziologie das Verhältnis von Kunst und Gesellschaft auch unter dem Aspekt einer Applikation des anderswo generierten soziologischen Wissens auf die Gruppen, Professionen, Institutionen und Organisationen des Kunstsystems. Diesem Verständnis zufolge können soziologische Erkenntnisse, die in anderen gesellschaftlichen Bereichen über Formen und Phänomene der Vergesellschaftung, wie die genannten, gewonnen wurden, mutatis mutandis auch auf die Handlungssphäre der Kunst übertragen werden. So sind Künstlergruppen zwar keine „street corner societies", aber deren Strukturmerkmale können uns unter Umständen instruktive Aufschlüsse über die Gruppendynamik unter Künstlern liefern. Auch Einsichten aus der Arbeits- und Organisationssoziologie vermögen Erhellendes über die Spezifik der künstlerischen Produktion und arbeitsteiligen Koordination kreativer Prozesse beizutragen, sei es auch nur in parallelisierender oder kontrastierender Gegenüberstellung. Soziologische Analysen strategischen Handelns können Aufschlüsse über künstlerische Strategien im Umgang mit Konkurrenten, Publikum und Öffentlichkeit geben. Und nicht zuletzt können wir die soziologisch signifikante Tendenz zur Professionalisierung in der modernen Gesellschaft auch an den künstlerischen und kunstvermittelnden Berufen wiedererkennen.

Zu den weiteren Gegenständen gehören die Lebens- und Arbeitsbedingungen des Künstlerberufs, sein Sozialverhalten und sein Status sowie die sozialen Milieus der Künstler; der Kunstmarkt; die Sozialcharaktere von Kunsthändlern, Kunstsammlern und Galeristen; die gemeinschaftsbildende Funktion der Kunst; die Komplexe der Geschmacksbildung und Rezeptionsästhetik; die Organisationen und Institutionen, die zum einen der Sozialisation und Professionalisierung der Kunst*subjekte* sowie der Produktion, Präsentation und Vermittlung der Kunst*objekte* als auch der Rezeption durch das Kunst*publikums* dienen. Nicht alle diese Themen werden in diesem Band behandelt werden, der einen informierten Abriss des Kunstsystems und kein erschöpfendes Kompendium bieten will.

Im nachfolgenden Kapitel wollen wir uns zunächst mit dem Kunstsystem als einem autonomen System und den für dieses System relevanten Organisationen beschäftigten, die der Sozialisation der Kunstsubjekte sowie der kollektiven Produktion, Distribution und Rezeption von Kunstobjekten dienen.

II. Das Kunstsystem und seine Organisationen

1. Funktionssystem und Organisation

Moderne Gesellschaften verfügen über zwei emergente Struktureigenschaften: zum einen über eine Differenzierung in (Wert-)Sphären, „Felder" oder funktionale Teilsysteme, zum anderen über Systeme organisierter Kooperation mittels formaler Organisationen. Über beide Phänomene finden wir im Werk von Max Weber, Talcott Parsons, Pierre Bourdieu und Niklas Luhmann instruktive analytische Befunde. Aber während das Paradigma der *funktional differenzierten Gesellschaft* vom soziologischen Mainstream weitgehend akzeptiert wird, stößt das von der *Organisationsgesellschaft* noch auf Vorbehalte (vgl. Schimank 1996; 2001a). Noch verlaufen beide Theoriestränge weitgehend separat nebeneinander; Versuche zu ihrer Zusammenführung (verschiedene Beiträge in Tacke 2001) sind bislang unbefriedigend geblieben. Selbst Niklas Luhmann hat sich hierüber widersprüchlich geäußert: So heißt es bei ihm einmal: „Die meisten Organisationen der modernen Gesellschaft sind spezifischen Funktionssystemen zugeordnet. Dass Universitäten zugleich zur Forschung und Erziehung beitragen sollen, ist eher eine Anomalie" (1990: 678) – ein andermal: „Organisationen (dienen) der strukturellen Kopplung von Funktionssystemen" (2000: 400). Im Folgenden schließen wir uns jener Argumentation an, die Organisationen unter dem Gesichtspunkt ihrer Leistungen für je bestimmte Funktionssysteme betrachten, ohne es jedoch als Anomalie zu werten, wenn eine Reihe von Organisationen nicht nur einem gesellschaftlichen Teilsystem zuzuordnen sind.

In der Fachliteratur sind die Grundtypen von Organisationen (Arbeitsorganisation, Unternehmung, Verwaltung, Humandienstleistungsorganisation, Interessenverband, Partei, Verein) vorwiegend im eher lockeren als stringenten Kontext der gesellschaftlichen Funktionssysteme von Wirtschaft, Politik, Wissenschaft und Erziehung untersucht und beschrieben worden. Die Organisationen des Rechtssystems und des Kunstsystems haben im Vergleich dazu eine wesentlich geringere Aufmerksamkeit gefunden. Uwe Schimank erklärt dies mit der geringeren Organisationsdichte in diesen Teilsystemen, die er auf die *Profession* zurückführt, welche anstelle der Organisation die erforderlichen Beiträge für das Funktionssystem leiste. Eine professionelle Verankerung findet er vornehmlich „im schöpferisch-produzierenden Bereich des Kunstsystems" vor, während der „distributive, sozialisierende und evaluierende Sektor des Kunstsystems" (Schimank 2001b: 29) wiederum durch formale Organisationen (Akademien, Galerien, Museen, Opernhäuser, Orchester) bestimmt werde. Seine Aussage über die geringere Organisationsdichte im produzierenden Bereich halten wir indes für korrekturbedürftig (wie in diesem Kapitel noch zu zeigen sein wird).

Das Verhältnis von Organisation und funktionalem Teilsystem kann für das Kunstsystem wie folgt charakterisiert werden:

- In diesem Bereich haben wir es mit einem auf den ersten Blick überraschenden Befund zu tun: die soziokulturelle Sphäre, welche einerseits stark von der Produktion kreativer Individuen und einer vorwiegend individuellen Rezeption von Kunstliebhabern und Kulturkonsumenten bestimmt wird, verfügt andererseits über ein dichtes Netz von Institutionen und Organisationen.
- Als theoretisch zentral werten wir, dass im Gegensatz zu anderen Funktionssystemen wie Wirtschaft, Politik und Wissenschaft die Dynamik des Kunstsystems nur sehr bedingt durch seine Organisationen bestimmt wird, vielmehr stehen diese – in fast paradoxer Weise – als *Zweckverbände* weitgehend im Dienste einer *zweckfreien* Sache: der Autonomie der Kunst.
- Die Organisationssoziologie hat diesem Teilsystem bisher nur geringe Aufmerksamkeit geschenkt hat. Erstaunlicherweise zieht die Organisation der Automobilproduktion die Sozialforscher immer noch stärker an als die Organisation eines sinfonischen Klangbildungsprozesses.

Bevor wir uns den Organisationen des Kunstsystems selbst zuwenden, wollen wir zunächst das gesellschaftliche Teilsystem Kunst konturieren und seine Spezifik herausarbeiten.

2. Die Kunst als autonomes Teilsystem der Gesellschaft

Die Organisationen der Kunst gehören einer gesellschaftlichen Domäne an, die im 18. und 19. Jahrhundert (mit markanter Zäsur in der Romantik) sich zu einem autonomen gesellschaftlichen Teilsystem auszudifferenzieren begann, indem sich die Kunstproduktion von ihren bis dato traditionalen kirchlichen und höfischen „Anlehnungskontexten" (Luhmann 1995: 256) löste. Zuvor hatte die Kunst den Männern der Kirche (Päpsten, Kardinälen, Bischöfen) und des Hofes (Königen, Fürsten, Edelleuten) gedient; sie war Annex und Medium klerikaler und feudaler Repräsentation nach innen wie nach außen (Warnke 1996; Conti 1998). Ma-

2. Die Kunst als autonomes Teilsystem der Gesellschaft

lerei, Musik und Literatur wurden aus ihren sakralen und höfischen Kontexten in dem Maße freigesetzt, wie an die Stelle der kirchlichen und feudalen Auftraggeber der anonyme Markt und das städtische Bürgertum als kunstinteressiertes Publikum traten.[12]

Als eine Kehrseite der Autonomisierung der Kunst sieht Martin Warnke ihren gesellschaftlichen Rollenverlust. Die Künste seien „nicht so sehr deshalb autonom geworden, weil sie es immer gewollt und unter Opfern auch schließlich durchgesetzt hätten, sondern wahrscheinlich deshalb, weil sie in den herkömmlichen Rollen nicht mehr gebraucht wurden, da andere in der modernen Massengesellschaft wirkungsvollere Medien an ihre Stelle treten konnten" (Warnke 1989: 225). Die Künstler hätten daraus die „die richtige Folgerung gezogen" und „alle Beziehungen zu öffentlichen und privaten Normen aufgekündigt, um einem genuinen künstlerischen Vermögen zu folgen, das seine Ergebnisse nur noch einem selbstbestimmten, kunstimmanenten Wertmaßstab ausgesetzt weiß" (ebd.). Allein durch die Aufkündigung aller herkömmlichen Erwartungen, quasi durch eine „Verweigerungspflicht", hätten sie ihre Existenzberechtigung nur aus sich heraus als zweckfreie Veranstaltung erneut behaupten können. „Unbrauchbar geworden, stehen sie eher für Verdrängtes als für öffentlich Relevantes. In der rigiden Distanz zu allen Verwertungsofferten leistet die Kunst heute vielleicht ihren wichtigsten gesellschaftlichen Beitrag." (ebd.: 225f.)

Philosophisch registriert und reflektiert wird die gesellschaftliche Ausdifferenzierung der Kunst in der Begründung der *Ästhetik* als einer eigenständigen Disziplin der Philosophie (Luhmann 1995: 291). Als die Lehre vom Schönen und von der Kunst wurde sie in der zweiten Hälfte des 18. Jahrhunderts von den Philosophen Alexander Gottlieb Baumgarten („Aestetica", 1750) und Immanuel Kant („Kritik der Urteilskraft", 1790) paradigmatisch formuliert und durch Edmund Burke („Philosophische Untersuchung über den Ursprung unserer Ideen vom Erhabenen und Schönen", 1757) um den Begriff des Erhabenen erweitert.

Die Herausbildung eines Systems autonomer Kunst war nicht zuletzt der Entstehung der bürgerlichen Öffentlichkeit als einer – in Habermas' Terminologie – Sphäre des „räsonierenden Publikums" (1962: 37) zu verdanken. Die als Publikum organisierten Privatleute tauschten sich zuerst, als literarische Öffentlichkeit, in Kaffeehäusern und Lesegesellschaften anhand von Texten über Erfahrungen ihrer Subjektivität aus und räsonierten später, als politische Öffentlichkeit, über die Regelung ihrer Privatsphäre, sprich: Markt- und Geschäftsbeziehungen (ebd.: 69).

---

12 Zur Entstehung des Kunstmarktes in den Niederlanden im 17. Jahrhundert vgl. Alpers 1989; North 2001; Wegener 1999. An der Biographie Mozarts zeigt Elias (1991), wie erstmals ein bedeutender Komponist, weil ihm die Anstellung als Hofmusiker versagt blieb, sich Ende des 18. Jahrhunderts als „freier Künstler" zu etablieren suchte.

Essentielle Begleiterscheinung der sich entwickelnden bürgerlichen Öffentlichkeit war das in dieser historischen Periode florierende Vereins- und Verbandswesen, das „die sozialen Gliederungen der alteuropäischen Gesellschaft wie Stand, Beruf, Konfession" als Zugehörigkeitskriterien für eine traditionale Vergesellschaftungsform wie Korporation, Zunft, Kirchengemeinde durch freiwillig gebildete „Assoziationen" gemeinsamer sozialer und kultureller Interessen verdrängte (Dann 1981: 14; Türk u.a. 2002: 131ff.). Die Ablösung der höfisch-repräsentativen durch die bürgerliche Öffentlichkeit erfolgte jedoch in einem graduellen Prozess. Das 18. und frühe 19. Jahrhundert war noch deutlich gekennzeichnet von der Gleichzeitigkeit und Durchdringung beider Sphären der Öffentlichkeit (Sheehan 2002: 32ff.).

Die autonome Sphäre der Kunst bedeutete freilich nicht, dass das Künstlerindividuum nun allein von seiner Kreativität und Genialität (in der damaligen Zeit kam der Begriff des „Originalgenies" auf) abhing. In dem Maße, in dem die Kunst sich von den traditionellen Abhängigkeiten befreite, geriet sie in den Bann der Marktökonomie – wie Vieles andere im bürgerlichen Zeitalter. Mit den freien Kunstmärkten entstanden gleichzeitig Institutionen und Organisationen, die zwischen Künstler und Publikum vermitteln. Selten tritt der Künstler seinem Publikum direkt gegenüber; mannigfache Agenturen und Agenten (z.B. Kunsthändler und Verleger) schieben sich dazwischen. Die Autonomie des Künstlers ist eingebettet in ein System von Institutionen, welche eine individuelle Künstlerexistenz in der Marktgesellschaft erst ermöglichen, kurz: die vermittelnden Organisationen ersetzten das bisherige Patronagesystem (Roeck 1999) und damit die „Anlehnungskontexte" von Kirche und Hof; sie wurden, mit anderen Worten, die neuen Stützen des autonomen Kunstsystems. Mit Recht hebt Luhmann hervor: „Die Anlehnung an die Wirtschaft gibt der Kunst (...) sehr viel mehr Freiheit als die Anlehnung an Mäzene wie Kirchen oder Fürsten oder führende Adelshäuser." (1995: 266)

In gewollter Einsamkeit produziert der Maler das Bild, der Schriftsteller seinen Text, der Komponist sein Musikstück, Doch selten tritt der Künstler seinem Publikum direkt gegenüber; zwischen beiden schieben sich mannigfache Agenten und Agenturen; es bedarf einer Vielzahl von *Organisationen der Distribution, Vermittlung und Rezeption*, die sein Produkt zum Publikum bringt.

Die Operationen dieser Organisationen bestimmen vorwiegend ästhetische bzw. künstlerische Gesichtspunkte, aber auch wirtschaftliche. Charakteristisch für die meisten Organisationen des Kunstsystems ist eine (heute sicherlich zunehmende) Interferenz von ökonomischen und künstlerischen bzw. ästhetischen Handlungsmotiven. Zwar gilt es unter Verlegern, Kunsthändlern, Galeristen als unseriös, Dichtung und bildende Kunst unter Renditegesichtspunkten anzubieten. Aber da auch schöngeistige Verlage und Kunstgalerien in der Regel als privatwirtschaft-

2. Die Kunst als autonomes Teilsystem der Gesellschaft

liche Unternehmen betrieben werden, nimmt das wirtschaftliche Denken bei ihnen einen anderen Stellenwert ein, als in subventionierten Einrichtungen wie Theater und Museum, die indessen mit den von ihren Trägern (Land, Kommune, Stifter etc.) gewährten knappen Mitteln ebenfalls wirtschaften und eigene Einkünfte erzielen müssen. Gleichwohl wird Geld nur als Mittel zum höheren Zweck angesehen. Exemplarisch dafür kann eine Äußerung des Düsseldorfer Galeristen Alfred Schmela gelten: „Ich bin Kunsthändler (...). Aber der Gedanke, dass es sich bei Kunst um eine Ware handelt, hat mich bei meiner Arbeit nie geleitet. Ich räume ein, dass, wenn man so will, ein Bild als Ware betrachtet werden kann – man verkauft es und bekommt Geld dafür. Entscheidend für mich aber ist die Kunst." (Ruhrberg 1996: 16)

In dieser Äußerung manifestiert sich ein Grundsatz, der den meisten im Kunstsystem Tätigen geläufig ist: Das *Schöne* und das *Erhabene*, beides Zentralbegriffe der Ästhetik, sind um ihrer selbst willen da; als „Quelle eines ästhetischen Vergnügens" (Pomian 1998: 18) ist die Kunst dem wirtschaftlichen Kreislauf der nützlichen Gegenstände entzogen. Freilich wird, wie Schmela einräumt, mit Kunst auch gehandelt und sogar kräftig spekuliert. Dabei wollen wir aber nicht aus dem Auge verlieren, dass die entscheidende Differenz zwischen der Kunstproduktion und der gewöhnlichen Warenproduktion (einschließlich der kulturindustriellen Produkte wie Walt-Disney-Filme, Broadway-Musicals und Bestseller à la Harry Potter) darin besteht, dass eine *Ware* nach den Bedürfnissen des Marktes (unter Nutzung von Marktanalysen und Marketing-Strategien) hergestellt wird, während ein (genuines) *Kunstwerk* nach strengen künstlerischen Gesichtspunkten geschaffen wird und ein „innovatives Wagnis" (Koppe 1993: 7) bleibt.

Die ästhetische Literatur macht es sich nicht leicht darzutun, was Kunst sei; sie offeriert ein Füllhorn anspruchsvoller Bestimmungen. Wir begnügen uns hier mit der Definition Franz von Kutscheras, der als charakteristisches Merkmal des Kunstwerks „den gelungenen Ausdruck (...) eines bedeutsamen Gehalts" nennt (1988: 208). So sehr Adorno und Luhmann in ihrer intellektuellen Physiognomie sich auch unterscheiden, in ihrer theoretischen Sicht auf das Kunstwerk liegen sie nicht so weit auseinander; beide betonen dessen Autonomie gegenüber einer *zweckhaften Welt*. Für Adorno ist das Kunstwerk das „Unverfügbare", der „Statthalter einer besseren Praxis", die „Promesse du bonheur" (1996a: 26); Luhmann zufolge wendet sich die Kunst gegen das Zwecksystem der wirklichen Welt und zeigt dieser „im Kontrast (...) das Mögliche als ebenfalls ordnungsfähig, als zwecklos ordnungsfähig" (1995: 237). Pointiert formuliert, stehen die Organisationen des Kunstsystems im Dienste der „Zweckfreiheit", während umgekehrt die Organisationen der „Kulturindustrie" künstlerische Gehalte für ökonomische Verwertungszwecke instrumentalisieren. Eine weitere „dienende" Funktion für Kunstorganisationen ergibt sich daraus, dass die Autonomie der Kunstwerke in ihrer Selbstbezüglichkeit auf andere Kunstwerke gründet und daher solcher Organisationen bedarf, die eine rekursive Verbindung zwischen Kunstwerken herstellen können, also Ausstellungen, Museen, Theater, Kinos, Bibliotheken, Verlage etc.

Unter dem nicht unwichtigen Gesichtspunkt der Finanzierung betrachtet, können wir die Organisationen der Kunst in drei Gruppen unterteilen:

- Vereine, die auf privater Basis und Initiative gebildet wurden und sich vorwiegend durch Mitgliedsbeiträge finanzieren, zu ihnen zählen Kunstvereine, Theaterringe und literarische Gesellschaften; in ihnen organisieren sich die Kunstrezipienten, das Publikum;
- Einrichtungen, die vorwiegend öffentlich subventioniert werden, aber über erhobene Eintrittsgelder einen Teil ihres Etats selbst erwirtschaften müssen; hierzu gehören (Sprech- und Musik-)Theater, Orchester und Museen sowie Bibliotheken und Literaturhäuser, also vorwiegend Organisationen, die der Produktion und Vermittlung von Kunst dienen;
- Organisationen, die zwar weitgehend auf Erwerbsbasis wirtschaften, aber ohne ästhetische Ambitionen zum Scheitern verurteilt sind; unter ihnen finden wir Galerien und belletristische Verlage, mit anderen Worten: Organisationen der Kunstdistribution.

Die beiden ersten Gruppen sind Nonprofit-Organisationen, während die dritte Gruppe in der Regel aus Unternehmensorganisationen besteht. Neuere Organisationsformen im Kunstsystem bilden Joint Ventures sowie Stiftungen, die sich auch als „Public-Privat Partnership" von öffentlichen Institutionen und privaten Unternehmen zusammenschließen. Partnerschaften dieser Art sind Ausdruck einer Tendenz zunehmender Kommerzialisierung der Kunst. Die von den öffentlichen Trägern verordnete Sparsamkeit zwingt immer mehr Organisationen der Kunst, Wirtschafts- und Marketingabteilungen auf- und ausbauen und nach alternativen Finanzquellen in der Wirtschaft Ausschau zu halten, aber letztlich unterminiert diese „Mesalliance von Kunst und Wirtschaft" (Hoffmann 1999: 15) die Autonomie der Kunst (zu diesen Tendenzen s. das Schlusskapitel in diesem Band).

3. Organisationen der Ausbildung und Sozialisation

Ausbildung und Professionalisierung erfahren angehende Künstler gewöhnlich in besonderen Organisationen, deren historische Anfänge teilweise weit zurückreichen: für bildende Künstler sind dies Akademien und Kunsthochschulen, für

3. Organisationen der Ausbildung und Sozialisation 35

Komponisten und Musikinterpreten Konservatorien und Musikhochschulen, für darstellende Künstler Schauspielseminare, Akademien für Theater und Tanz, für reproduzierende Künste sind es Film-, Fernseh- und Medienhochschulen. Allein für Schriftsteller existieren so gut wie keine anerkannten Ausbildungsgänge, wenn man von den vereinzelten akademischen Kursen in „creative writing" einmal absieht.[13] Die Profession des Schriftstellers ist weitgehend eine autodidaktisch erworbene. Da jedoch Kunst, wie häufig behauptet, als nicht lehrbar und erlernbar gilt, zielen Ausbildung und Lehre auch dort, wo sie institutionalisiert sind, eher auf die Förderung von Talenten durch Vermittlung von Techniken und Unterstützung autodidaktischer Bemühungen des angehenden Künstlers. Der Kunsthistoriker und zeitweilige Rektor einer Kunsthochschule, Wieland Schmied, äußert sich dazu wie folgt: „Die Arbeit an einer Akademie ist eine Gratwanderung. Kunst ist, so glauben wir mit den Romantikern, nicht lehrbar. Wohl aber gibt es, so glauben wir, lehrbare Elemente an der Kunst. Lehrbar sind ihre handwerklichen Grundlagen, sind einzelne Techniken, sind einzelne Elemente, die zusammen, vielleicht, eine tragbare Basis ergeben können. Diese Elemente zu einem Fundament zusammenzufügen, das ist nicht lehrbar, das ist Sache des Einzelnen." (Schmied 1990: 20)

In Deutschland existiert ein breit gefächertes System von Hochschulen und Universitäten, an denen Studierende sich einschreiben können für Studiengänge wie Bildende Kunst, Gestaltung, Musik, Darstellende Kunst, Film und Fernsehen. Dieses System umfasst (a) Akademien, Konservatorien und Kunsthochschulen, die sich schwerpunktmäßig auf eine Kunstrichtung spezialisiert haben, (b) Hybrid-Kunsthochschulen, die das Studium zweier oder dreier Künste anbieten und schließlich (c) Kunstuniversitäten, die ein breites, wenn nicht das gesamte Spektrum der Künste abdecken.

Zur Terminologie: Kunsthochschulen fassen Studienrichtungen und Studiengänge in Fakultäten zusammen. Eine Studienrichtung, z.B. Freie Kunst, kann mit einer Fakultät zusammenfallen oder mit anderen Studienrichtungen, z.B. Design, in einer Fakultät zusammengefasst werden. Weitere Ausdifferenzierungen sind Studiengänge, z.B. sind Malerei und Fotografie Studiengänge der Studienrichtung Freie Kunst. Studienfächer sind die kleinsten Einheiten, aus denen sich Studiengänge zusammensetzen, so besteht der Studiengang Fotografie aus den Fächern Dokumentarfotografie, Künstlerische Fotografie, Fotodesign, Theorie der Fotografie etc.

---

13 Dem traditionellen „Creative Writing Program" amerikanischer Colleges und Universitäten steht in Deutschland nichts Vergleichbares gegenüber. Erst seit den letzten zehn oder zwanzig Jahren gibt es Ansätze dazu an der Berliner Universität der Künste, den Universitäten Tübingen und Hildesheim und dem singulären Deutschen Literaturinstitut an der Universität Leipzig (seit 1995) (Haslinger/Treichel 2005: 8f.).

Freie Kunst

Seit Einrichtung der ersten Kunstschulen in der Renaissance erfolgt die Ausbildung bildender Künstler vorwiegend nach dem Meister-Schüler-Prinzip, das in den modernen Kunstakademien und Kunsthochschulen weiterhin gepflegt wird. Das Kernfach der Kunstakademien ist die Bildende Kunst mit ihren klassischen Zweigen Malerei und Bildhauerei. In neuerer Zeit benutzen die künstlerischen Ausbildungsstätten zunehmend den Begriff „Freie Kunst". Darunter fallen: Malerei - Bildhauerei - Grafik - Fotografie - Goldschmiedekunst - Keramik und Glas - Visuelle Gestaltung - Performance - Medienkunst. Je nach Größe der Akademien bieten sie als weitere Studienrichtungen Kunstpädagogik sowie Film und Architektur[14] an.

Es gibt in Deutschland ein gutes Dutzend Kunstakademien mit Hochschulstatus, deren Schwerpunkt Bildende bzw. Freie Kunst ist.[15] Viele von ihnen wurden im Zeitalter der Aufklärung von Landesfürsten gegründet; eine Ausnahme bildet die Städelschule, gegründet von einem reichen Frankfurter Kaufmann. Jede Akademie pflegt ihre eigene Ausbildung. Sie variieren in der Größe zwischen 150 und unter 1.000 Studierenden, entsprechend variabel ist ihre Organisationsstruktur. Alle werden von Kunstprofessoren oder Kunstwissenschaftlern in der Funktion des Rektors oder Präsidenten geleitet; zur Seite steht ihnen eine fachlich geschulte Verwaltung mit einem Verwaltungsdirektor oder Kanzler. Zu ihrer Infrastruktur gehören zahlreiche Werkstätten (Bildhauer- und graphische Werkstätten, Medienlabors, Videostudios etc.).

Die Städelschule und die Karlsruher Akademie gehören zu den kleineren, aber gleichwohl renommierten Kunsthochschulen, die sich voll auf das Angebot Freie Kunst mit den traditionellen Klassen, von Künstler-Professoren geleitet, konzentrieren. Dies gilt auch für die mittelgroße Düsseldorfer Akademie mit ihrer internationalen Reputation.[16] An ihr wie an den größeren Akademien ist für den Studiengang Freie Kunst das Klassensystem ebenfalls die übliche Form der Ausbildung. Die Bremer ist eine der wenigen Kunsthochschulen, die die Studienrichtungen Bildende Kunst und Musik anbieten. In ihrer Fakultät Kunst und Design können die Studiengänge Freie Kunst, Integriertes Design und Digitale Medien, in der Fakul-

---

14   Dem Doppelcharakter der Architektur zwischen Kunst und Technik ist es zuzuschreiben, dass sie sowohl an Kunstakademien wie an Technischen Hochschulen gelehrt wird.
15   Der Hochschulkompass www.hochschulkompass.de (Abruf: Oktober 2010) weist unter den 55 Kunst- und Musikhochschulen zwölf mit dem Schwerpunkt Bildende Kunst auf und zwei Kunstuniversitäten mit dem Fach Bildende Kunst.
16   „Keine Akademie in Deutschland ist im Hinblick auf die Studenten so international, keine andere im Hinblick auf die Professoren so namhaft besetzt wie die Düsseldorfer." art. Das Kunstmagazin, September 2010, artplus. Extraheft zur Quadriennale Düsseldorf, S. 7.

3. Organisationen der Ausbildung und Sozialisation

tät Musik Studiengänge für Instrumental- und Gesangsausbildung sowie Musikerziehung und Kirchenmusik studiert werden.

Übersicht 2: Ausgewählte Kunstakademien und Kunsthochschulen (mit Studienschwerpunkt Bildende/Freie Kunst)

Name (Gründungsjahr)	*Anzahl Studenten (WS 09/10)*	*Studienrichtungen*	*Anzahl Professoren*	*Rektor / Präsident*
Städelschule Frankfurt am Main (1817)	135	Bildende Kunst Architektur (Aufbau-Studiengang)	11	Nikolaus Hirsch (Architektur und Kunsttheorie)
Staatliche Akademie d. Bildenden Künste Karlsruhe (1854)	316	Freie Kunst	20	Erwin Gross (Malerei)
Kunstakademie Düsseldorf (1773)	455	Freie Kunst Kunstpädagogik Architektur	36	Anthony Cragg (Bildhauerei)
Akademie d. Künste München (1808)	624	Freie Kunst Kunstpädagogik Innenarchitektur	32	Dieter Rehm (Fotografie)
Hochschule für bildende Künste Dresden (1764)	651	2 Fakultäten: - Bildende Kunst - Restaurierung / Theaterausstattung	33	Christian Sery (Malerei)
Hochschule für bildende Künste Hamburg (1767)	770	Bildende Künste Design Film & Medien Kunstpädagogik	34	Martin Köttering (Kunsttheorie)
Hochschule für Künste Bremen (1873)	787	2 Fakultäten: - Kunst und Design - Musik	65	Manfred Cordes (Musik)
Staatliche Akademie der Bildenden Künste Stuttgart (1761)	884	4 Fachgruppen: - Kunst - Architektur - Design - Wissenschaft / Restaurierung	51	Petra von Olschowski (Kunstgeschichte)

Quellen: für Anzahl der Studierenden www.hochschulkompass.de (Abruf: Oktober 2010); für Anzahl der Professoren eigene Recherchen auf Websites etc.

Das Studium der Freien Künste erstreckt sich über 8 bis 10 Semester. Unabdingbare Studienvoraussetzung ist die „künstlerische Eignung", die in einem je eigenen Verfahren der Akademien festgestellt wird. Auf die weitere Voraussetzung der Allgemeinen Hochschulreife kann verzichtet werden, wenn der Bewerber eine „hervorragende künstlerische Begabung" nachweisen kann. Erste wichtige Nachweise künstlerischer Eignung erbringen die Bewerber mit einer Mappe mit eigenen künstlerischen Arbeiten, die von einer Kommission von Kunstprofessoren für die Vorauswahl herangezogen werden. Die Ausgewählten (an den renommierten Kunsthochschulen sind das etwa ein Zehntel der Bewerber) müssen sich sodann einer Aufnahmeprüfung stellen, bei der künstlerische Gestaltungsfähigkeit, künstlerische manuelle Fähigkeiten sowie Reflexionsvermögen geprüft werden. Nach einer Orientierungsphase von zwei Semestern oder einem Grundstudium von bis zu vier Semestern mit Zwischenprüfungen entscheiden eigene künstlerische Arbeiten über die weitere Zulassung zum Hauptstudium. Typischerweise findet dann die eigentliche Arbeit in Klassen unter der Leitung eines Kunstprofessors statt. Teils obligatorisch, teils fakultativ belegen die Studierenden studienbegleitende Fächer wie Kunstgeschichte, Philosophie, Ästhetik, Soziologie etc. Viele Kunstakademien verzichten völlig auf curriculare Vorgaben und Pflichtveranstaltungen (Tangian 2010: 61).

Das Studium wird in der Regel mit einer künstlerischen Abschlussprüfung beendet, deren Erfolg durch ein Abgangszeugnis (Frankfurt), einen Akademie- oder Abschlussbrief (Düsseldorf, München), ein Diplom (Karlsruhe, Dresden, Stuttgart, Bremen) bzw. einen Bachelor/Master of Fine Arts (Hamburg) beurkundet wird. Die meisten Hochschulen für Freie Kunst lehnen die Umstrukturierung mit zweistufiger Ausbildung (Bachelor/Master) nach dem Bologna-Prozess als für die Besonderheiten des Kunststudiums nicht adäquat ab (Enquete-Kommission 2007: 241). Die Auszeichnung als „Meisterschüler" bedarf besonderer Bemühungen und wird bei herausragendem Erfolg auf Antrag (Frankfurt) oder auf Vorschlag eines Klassenprofessors (Düsseldorf, München) oder nach vier zusätzlichen Studiensemestern (Dresden) verliehen. Sie ist mit der Promotion in einem wissenschaftlichen Fach vergleichbar. Eher ernüchternd wirkt die verbreitete Schätzung, dass von den Akademieabsolventen nur zwei bis drei Prozent von ihrer Kunst leben können (Tangian 2010: 73).

Neben den Kunsthochschulen im engeren Sinne gibt es eine Reihe von Hochschulen für Gestaltung; die bekanntesten unter ihnen sind

- Kunsthochschule Berlin-Weißensee - Hochschule für Gestaltung,
- Staatliche Hochschule für Gestaltung, Karlsruhe,
- Hochschule für Graphik und Buchkunst Leipzig,

3. Organisationen der Ausbildung und Sozialisation

- Burg Giebichenstein Hochschule für Kunst und Design Halle,
- Hochschule für Gestaltung Offenbach am Main.

Sie stehen zumeist in der Tradition des Bauhauses und des Deutschen Werkbundes. Ihre Schwerpunkte haben sie in Angewandter und Freier Gestaltung sowie in Produkt-, Textil-, Graphik- und Kommunikationsdesign. Die Karlsruher, Leipziger und Hallenser Hochschule bieten darüber hinaus auch das Fach Medienkunst an.

Musik und Darstellende Kunst

Die Ausbildung als Komponist, Dirigent, Vokal- oder Instrumentalmusiker oder als Musikpädagoge erfolgt in der Regel an Musikhochschulen. Deren Vorläufer waren Konservatorien, die etwa hundert Jahre später als die ersten Akademien für Bildende Künste gegründet wurden. Das älteste in Deutschland war das 1843 in Leipzig gegründete „Conservatorium der Musik", das in der heutigen Hochschule für Musik und Theater „Felix Mendelssohn Bartholdy" Leipzig aufgegangen ist. Fünfundzwanzig Jahre später (1869) wurde die „Königlich Akademische Hochschule für ausübende Tonkunst" (1882 umbenannt in „Königliche Hochschule für Musik in Berlin") gegründet. Ihr Gründungsrektor, der österreichisch-ungarische Violinist, Dirigent und Komponist Joseph Joachim, hatte einen prägenden Einfluss auf das Musikleben im Wilhelminischen Kaiserreich.

Deutsche Musikhochschulen existieren heute in etwas größerer Zahl als die Kunsthochschulen. Die Rektorenkonferenz der Musikhochschulen vertritt 24 Hochschulen (http://www.die-deutschen-musikhochschulen.de/), von denen nicht wenige die Studienrichtungen Musik und Theater bzw. Darstellende Kunst unter einem Dach vereinen. Zwei von ihnen sind Universitäten (Berlin, Essen), die darüber hinaus ein noch breiteres Spektrum der Künste vertreten. Eine spezielle Variante stellen die neun Hochschulen für Kirchenmusik dar.

Wie an den Kunsthochschulen wird auch an den Musikhochschulen von den Bewerbern künstlerische Eignung und Reifezeugnis als Aufnahmebedingung vorausgesetzt; letzteres ist ersetzbar durch eine in der Aufnahmeprüfung festzustellende besondere oder herausragende künstlerische Begabung. Das Studium wird in der Regel mit einem Diplom (10 Semester) bzw. konsekutiven Bachelor (8 Semester) und Master (4 Semester) abgeschlossen. Für die Begabtenelite ist eigens das Konzert- oder Solistenexamen nach einem mehrsemestrigen Aufbaustudium vorgesehen. Haupt- und Aufbaustudium schließen auch Einzelunterricht ein.

Die akademische Organisation der Studiengänge an einer Musikhochschule sei hier am Beispiel der Kunsthochschule für Musik Karlsruhe nachfolgend kurz umrissen. Mit etwa 200 Professoren und Lehrbeauftragten bei knapp 600 Studierenden weist das Karlsruher Institut ein außerordentlich dichtes Betreuungsverhältnis auf. Aufgefächert in sechs Fachgruppen mit je einem Musik-Professor als Leiter bietet die Hochschule den Studierenden folgende Studiengänge an:

- Komposition – Musiktheorie – Musikwissenschaft,
- Dirigieren,
- Gesang,
- Blasinstrumente, Schlagzeug und Harfe,
- Streichinstrumente,
- Tasteninstrumente, Gitarre.

Nach einem achtsemestriges Bachelor-Studium in den Instrumentalhauptfächern, in Gesang, Komposition und Dirigieren schließen die Studierenden mit dem „Bachelor of Musical Arts" (B.M.A.) ab; sie können in diesen Studiengängen konsekutiv ein viersemestriges Master-Studium anschließen mit dem Abschluss des „Master of Musical Arts" (M.M.A.). Die Ausbildung im Studienfach Operngesang (BA/MA) erfolgt am „Institut für Musiktheater" in enger Verknüpfung von gesanglicher und darstellerischer Ausbildung im Rahmen eigener Operninszenierungen.

Daneben werden die Studiengänge Musikpädagogik, Musikjournalismus und Musikwissenschaft/Musikinformatik angeboten. Während das Studium der Musikpädagogik mit dem 1. Staatsexamen seinen Abschluss findet, wird den Absolventen der Bachelor- und Master-Studiengänge „Musikjournalismus für Rundfunk und Multimedia" und „Musikwissenschaft/Musikinformatik" nach sechs Semestern erfolgreichen Studiums der Studiengrad Bachelor of Arts (B.A.), nach weiteren vier Semestern der Master of Arts (M.A.) verliehen. Für die viersemestrigen Ergänzungsstudiengänge in Kammermusik, Liedgestaltung, Barockinstrumente werden besondere Gebühren (800 Euro je Semester) erhoben. Gleiches gilt auch für das viersemestrige Aufbaustudium, das Instrumentalisten, Sänger, Dirigenten und Komponisten mit dem „Solistenexamen" und dem Titel „Konzertsolist" absolvieren können. Dieser Studiengang, so heißt es auf der Webseite der Hochschule, „ist die ‚letztmögliche' Ausbildungsstufe an der Musikhochschule und bleibt einem deutlich kleinen Anteil von Bewerbern vorbehalten. Seine Absolventen bilden praktisch die ‚Spitze der Nachwuchsmusiker-Pyramide' – sie sollten natürlich schon bei Studienbeginn eine deutliche Eignung für eine erfolgreiche Konzerttätigkeit aufweisen. Die Hürden der Aufnahmeprüfung sind entsprechend schwer zu überwinden – weniger als zehn Prozent der Kandidaten werden aufgenommen" (http://www.hfm-karlsruhe.de/ Seite Ergänzungsstudium).

Musikschulen ohne Hochschulstatus führen auch die Bezeichnung Konservatorium im Namen. Manche Konservatorien bestehen aus Studienabteilung und Musikschule. Die Musikschule ist eine öffentliche Bildungseinrichtung zur musika-

3. Organisationen der Ausbildung und Sozialisation

lischen Früherziehung und Grundausbildung. Rund 900 Mitgliedschulen gehörten dem Verband deutscher Musikschulen im Jahre 2009 an (http://www.musikschulen.de/musikschulen/fakten/vdm-musikschulen/index.html). Obwohl vornehmlich von Kindern und Jugendlichen besucht, stehen Musikschulen gleichfalls Erwachsenen zur musikalischen Bildung offen. Sie dienen auch der Hochschulvorbereitung.

Viele Musikhochschulen haben zugleich Fakultäten oder Abteilungen mit der Studienrichtung Theater- und Schauspielkunst. Das hängt wohl mit dem Charakter der Oper zusammen, die Musik und Szene zusammenfügt. Als „Ständige Konferenz Schauspielausbildung" (http://www.theatertreffen.com/page3/page9/page9.html) hat sich in den 1990er Jahren eine „Arbeitsgemeinschaft der deutschsprachigen, staatlichen oder städtischen Ausbildungsinstitute für Berufsschauspielerinnen und -schauspieler" konstituiert, der 15 deutsche, drei österreichische und zwei schweizerische Hochschulen angehören, von denen die wenigsten diese Fachrichtung exklusiv anbieten wie die folgenden Theaterakademien:

- Hochschule für Schauspielkunst „Ernst Busch" in Berlin,
- Akademie für Darstellende Kunst Baden-Württemberg in Ludwigsburg,
- Bayerische Theaterakademie August Everding in München.

Die Schauspielausbildung an Hochschulen gilt neben der Ausbildung in Regie und Dramaturgie als künstlerisches Studium und dauert in der Regel acht Semester. Voraussetzung für die Aufnahme ist die besondere künstlerische Begabung und in der Regel die Hochschulreife. Wir wollen wiederum an einem Beispiel, der Hochschule für Schauspielkunst „Ernst Busch" Berlin, die akademische Studienorganisation an einer Theaterhochschule skizzieren. Vorläufer der Berliner Hochschule war die von Max Reinhardt 1905 eingerichtete „Schauspielschule des Deutschen Theaters zu Berlin"; sie ist seit 1951 unter staatlicher Trägerschaft und erhielt 1981 den Status einer Hochschule.

Sie bietet vier Studiengänge an: Schauspiel, Regie, Puppenspiel, Bühnentanz sowie das Aufbaustudium Choreographie. Mit 218 Studenten (WS 2009/10) und etwa 20 Professoren finden die Studierenden ein dichtes Betreuungsverhältnis vor. Im Studiengang Schauspiel basieren die Studienziele auf der undogmatischen Handhabung der Methoden Konstantin Stanislawskis, Bertolt Brechts und anderer Theaterschaffender. Neben dem Schauspielunterricht sind die Studieninhalte breit gefächert. Zu ihnen gehören Bewegungsunterricht, Sprecherziehung, Musik, Dramaturgie, Ästhetik, Kunst- und Kulturgeschichte. Der Studiengang Regie umfasst die Lehrgebiete Regie, Angewandte Dramaturgie, Theorie und Geschichte der Schauspielregie, Kultursoziologie und Ästhetik. Nach erfolgreicher Absolvierung eines vierjährigen Studiums erhalten die Studierenden ein Diplom.

Das zugehörige Studiotheater „bat"[17] dient als Werkstatt und Spielstätte, an denen die Studierenden ihre künstlerischen Fähigkeiten entwickeln und erste Erfahrungen mit dem Publikum machen können.

Anders als die Theaterakademien haben Schauspielschulen den Status Höherer Berufsfachschulen, an denen die Studierenden nach einer meist dreijährigen Ausbildung eine Bühnenreifeprüfung ablegen und ein Abschlusszeugnis erhalten, das sie als Berufsschauspieler qualifiziert

Film und Fernsehen

Einige Kunsthochschulen bieten auch die Studiengänge Film und Medien an, unabhängig davon, dass darauf spezialisierte Hochschulen existieren. Dem internationalen Filmhochschulverband CILECT („Centre International de Liaison des Ecoles de Cinéma et de Télévision") gehören die folgenden deutschen Hochschulen an:

- Deutsche Film- und Fernsehakademie Berlin,
- Filmakademie Baden-Württemberg, Ludwigsburg,
- Hamburg Media School, Hamburg,
- Hochschule für Fernsehen und Film München,
- Hochschule für Film und Fernsehen „Konrad Wolf", Potsdam-Babelsberg,
- Internationale Filmschule Köln,
- Kunsthochschule für Medien Köln.

Erste staatliche Filmhochschule in Deutschland ist die 1954 in der DDR gegründete Hochschule für Film und Fernsehen Potsdam (heute: Hochschule für Film und Fernsehen „Konrad Wolf", Potsdam-Babelsberg). Ihr Vorbild war das sowjetische Gerassimow-Institut für Kinematographie (1919 gegründet). Unter dem Einfluss des Autorenfilms wurden in Westdeutschland Mitte der 1960er Jahre die beiden ersten Filmhochschulen ins Leben gerufen: 1966 die Deutsche Film- und Fernsehakademie Berlin, 1967 die Hochschule für Fernsehen und Film München. Zugangsvoraussetzungen, Studiendauer und Abschlüsse sind mit denen anderer Kunsthochschulen vergleichbar. Das Studium soll zur beruflichen Ausübung der wichtigsten Funktionen in der Filmproduktion befähigen: Regie, Drehbuch, Kamera, Ton, Licht, Musik, Szenenbild, Schnitt etc.

Eine Besonderheit stellt die 1990 eröffnete Kunsthochschule für Medien Köln dar. Sie bietet den Diplomstudiengang „Audiovisuelle Medien" an, der in einem

---

17 Akronym für „Berliner Arbeiter- und Studententheater", das in den 1960er Jahren von Wolf Biermann und Brigitte Soubeyran gegründet, aber schon bald von der Kulturbürokratie wieder geschlossen wurde.

3. Organisationen der Ausbildung und Sozialisation 43

achtsemestrigen grundständigen und viersemestrigen Aufbau- oder Weiterbildungsstudium belegt werden kann. In interdisziplinärer Lehre werden die rund 330 Studierenden in den drei Bereichen Film, Kunst und Wissenschaft von 33 Professoren und 21 weiteren Lehrenden unterrichtet und angeleitet. Die Lehre soll eine vielseitige Auseinandersetzung mit den medialen Künsten fördern, wobei allgemeine Wissensgrundlagen im Grundstudium vermittelt werden, während im Hauptstudium Gelegenheit zu individueller Spezialisierung geboten wird. Diese reicht „von der Fotografie, über Spiel-, Dokumentar- und Experimentalfilm, Animation, Video- und Lichtkunst, Design, Sound, Klang, Szenografie, experimenteller Informatik, Skulptur, Kunst im öffentlichen Raum und Architektur, hin zur Theorie, Ästhetik und Geschichte der Maschinen, der Künste und der Medien". Im Studium können die einzelnen Schwerpunkte interdisziplinär verknüpft werden. „Die studentische Arbeit ist projektorientiert und findet in Ateliers, Studios und Laboren statt. Sie wird begleitet von Vorlesungen und Seminaren, die die historischen und theoretischen Grundlagen der medialen Künste vermitteln." (Offizielle Webseite)

Kunstuniversitäten

Ein breites Spektrum von Studiengängen in Freier Kunst, Gestaltung, Darstellender Kunst und Musik vereinigen drei deutsche Kunsthochschulen, die sich mit dem Namen Universität schmücken, obwohl sie im Vergleich mit den traditionellen wissenschaftlichen Universitäten in ihrer Größe (gemessen an der Zahl der Studierenden) sich eher wie Zwerge ausnehmen.

Die größte unter den dreien (siehe *Übersicht 3*) ist die Universität der Künste Berlin. Die Anfänge ihrer Hauptzweige, Musik und Bildende Kunst, führt sie auf die zweite Hälfte des 19. Jahrhunderts zurück. Nach schrittweisen Zusammenschlüssen verschiedener Lehranstalten für Musik, Architektur und Malerei entstand sie 1975 als Hochschule der Künste und führt seit 2001 den Namen Universität, ohne dass sich dadurch ihr Status geändert hätte. Über 40 Studiengänge werden in den vier Fakultäten – Bildende Kunst, Gestaltung, Musik, Darstellende Kunst – angeboten. Als eine der wenigen deutschen Kunsthochschulen, neben Essen und Bremen, vereint sie unter ihrem Dach die bildenden Künste mit dem Musikbereich.

Von vergleichbarer Größe ist die Bauhaus-Universität Weimar, die bereits im Namen ihre Traditionslinie nennt. Wegen der starken Vertretung von Architektur und Bauingenieurwesen in den beiden größten Fakultäten kann sie nur bedingt als *Kunst*universität bezeichnet werden. Die Freie Kunst wird in begrenztem Maße, neben Produkt-Design und Visueller Kommunikation, in der Fakultät Gestaltung gelehrt. Die Fakultät Medien vereint geisteswissenschaftliche, wirtschaftliche, technische und künstlerisch-gestaltensche Studiengänge. Darstellende Kunst und

Musik sind nicht vertreten; institutionell von ihr getrennt ist die separate Musikhochschule „Franz Liszt" Weimar.

Übersicht 3: Kunstuniversitäten

Name (Gründungsjahr)	Anzahl Studierende (WS 09/10)	Studienrichtungen	Anzahl Professoren (hauptamtl.)	Direktor / Präsident
Universität der Künste, Berlin	3.334 (WS 09/10)	4 Fakultäten:	175	Martin Rennert (Musik)
	(583) (1.502) (1.043) (315)	- Bildende Kunst - Gestaltung - Musik - Darstellende Kunst		
	25% Ausländer	24 grundständige, 22 weiterführende Studiengänge		
Bauhaus-Universität Weimar	3.679 (WS 09/10)	4 Fakultäten:	83	Bernd Zimmermann (Architektur)
	(1000) (858) (653) (907)	- Architektur - Bauingenieurwesen - Gestaltung - Medien	26 24 17 16	
		17 grundständige, 19 weiterführende Studiengänge		
Folkwang Universität der Künste, Essen	1.233 (WS 09/10) 1.361 (Juni 2010)	4 Fachbereiche: - Musik - Musikpädagogik u. Musikwissenschaft - Darstellende Künste - Gestaltung: Fotografie / Design	110	Kurt Mehnert (Industriedesign)
	30% Ausländer	17 grundständige, 13 weiterführende Studiengänge		

Quellen: für Anzahl der Studierenden www.hochschulkompass.de (Abruf: Oktober 2010); für Anzahl der Professoren eigene Recherchen auf Websites etc.

3. Organisationen der Ausbildung und Sozialisation

Einen gänzlich anderen Charakter hat wiederum die Folkwang Universität der Künste an den vier Standorten in Essen, Duisburg, Bochum und Dortmund. Hervorgegangen aus der 1927 als „Folkwangschule für Musik, Tanz und Sprechen" in Essen gegründeten und mit der bereits seit 1911 bestehenden „Staatlichen Handwerker- und Kunstgewerbeschule" vereinigt, ist die Folkwang Universität der Künste heute eine Universität für Musik, Theater, Tanz, Fotografie und Gestaltung. Sie bietet indes keine der klassischen Studiengänge für Bildende Kunst wie Malerei und Bildhauerei an. Mit ihren über 1.300 Studierenden (Juni 2010), 110 Professoren und über 200 weiteren Lehrkräfte steht sie „für die Einheit der Künste, für die Idee der spartenübergreifenden Zusammenarbeit" im „interdisziplinären Lehren, Lernen und Produzieren" (offizielle Website).

Organisationsstrukturen

Nicht anders als für wissenschaftliche Hochschulen und Universitäten, ist auch für Kunst- und Musikhochschulen grundsätzlich eine doppelte Verwaltungsstruktur und Hierarchie vorgesehen, in Max Webers Termini: eine professionelle Verwaltung durch fachgeschultes Beamtentum auf der einen und eine Selbstverwaltung des Lehrkörpers durch Honoratioren auf der anderen Seite. Die akademische und künstlerische Freiheit sichert das Primat der Honoratiorenverwaltung (nach Weber eine Dilettantenverwaltung) mit gewählten Künstlern oder Kunstwissenschaftlern als Rektoren oder Präsidenten an der Spitze über die bürokratische Verwaltung. Steht somit, formal gesehen, die Hochschulbürokratie zu Diensten der Honoratioren, vermag jene ihre fachliche Kompetenz jedoch auch einzusetzen, um Entscheidungen dieser faktisch zu konterkarieren – eine für den bürokratischen Prozess nicht unübliche Verselbständigungstendenz. Der fünfzigjährige Reformprozess der deutschen Universitäten hat seine Spuren hinterlassen: Die wissenschaftliche Spitze sieht sich mehr und mehr gezwungen, die Verwaltungsstrukturen zu straffen. Ein administratives „Streamlining" der Massenuniversität stattet die Präsidenten und Dekane heute mit erweiterten Kompetenzen aus. Neben der Umstellung der Lehre auf Bachelor- und Master-Studiengänge („Bologna-Prozess") haben die verbreiteten Zielvereinbarungen, das allgegenwärtige Streben nach dem Exzellenz-Label und die großzügige Öffnung zur Wirtschaft das Management der deutschen Universitäten nachhaltig verändert. Freilich sind von diesen Tendenzen mehr die wissenschaftlichen Universitäten als die Kunsthochschulen gezeichnet.

Grundeinheiten der Selbstverwaltung sind die Fakultäten oder Fachbereiche, die durch einen Fakultätsrat als ständiges Gremium mit einem gewählten Dekan an der Spitze ihre eigenen akademischen Angelegenheiten regeln. Nach dem (mittlerweile stark abgemilderten) Prinzip der Gruppenuniversität sind im Fakultätsrat auch der Mittelbau sowie die nichtwissenschaftlichen Mitarbeiter und die Studierenden vertreten, ohne dass sie die Gruppe der Professoren majorisieren können. Die Studierenden sind temporäre Organisationsmitglieder, die meist in Klassen von verbeamteten Künstler-Professoren unterrichtet werden. Diese finden sich in der zwiespältigen Rolle von Dienern des Staates und Außenseitern der Gesellschaft, die eine Balance finden müssen zwischen ihrer Pflicht zur Lehre und der Freiheit zur Kunst (Tangian 2010: 54).

Mit ihren Fakultäten ähneln Hochschulen im Organigramm divisional gegliederten Unternehmen, doch in der Praxis sind sie eher mit dem Modell der „organisierten Anarchie" (Scott 1986: 362ff.) zu vergleichen. Für diesen Organisationstypus sind unklare Zielsetzungen und ambivalente Entscheidungssituationen charakteristisch; sie treffen auf Kunsthochschulen mit ihrem vom Künstlerhabitus beseelten hauptamtlichen Lehrkörper weit stärker als auf die wissenschaftlichen Universitäten zu. Für die angehenden Künstler sind sie meist die wichtigsten Orte der Identitätsfindung.

4. Organisierte Kunstproduktion

Als eine für das Metier der Kunst erstaunliche Tatsache ist hervorzuheben, dass dieses zwar wie kein anderes das solitäre Schöpfertum feiert, aber gleichwohl keinen Sonderfall für kollektive und organisierte Produktion darstellt. In der Kunstproduktion finden wir zwei unterschiedliche Klassen von Organisationen: 1. arbeitsteilig organisierte Unternehmen zur Erstellung eines gemeinsamen Kunstprodukts, und 2. Organisationen, die konstitutiv für die Realisierung eines spezifischen künstlerischen Produkts sind.

Zu der ersten Klasse gehören Malerwerkstätten, Dombauhütten, Künstlerkollektive (sofern sie an gemeinsamen Kunstprojekten arbeiten); sie stellen gewissermaßen Künstlergenossenschaften dar, die eine Gemeinschaftsproduktion arbeitsteilig organisieren. So waren etwa Bauhütten und Malerwerkstätten im Mittelalter und der frühen Neuzeit eine verbreitete Organisationsform. Es gehörte zur traditionellen Atelierpraxis großer Malerwerkstätten, dass unter Anleitung und Aufsicht Lehrlinge die Leinwände vorbereiteten, geübtere Gehilfen Teile des Bildes ausführten und der Meister schließlich das Bild vollendete. So glich Rubens Werkstatt eher einer „Gemäldefabrik" (Alpers 1989: 243). Der Meister beschäftigte eine derart hohe Zahl von Lehrlingen und Gehilfen, dass manche Auftraggeber sich vertraglich die eigenhändige Beteiligung des Meisters zusichern ließen (Werche 1997: 68). Auch Rembrandt unterhielt ein zeitweise florierendes Kunstunternehmen (vgl. Alpers' Untersuchung mit dem bezeichnenden Titel: „Rembrandt als Unternehmer", 1989). Wie die „Factory" von Andy Warhol zeigt, ist die arbeitsteilige, quasi genossenschaftliche Kunstproduktion auch in der Moderne noch – allerdings seltene – Praxis. Die Anfang der 1960er Jahre gegründete Factory war ein kollektiv genutztes Atelier und Filmstudio, und die auf den „maschinellen" Fertigungsprozess des Siebdruckverfahrens anspielende Namensgebung war programmatisch zu verstehen (vgl. Kunstmuseum Wolfsburg 1998). Sie war zugleich Arbeits- und Lebensraum. Neben ihrem Initiator und Animateur Warhol gehörten ihr Fotografen, Filmemacher, Komponisten, Sänger und andere Kunstschaffende an. Die kollektive Kunstproduktion, die hier entstand und neben zahllosen Bildern auch mehrere Underground-Filme umfasste, basierte in der Tendenz auf der *totalen Inklusion* der Beteiligten. Ähnlich wie Warhol fungierte auch der Theatermann und Filmregisseur Rainer Werner Fassbinder als eine Art charismatischer Führer in einer Gemeinschaft (genannt „antitheater") total inkludierter Künstler, die das Theaterensemble bzw. die Filmcrew zu einer Arbeit und Leben verbindenden Künstlerkommune[18] zusammenhielt. Wie Warhols Factory entbehrte auch Fassbinders Kommune des für moderne Organisationen typischen Entlastungsmechanismus der *Partialinklusion* ihrer Mitglieder; der erhebliche psychische bis suizidale Stress, von dem Beteiligte berichten, lässt sich darauf zurückführen.

Die zweite Klasse von Organisationen der Kunstproduktion sind jene, ohne die das Produkt Kunst nicht zustande käme, die *konstitutiver Bestandteil des Kunstprodukts* sind. Dazu gehören die Organisationen der darstellenden und reproduzierenden Künste, insbesondere Theater, Oper, Orchester und Filmstudios. Ihre kollektiven Produkte basieren auf Teamproduktion und entstehen im Rahmen formaler *Arbeitsorganisationen.* Somit könnten sie unter den Kriterien von Arbeitsteilung, Kooperation und Hierarchie analysiert werden, aber ihre Organisationsmitglieder sind nicht ohne weiteres mit „entfremdeten" oder gegenüber dem Produkt gleichgültigen Arbeitnehmern gleichzusetzen wie Arbeitskräfte in industriellen Produktionsprozessen.

Theater, Oper, Orchester

Gemeinsam sind dem Sprech- und Musiktheater mit dem Orchester, dass sie ein bereits geschaffenes Kunstwerk (Drama, Singspiel, Symphonie) vor einem Publi-

---

18 Von anderem Charakter als die genannten Künstlerkommunen, die an einem gemeinsamen Produkt arbeiten, sind die in der Kunst- und Literaturgeschichte häufig auftretenden Malergruppen (z.B. Blauer Reiter, Zero) und Dichterbünde (z.B. George-Kreis, Gruppe 47); in ihnen suchen Gleichgesinnte sich als künstlerische und literarische Avantgarde mit neuen Ausdrucksformen und Darstellungsweisen öffentlich Gehör zu verschaffen (vgl. dazu die Kapitel IV und V).

kum zur sprachlichen, gestischen, mimischen, gesanglichen und akustischen Darstellung bringen bzw. interpretieren. Daher heißen sie auch *darstellende Künste*. Die größeren deutschen Städte verfügen in der Regel über ein Theater mit festem Ensemble (Ensembletheater) mit den Sparten Schauspiel, Oper, Ballett (entweder als Dreisparten-Theater oder als separate Schauspiel- und Opernhäuser) sowie über ein ständiges Orchester (Konzert- und/oder Opernorchester).

Die Theaterstatistik des Deutschen Bühnenvereins listet für die Spielzeit 2008/2009 knapp 150 öffentlich geförderte Theater und rund 130 Orchester (48 selbständige, 69 Opern- und 13 Rundfunkorchester) auf (Deutscher Bühnenverein 2010: 257ff.).

Die staatlichen oder kommunalen Zuschüsse für die Theater- und Musikorganisationen machen in der Regel ein Mehrfaches der Einnahmen aus Abonnements und freiem Kartenverkauf aus (s. Übersicht 4). Unter dem Druck knapper Haushalte haben seit einigen Jahren die Kommunen den geförderten Kultureinrichtungen Einnahme-Sollvorgaben und Sparprogramme auferlegt, die sie zu Einschränkungen (z.b. von aufwendigen Inszenierungen, Einladungen von Gastregisseuren und Gastdirigenten) und zu Stillegungen einzelner Sparten gezwungen haben.

In allen drei Organisationsformen kann sich die Autonomie der Kunst dadurch behaupten, dass die künstlerische Leitung (Intendant, Generalmusikdirektor, Chefdirigent) der kaufmännischen Geschäftsführung übergeordnet ist. Der Theaterleiter trägt in der Regel den Titel des *Intendanten*, bei Mehrsparten-Theatern den des Generalintendanten. Er hat die unumstrittene Spitzenstellung mit alleiniger Entscheidungsgewalt in sämtlichen künstlerischen und organisatorischen Fragen. Eingesetzt bzw. gewählt wird er meist vom Rechtsträger (z.B. Kulturausschuss einer Gemeinde) für eine Vertragsperiode von drei bis fünf Jahren. Der Intendanten-Mustervertrag des Deutschen Bühnenvereins von 1968 sieht eine „eingeschränkte Intendantenführung" vor. Demnach „vertritt der Intendant das Theater verantwortlich nach außen, unterliegt jedoch im Innenverhältnis bestimmten Einschränkungen bei künstlerischen, administrativen und wirtschaftlichen Aufgaben" (Boerner 2002a: 35).

Das typische Organigramm eines Theaters zeigt eine Einlinien-Organisation mit flacher Hierarchie (3 Ebenen): An der Spitze steht der (General-)Intendant, dem neben dem künstlerischen Betrieb (mit Generalmusikdirektion, Dramaturgie, Spielleitung und Ausstattung) auch die Bereiche Verwaltung und Technik nachgeordnet sind. Im Mehrsparten-Theater findet eine divisionale Ausdifferenzierung des künstlerischen Betriebs insofern statt, als für die jeweiligen Sparten gesonderte Opern-, Schauspiel- und Ballettdirektoren verantwortlich sind. Als ein gesonderter Stab des Intendanten ist die Öffentlichkeitsarbeit mit Pressereferat anzusehen.

4. Organisierte Kunstproduktion

Nach Reformbestrebungen der frühen 1970er Jahren wurden an einigen Theatern (z.B. Schaubühne in Berlin und Schauspielhaus in Frankfurt) Mitbestimmungsmodelle mit beratenden Direktorien eingeführt; sie hatten allerdings nur für wenige Jahre Bestand.

Theater können unterschiedliche Rechtsformen haben. Knapp die Hälfte aller Theater sind als Eigen- und Regiebetriebe sowie Gesellschaften bürgerlichen Rechts rechtlich unselbständig, das bedeutet sie unterstehen direkt der Verwaltungsspitze der Kommune oder des Landes. Die Rechtsformen der etwas größeren Hälfte sind: Gesellschaft mit beschränkter Haftung, eingetragener Verein, Zweckverband und Stiftung; sie bilden selbständige Rechtspersönlichkeiten mit relativer Autonomie, deren Ausmaß aber letztlich vom finanziellen Rahmen abhängig bleibt (Deutscher Bühnenverein 2010: 257).

Am Beispiel zweier vergleichbarer Landeshauptstädte, Düsseldorf und Dresden, werden in der Übersicht 4 einige Strukturdaten der Oper- und Schauspielhäuser gegenüber gestellt.

Übersicht 4: Strukturdaten über Oper und Schauspiel (Düsseldorf und Dresden) 2008/2009

	Deutsche Oper am Rhein	Düsseldorfer Schauspielhaus	Sächsische Staatsoper	Staatsschauspiel Dresden
Rechtsform	GGmbh	GmbH	Eigenbetrieb	Eigenbetrieb
Träger	Stadt Düsseldorf Stadt Duisburg	Land NRW Stadt Düsseldorf	Land Sachsen	Land Sachsen
Personal insges. davon: a) Künstler b) Verwaltung c) Technik und Werkstätten	742* 450* 47 240	300 81 25 175	759* 361* 41 355	258 69 26 162
Plätze für Besucher	1072 D 972 DU	2127	1140	1490
Jahresetat In Euro	40 Mio.	27 Mio.	65 Mio.	17 Mio.
davon öffentl. Zuschuss	80 % (2/3 D - 1/3 DU)	77 %	60 %	86 %

* einschl. der Orchestermitglieder (Düsseldorf: 130/Duisburg: 93; Dresden: 146) und Auszubildenden
Quelle: Deutscher Bühnenverein: Theaterstatistik 2008/2009

Es bestehen zwar Unterschiede in den Rechtsformen, aber in Personalstruktur, Platzangebot, Aufwendungen und öffentlichen Subventionen sind die Daten durchaus vergleichbar. Evident ist, dass die Oper in beiden Städten teurer ist als das Sprechtheater, das manifestiert sich nicht nur in dem erheblich umfangreicheren künstlerischen Personal, bedingt durch Orchester, Chor und Ballett, sondern auch im Personal für Technik und Werkstätten. Der öffentliche Zuschuss für die Oper fällt zwar absolut höher aus als für die jeweiligen Sprechtheater, aber er liegt in Dresden deutlich niedriger, auch im Vergleich zur Deutschen Oper am Rhein. Den Grund finden wir in den höheren Einnahmen aus dem Kartenverkauf für die (auch touristisch attraktivere) Semperoper aufgrund der besseren Platzauslastung.[19]

Am Beispiel des *Orchesters* wollen wir die Organisation der kollektiven Kreation künstlerischer Produktion skizzieren – eines Klangbildungsprozesses, der der Organisierung bedarf, weil ihn nur der musikalisch versierte Hörer anhand der Partitur „innerlich" hören kann. Das Ensemble setzt sich aus den Instrumentengruppen der Streicher, Holz- und Blechbläser sowie den Schlaginstrumenten zusammen und wird von einem Dirigenten geleitet.[20] Der Dirigent hat die zentrale Position im Orchester inne; ihm obliegen die Aufgaben der Führung und Koordination des streng arbeitsteiligen Prozesses zu einem ästhetisch synthetisierenden Akt. Die Anzahl der Musiker in einem modernen Orchester liegt zwischen rund zwei Dutzend und über hundert. Als die Komponisten im 20. Jahrhundert neue Wege suchten, die dramatischen Komponenten ihrer Musik effektvoller zu realisieren, nahm die Größe der Orchester erheblich zu; einen Höhepunkt dieser Entwicklung stellt Gustav Mahlers 8. Symphonie dar, die sogenannte „Symphonie der Tausend".

Nach organisationssoziologischen Kriterien ist das Orchester eine formalisierte bürokratische Organisation mit weisungsberechtigten und weisungsgebundenen Stellen, mit abgestuften Kompetenzen und geregeltem Instanzenzug in der Hierarchie vom Dirigenten über den Kapellmeister und ersten Geiger zu den Musikern (Erd 1997). Das direktive, ja autoritäre Führungsverhalten des Dirigenten ist zwar situativ gefordert, steht aber im Widerspruch zu weithin akzeptierten Annahmen der Führungsforschung, die bei komplexen Aufgaben und kreativen Leistungen, bei hoher Qualifikation und intrinsischer Motivation der „Geführten" einen nicht-direktiven Führungsstil empfiehlt (Boerner/Krause 2002). Die Musiker werden teilweise unterfordert und müssen erhebliche Einschränkungen ihrer künst-

---

19   In der Spielzeit 2008/2009 hatte die Deutsche Oper am Rhein eine Platzauslastung von 72,4% in Düsseldorf und 61,4% in Duisburg gegenüber 81,6% der Semperoper (Deutscher Bühnenverein 2010: 203f.).

20   Große Orchester leisten sich neben ihrem Chefdirigenten als dem künstlerischen Leiter auch noch einen Intendanten, der in seiner Funktion aber mehr dem Verwaltungsdirektor in Theatern ähnelt.

4. Organisierte Kunstproduktion

lerischen und individuellen Freiheiten hinnehmen: sie „werden weder an der Erarbeitung der künstlerischen Konzeption für die jeweilige Interpretation beteiligt noch werden ihnen nennenswerte Freiheitsgrade bei der Realisierung dieser Konzeption gewährt. Der Dirigent erwartet vielmehr, dass die Orchestermusiker seine künstlerische Konzeption umsetzen, wobei er sie unmittelbar überwacht und korrigiert." (Ebd.: 91) Nach empirischen Untersuchungen aus den USA, Österreich und Deutschland ist die Unzufriedenheit der Orchestermitglieder mit dem Dirigenten weit verbreitet (Paternoga 2006: 27); in einer deutschlandweiten repräsentativen Befragung aus dem Jahre 2003 zeigte sich nur ein Drittel „hinsichtlich des Dirigenten ,als völlig oder ziemlich zufrieden'" (ebd.: 28). Die Einschränkung ihrer Freiheitsgrade durch zentrale Fremdkoordination können die Musiker am ehesten akzeptieren, wenn sie der Dirigent von seiner künstlerischen Konzeption für die Interpretation überzeugen kann und ihnen als eine unbestrittene fachliche Autorität mit charismatischem Charakter gegenübertritt (zum Verhältnis von Dirigent und Orchester vgl. Adorno 1990b, GS 14: 292-307).

Als ein Gegenbeispiel der zentralen Fremdkoordination wird in der Literatur das seit 1972 bestehende amerikanische „Orpheus Chamber Orchestra" mit seiner dezentralen Selbstkoordination angeführt (Boerner 2002b; Seifter/Economy 2001). Das aus 31 Musikern bestehende Kammerorchester hat keinen festen Dirigenten. Statt dessen erarbeitet eine Kerngruppe, bestehend aus jeweils gewählten Stimmführern jeder Instrumentengruppe, die künstlerische (Roh-)Konzeption, die danach dem gesamten Ensemble vorgestellt wird. In den Gesamtproben machen die Musiker Verbesserungsvorschläge und kritisieren sich gegenseitig; kommt es zu keiner Einigung, wird abgestimmt. Für jedes Stück wird ein Konzertmeister gewählt, der die Proben und die Aufführung leitet. Zweifellos trägt diese Form selbstbestimmter Arbeit mit rotierenden Führungsrollen zu erhöhter Motivation der Ensemblemitglieder und damit zum künstlerischen Erfolg des Orchesters bei. Sein Preis ist der höhere Zeitbedarf, der sich schließlich in dem kleineren Repertoire des Orchesters manifestiert. Dieses Modell ist schwerlich auf ein Orchester mit 80 bis 100 Mitgliedern übertragbar, in dem sich nicht alle Musiker hören und sehen können.

Ein besonderes Problem deutscher Orchester (im Gegensatz etwa zu amerikanischen) ist ihre asymmetrische Zusammensetzung nach Geschlechtern. Bis in die jüngste Zeit galten vor allem Spitzenorchester als reine Männerdomäne.[21] Nur allmählich stieg der Frauenanteil in den renommierten Orchestern (Almendinger/ Hackmann 1994), so dass neben der notorischen Harfenistin nun auch Musikerinnen in den „weiblichen" Instrumentalgruppen (Violine, Bratsche und Cello) sich

---

21 Noch Herbert von Karajan geriet mit den Berliner Philharmonikern in einen heftigen Streit, als er eine hochtalentierte Solo-Klarinettistin, Sabine Meyer, in das Orchester aufnehmen wollte.

vor dem gemischten Publikum verbeugen dürfen (ebd.: 251). Einer Untersuchung aus dem Jahre 2001 zufolge ist der Frauenanteil an den Orchestermusikern kontinuierlich angestiegen: von 12 Prozent (1987) über 16 Prozent (1994) auf 27 Prozent (2001) (Paternoga 2005: 10), wenngleich der Anteil der Absolventinnen von Musikhochschulen weiterhin bei über 50 Prozent liegt (ebd.: 9). Eine unrühmliche Ausnahme bilden immer noch die Wiener Philharmoniker. Sie hatten sich bis 1997 gegen die Aufnahme von Frauen ausgesprochen. Erst internationale Proteste und Boykottaufrufe einflussreicher amerikanischer Frauenverbände bewogen sie schließlich zu einem förmlichen Bekenntnis zur „Chancengleichheit ohne Geschlechtsdiskrimierung"; gleichwohl lag die Frauenquote unter ihren Orchestermitgliedern noch 2006 bei weniger als einem Prozent (Der Standard vom 13.12.2006). Am traditionellen Neujahrskonzert 2011 wurden neben einer Harfenistin zwei Violinistinnen beteiligt.

Die Arbeitverhältnisse und Bezahlung der Musiker sind tarifvertraglich geregelt. Auch eine Mitbestimmung (in sozialen und personellen, nicht in künstlerischen Fragen) existiert, die in hochkarätigen Orchestern wie den Wiener und Berliner Philharmonikern so weit gehen kann, dass sie ihre Chefdirigenten in geheimer Wahl selbst bestimmen. Musiker sind in der Regel gewerkschaftlich hoch organisiert; ihre zuständige Organisation ist die Fachgruppe Musik in der Gewerkschaft Ver.di (Vereinte Dienstleistungsgewerkschaften). Der Arbeitgeberverband aller Stadt- und Staatstheater einschließlich der Opernhäuser und Kulturorchester ist der Deutsche Bühnenverein.

Die Arbeitsorganisation an Theater- und Opernhäusern ist weitaus komplizierter, weil dort noch größere Stäbe von künstlerischen Abteilungen – Regie, Dramaturgie, Bühnenbild, Licht, Kostüme etc. – mit einem Heer von Bühnentechnikern und Werkstättenbeschäftigten hinzukommen, deren Teilaufgaben für eine überzeugende Aufführung exakt synchronisiert werden müssen. Unausbleibliche Folge ist eine zunehmende Heterogenität der Beschäftigten, für die zudem noch unterschiedliche Tarifverträge gelten.

Filmproduktion

Mit dem Film ist ein Genre entstanden, das mehr der *Kulturindustrie* als dem Kunstsystem zuzurechnen ist. Die Grenzlinie zwischen dem Film als Kunstwerk und als einem Produkt („Machwerk") der Unterhaltungsindustrie zu ziehen, ist nicht leicht. In einem 1932 erschienenen Klassiker der Filmästhetik heißt es bündig: „Mit dem Film steht es ebenso wie mit der Malerei, Musik, Literatur, Tanz: man kann die Mittel, die er bietet, benutzen, um Kunst zu machen, man braucht aber nicht. Bunte Ansichtspostkarten zum Beispiel sind nicht Kunst und wollen auch

4. Organisierte Kunstproduktion

keine sein. Ein Militärmarsch, eine Magazingeschichte, ein Nacktballett ebenso wenig. Und Kientopp ist nicht Film." (Arnheim 2002: 24)

In seiner Verteidigung des „Films als Kunst" (so der Buchtitel) musste sich der Autor noch mit dem generellen Einwand auseinandersetzen, Film könne ebenso wenig wie Fotografie Kunst sein, weil beide nur mechanisch die Wirklichkeit reproduzieren. Dem widerspricht er mit einer detaillierten Analyse der elementaren Materialeigenschaften des Filmbildes, aus dessen Differenz zum Sehbild der Film seine Kunstmittel schöpfe. Gleichwohl gehört der Film, gemeinsam mit der Fotografie, zu den „reproduzierenden Künsten" (Monaco 1995: 20f.). Anders als bei den darstellenden Künsten (Theater oder Orchester), die ein bereits abgeschlossenes Kunstwerk zur Darstellung bringen, entsteht in der Filmproduktion erst das Kunstwerk durch reproduktive Techniken. Ein Drama oder Konzert besteht im wesentlichen aus Sprache bzw. Tönen; beide können auf Tonträger gespeichert oder im Radio übertragen werden, ohne dass das Wesentliche verloren geht. Das Theater- und Konzertpublikum heißt im Englischen bezeichnenderweise „audience" (Zuhörerschaft), während das Filmpublikum primär aus Zuschauern besteht. Die optischen Verweise (z.B. Bewegungen im Gesicht des Schauspielers, sein Blick, seine Gesten) sind konstitutiv für das Genre des Spielfilms. Insofern kann auch das Drehbuch nur sehr bedingt mit einem Dramentext oder einer Partitur verglichen werden. Regisseur und Kameramann interpretieren nicht eine eminente Text- oder Tonvorlage, sondern transformieren eine technisch-nüchterne Drehbuchvorlage in bedeutsame Bilder und kreieren damit, in Kooperation mit den Schauspielern, eine neue künstlerische Realität.

Die Organisation der Filmproduktion ist extrem arbeitsteilig und kann nur mit Hilfe eines komplexen *Netzwerks* unterschiedlicher Akteure (Organisationen und Personen) bewerkstelligt werden. Der Zuschauer sieht im wesentlichen die agierenden Schauspieler auf der Leinwand, die freilich nur einen geringfügigen Teil der Tätigkeiten ausmachen, die bei der Herstellung eines Films anfallen. Der größte Teil spielt sich hinter der Kamera ab; bei aufwendigen Produktionen sind umfangreiche Mitarbeiterstäbe beteiligt, die erst im (überlangen) Abspann eines Film genannt werden. Zu den wichtigsten Mitwirkenden hinter den Kulissen zählen Produzent, Drehbuchautor, Regisseur, Produktionsleiter, Regieassistent, erster Kameramann, Besetzungsleiter, Cutter, Tonschnittmeister, Komponist, Aufnahmeleiter und Kostümbildner.

Die Schlüsselfigur bei der Entstehung eines Filmes ist der *Regisseur*. Er sorgt für die filmische Realisierung des Drehbuchs und leitet den Produktionsstab und die Schauspieler bei der täglichen Arbeit an. Der Regisseur übernimmt so die künstlerische Aufsicht über den gesamten Hergang, vom Drehbuch bis zum Endschnitt des Filmes. Sein Gefühl für Inszenierung und kreative bildliche Umsetzung des Skriptes sind es, die aus einer Geschichte einen guten Film machen.

Die professionelle Filmproduktion verfügt in Deutschland über zwei traditionelle Produktionsstätten: das „Studio Babelsberg" bei Potsdam und die „Bavaria Studios" in Geiselgasteig, einem südlichen Vorort Münchens. Beide können auf eine fast hundertjährige Geschichte mit filmhistorisch bedeutsamen Meisterwerken zurückblicken.

In Babelsberg errichtete die Deutsche Bioscope Gesellschaft 1912 das älteste Großatelier-Filmstudio der Welt. In dem Glashaus-Atelier[22] wurde als erste Studioproduktion der Stummfilm „Der Totentanz" mit Asta Nielsen gedreht. 1917 ging das Babelsberger Areal an die Universum Film AG (Ufa) über; nach dem Zweiten Weltkrieg, zu DDR-Zeiten, übernahm es die Deutsche Film AG (DEFA). Nach dem Ersten Weltkrieg entstanden zahlreiche Ufa-Produktionen, unter ihnen Fritz Langs „Metropolis" und als erster komplett vertonter Spielfilm Deutschlands, die „Melodie des Herzens" mit Willy Fritsch. Weitere Produktionen waren „Der blaue Engel" mit Emil Jannings und Marlene Dietrich, „Münchhausen", „Die Feuerzangenbowle" und auch Veit Harlans antisemitischer Film „Jud Süß". In der DEFA-Periode 1946-1990 entstanden weit über Tausend Kino- und Fernsehfilme, bereits 1946 Wolfgang Staudtes „Die Mörder sind unter uns" mit Hildegard Knef. Nachdem die Treuhandgesellschaft die ehemaligen DEFA-Filmstudios zunächst an einen französischen Konzern verkauft hatte, wurden diese 2004 an die deutsche Beteiligungsgesellschaft Filmbetriebe Berlin-Brandenburg GmbH weiterverkauft, die sie 2005 als Studio Babelsberg AG an die Börse brachte. Mit insgesamt 16 Studios und einer Gesamtfläche von 420.000 Quadratmeter verfügt sie über den größten zusammenhängenden Studiokomplex Europas. Auf ihrem Gelände befindet sich auch die Hochschule für Film- und Fernsehen „Konrad Wolf". Rund „80 Prozent der deutschen Kinofilmproduktion werden im Filmstudio Babelsberg oder mit dessen Unterstützung realisiert. Babelsberg gilt als einziges deutsches Großatelierstudio. Andere Studios wie das Bavaria Film Studio in München konzentrieren sich auf das Fernsehgeschäft." (Berliner Zeitung vom 11.8.2007, S. 19: „Filmkulisse, frisch und billig")

Wenige Jahre nach der Eröffnung in Babelsberg war 1919 von der damaligen Münchner Lichtspielkunst AG das erste Studio, das sogenannte Glashaus, in Geiselgasteig eröffnet worden. Die erste Produktion war der Stummfilm „Der Ochsenkrieg" nach einem Buch von Ludwig Ganghofer. Auf dem heute der Bavaria Studios and Production Services GmbH gehörenden 350.000 Quadratmeter gro-

---

22 Die ersten Filmateliers wurden wegen der geringen Lichtempfindlichkeit des Filmmaterials als große Glashäuser gebaut, um das Sonnenlicht zu nutzen.

4. Organisierte Kunstproduktion 55

ßen Areal stehen 12 Studios unterschiedlicher Größe, Drehvillen, und Kulissenstraßen zur Verfügung. Nachdem im letzten halben Jahrhundert einige berühmte Regisseure (u.a. Orson Welles, Ingmar Bergmann, Rainer Werner Fassbinder, Wolfgang Petersen, Wim Wenders) in den Studios gedreht haben, liegt heute der Schwerpunkt auf der Produktion von Fernsehfilmen. Der Dreiteiler „Die Manns – Ein Jahrhundertroman" von Heinrich Breloer wurde als internationale Ko-Produktion hier 2001 hergestellt.

Auf internationalen Filmfestivals findet ein Wettbewerb aktueller Jahresproduktionen von Spielfilmen statt. Unter den 12 Filmfestivals der A-Kategorie (Kriterien: internationaler Wettbewerb mit Weltpremien, internationale Jury) sind die drei bedeutendsten: die „Mostra internazionale d'arte cinematografica" in Venedig als das älteste (seit 1932), wo der „Goldene Löwe" für den besten Film verliehen wird, sowie die jährlichen Festivals an der Cote d'Azur in Cannes (seit 1946), wo die „Goldene Palme", und die Berlinale in Berlin (seit 1951), wo der „Goldene Bär" verliehen wird, Über die Verleihung entscheiden internationale Jurys. Als begleitende Fachmesse fungiert der für das Publikum nicht zugängliche Filmmarkt, auf dem über Lizenzen und die kommerzielle Auswertung der Filme Verträge abgeschlossen werden.

Eine unübersehbare Zahl weiterer allgemeiner und spezieller Filmfestivals finden im In- und Ausland statt. Genannt seien hier nur drei spezielle Festivals in Deutschland, die bereits eine längere Tradition aufweisen: die Internationalen Kurzfilmtage in Oberhausen (seit 1954), das Internationale Leipziger Festival für Dokumentar- und Animationsfilm (seit 1957) und die Internationalen Hofer Filmtage. In mehr als zwei Dutzend deutschen Städten finden mittlerweile jährliche Kurzfilmtage oder -festivals statt.

Verleih und Vorführung des Films haben gesonderte Organisationsformen. In der Regel übernehmen Verleihfirmen den Film von den Produzenten oder Produktionsfirmen, bringen ihn auf den Markt und betreiben Werbung für ihn, verteilen Kopien des Filmes an die Filmtheater, organisieren öffentliche und private Fernsehübertragungen sowie den Videoverleih und -verkauf.

Monopolistischer organisiert war das klassische Studiosystem Hollywoods der 1920er bis 1950er Jahre (Rother 1997: 283ff.). Es bestand aus den marktbeherrschenden Großstudios der „Big Fives" (Paramount, MGM, Warner Bros., 20th Century Fox, RKO), die aus dem Zusammenschluss kleinerer Produktionsfirmen, Verleiher und Kinoketten-Besitzer hervorgegangen waren. Unter einem gemeinsamen Dach vereinigten sie Herstellung, Verleih und Vorführung in ihren eigenen Kinos. Mit der vertikalen Integration kontrollierten sie praktisch jeden Schritt, den der Film von der Planung bis zur öffentlichen Vorführung durchlief. Die industrialisierte, standardisierte Herstellung lief auf die Fabrikation von Genres (Western, Detektivfilm, Thriller, Melodram, Kriegsfilm etc.) mit festen Konventionen hinaus, die, obwohl technisch brillant, den Film zur Konfektionsware machten. Nur wenigen Regisseuren, unter ihnen Alfred Hitchcock, Orson Welles, Howard Hawks und John Ford, gelang es, „in der großen Ära Hollywoods ihren Filmen eine gewisse persönliche Handschrift zu verleihen. Doch zum größten Teil war das Hollywood-Kino das Produkt zahlloser Handwerker" (Monaco 1995: 307).

Kontrapunkt zum Genrefilm ist der Autorenfilm, in dem der Regisseur gleichsam seine Apotheose erfährt. Wie der Schriftsteller sei er der Autor seiner Filme, die Kamera der Federhalter, so hat es programmatisch der französische Filmregisseur Alexandre Astruc 1948 formuliert (Astruc 1992) und so wurde es von den Regisseuren der „Nouvelle Vague" (Claude Chabrol, François Truffaut, Jean-Luc Godard, Eric Rohmer) aufgegriffen. In ihrer Polemik gegen die industrielle Produktionsweise Hollywoods verteidigten sie ihren je eigenen Stil, den sie freilich auch den amerikanischen Regisseuren Ford, Hawks und Hitchcock zubilligten.

Auch die Protagonisten des Jungen oder Neuen Deutschen Films, die während der Westdeutschen Kurzfilmtage 1962 mit dem Oberhausener Manifest gegen „Papas Kino" polemisierten, begriffen sich als Autorenfilmer, die mit geringem Budget nicht selten die Rolle des Drehbuchautors und Regisseurs (ggf. auch des Produzenten) in einer Person vereinigten. Der Durchbruch gelang ihnen 1966 auf den Festivals in Cannes (Volker Schlöndorff mit „Der junge Törless"; Jean-Marie Straub und Daniele Huillet mit „Nicht versöhnt"), in Venedig (Alexander Kluge mit „Abschied von Gestern") und in Berlin (Peter Schamoni „Schonzeit für Füchse"). In den 1970er Jahren war es Rainer Werner Fassbinder, der wie kein anderer für den Autorenfilm stand. Obwohl er sich auf einen Clan kreativer und bekannter Mitarbeiter stützen konnte, einen „Hofstaat mit Günstlingen", die sich aus „fortwährender Faszination und Abhängigkeit (...) nie ganz befreien konnten" (Töteberg 2002: 12), verdankte er seinen singulären Ruf seiner radikal subjektiven Haltung und rastlosen Produktivität; innerhalb von 17 Jahren produzierte er zwei Kurzfilme, 34 lange Filme und zwei mehrteilige Fernsehserien (Jansen/Schütte 1992: 277).. Mit Fassbinders frühem Tod wurde 1982, zwei Jahrzehnte nach dem Oberhausener Manifest, „auch der Autorenfilm begraben" (Töteberg 2002: 14).

Speziell unter dem Aspekt der Netzwerkanalyse ist in jüngster Zeit die Herstellung von Fernsehfilmen und Fernsehserien analysiert worden (Windeler u.a. 2000). Im strikten Gegensatz zur vertikalen Integration des traditionellen Studiosystems Hollywoods haben viele, vor allem die privaten Fernsehsender, die Produktion von Programmen ausgelagert und koordinieren sie in Projektnetzwerken. Wenn der Sender nicht selbst als fokaler Produzent fungiert, beauftragt er einen unabhängigen Produzenten, der seinerseits Funktionen auf andere Mediendienstleister (z.b. Casting Agenturen, Technikdienstleister, Studiobetriebe) überträgt. Bei dieser Form projektbasierter Produktion mit häufig wechselnden Akteuren wird die Beziehungspflege zur wichtigsten Maxime.

5. Organisationen der Distribution

Die Funktionen der Distribution und der Vermittlung sind in der Kunst nicht immer voneinander zu trennen. Organisationen, die der Distributionssphäre zugerechnet werden, wie Verlage und Galerien, vermitteln auch zwischen Künstlern und Publikum; sie informieren über Novitäten, machen mit neuen Autoren und Künstlern bekannt. Wir werden sie hier primär unter dem Gesichtspunkt der Distribution behandeln, als Erwerbsbetriebe, die sich auf literarische bzw. künstlerische Produkte spezialisiert haben.

Belletristische und Kunstverlage

Bis in die jüngste Zeit konnte das Verlagswesen über weite Bereiche noch als ein kunsthandwerkliches Gewerbe angesehen werden, das kunstinteressierte Leute anzog, im kleinen Maßstab, meist als Familienbetrieb, operierte und nur bescheidene Gewinne abwarf. Der frühe Verleger war „Drucker, Verleger und Buchhändler in einer Person"; alle drei dienten dem Autor, indem sie „seinem geistigen Erzeugnis einen Körper" verliehen (Heinold 2001: 20). Die im „Druckerverleger" und „Verlagsbuchhändler" auch noch sprachlich vereinigten Funktionen von Druck, Verlag und Handel trennten sich im 19. Jahrhundert. Seitdem unterscheidet man zwischen dem herstellenden (Verlag) und verbreitenden (Buchhandlung) Zweig des Buchgewerbes. Der Begriff Verlag bezieht sich auf die Geldsumme, die der Verleger zur Herstellung eines Buches „vorlegen" muss (ebd.: 22).

Bei den dem Kunstsystem zuzurechnenden Verlagen ist zu differenzieren zwischen belletristischen Verlagen, Kunstverlagen und Musikverlagen. Während die Belletristik zusammen mit wissenschaftlicher und Sachbuch-Literatur häufig unter einem Dach verlegt wird, sind die Kunst- und Musikverlage eine besondere Spezies, die sich ihrer aufwendigeren Produktion verdankt.

Auch wenn viele Verlage mittlerweile Töchter von großen Buch- und Medienkonzernen geworden sind, arbeiten sie als sog. Imprint-Verlage weiter unter eigenem Namen als kleine und mittlere Unternehmen mit relativ einfacher Organisationsstruktur (s. Übersicht 5).

Übersicht 5: Klassisches Organigramm (Einlinien-Organisation) eines Verlages

```
                          Verleger
                             |
        ┌────────────────────┼────────────────────┐
        ↓                    ↓                    ↓
Stäbe  Rechte und Lizenzen              Presse und Öffentlichkeitsarbeit

        ┌──────┬──────────┬──────────────┬────────────┬──────────────┐
        ↓      ↓          ↓              ↓            ↓              ↓
Abteilungen Lektorat  Herstellung  Werbung/Vertrieb  Auslieferung  Rechnungswesen
```

Quelle: nach Heinold 2001: 21

Die Arbeitsorganisation eines Verlags hat an der Spitze den *Verleger.* Er ist zuständig für das Gesamtprogramm, mit dessen Profil er den Verlag gegenüber seinen Autoren und der Öffentlichkeit vertritt. Nach einem geflügelten Wort besteht das Talent des Verlegers darin, frühzeitig andere Talente zu erkennen. Die Geschichte des Verlagswesens ist reich an markanten Persönlichkeiten, die sich als geschmackssichere Vermittler zwischen dem literarischen Produzenten und dem lesenden Publikum erwiesen; ihre Triebfeder war nicht der Handel mit einem marktgängigen Gut, sondern die Liebe zum literarischen Werk. Zwei der bedeutendsten Verleger der deutschen Klassik waren Georg Joachim Göschen und Johann Friedrich Cotta, die als Verleger von Goethe, Schiller, Wieland und Heine mit diesen der Nachwelt überliefert wurden. Dass die jüngere Verlagsgeschichte vom Aussterben der engagierten individuellen Verleger (wie Kurt Wolff, Samuel Fischer, Peter Suhrkamp, Ernst Rowohlt) gekennzeichnet ist, gehört zu den wiederkehrenden Klagen der Branche, die sich verstärkten, nachdem die letzten großen Verlegergestalten – Siegfried Unseld und Klaus Wagenbach – gestorben oder abgetreten sind. Einer der letzten ist Michael Krüger, der als Leiter des Carl Hanser Verlags, eines mittelständischen Unternehmens, das sich weiterhin im Besitz der Gründerfamilie befindet, noch den traditionellen Verlegertypus repräsentiert. Erwähnung verdient in diesem Zusammenhang freilich auch der Verleger Gerhard Steidl, der in Göttingen ein (mittlerweile nicht mehr so kleines) Unternehmen aufgebaut hat, das auf höchstem Niveau Belletristik und Fotobände verlegt und druckt.

Zum engeren Verlagspersonal gehören die Lektoren und Hersteller. Die *Lektoren* prüfen die eingehenden Manuskripte, pflegen mit den Autoren eine enge und

5. Organisationen der Distribution

vertrauensvolle Zusammenarbeit, die Förderung, Anregung und Beratung einschließen. Die *Hersteller* sind zuständig für den technischen Prozess der Buchproduktion (Format, Schrift, Papierart, Abbildungen. Fotos etc.). Zwei weitere Arbeitsbereiche sind für das Verlagswesen charakteristisch: einer für Rechte und Lizenzen und ein anderer für das Rezensionswesen (Presse); sie sind als Stäbe meist unmittelbar dem Verleger unterstellt. Die weiteren Abteilungen – Werbung, Vertrieb, Rechnungswesen – sind generell für Unternehmen in mehr oder weniger Ausdifferenzierung auftretende typische Verwaltungseinheiten. Verlage können so gut wie alle Funktionen an Dienstleistungsunternehmen oder freie Mitarbeiter übertragen.[23]

In einem ironischen Aperçu hat Enzensberger den literarischen Verlagen eine Sonderstellung in der kapitalistischen Welt eingeräumt, nur noch vergleichbar mit Restaurants: „Ein sonderbares Gewerbe, an Personen gebunden, beladen mit patriarchalischen Resten, rührend, ehrgeizig und vollkommen unkalkulierbar. Die Bezahlung ist meistens schlecht, die Renditen sind minimal und die Risiken mörderisch" (Enzensberger 2002); während „erstklassige Qualität" überall teurer sei „als der Schund", zahle man bei Büchern, in gastronomischer Metapher, für Pommes frittes den gleichen Preis wie für getrüffelte Pastete (ebd.); da jedes Buch (noch) einen festen Ladenpreis hat, egal, ob man es im Supermarkt oder in einer exquisiten Buchhandlung kauft.

In Wirklichkeit handelt es sich hierbei um einen nostalgischen Rückblick; denn immer stärker beherrschen Großunternehmen und Mischkonzerne der Medienindustrie den Buchmarkt. Die Konzentration im deutschen Verlagswesen hat nur noch zwei große Verlagskomplexe, die Bertelsmann AG und die Verlagsgruppe Georg von Holtzbrinck GmbH, übrig gelassen (Hachmeister/Rager 2002). Beide befinden sich im Privatbesitz und sind von Versandbuch-Gemeinschaften (Buchklubs) zu Medienkonzernen aufgestiegen, in denen die Buchproduktion nur eines unter anderen Geschäftsfeldern ist.

Die Bertelsmann AG ist nicht börsennotiert; Eigentümer sind die Mohn-Familie und als Mehrheitsaktionär die Bertelmann-Stiftung, die aus den Kapitalerlösen ihre Projekte finanziert. Der Stifter, Reinhard Mohn, hatte sich in der Satzung Sonderrechte eingeräumt, die er auf seine ihn überlebende Ehefrau Liz Mohn übertrug, so dass sie im Vorstand und Kuratorium der Stiftung die eigentliche Konzernlenkerin ist. Seit dem Erwerb des amerikanischen Verlags Random-House (1998) ist Bertelmann zur weltweit größten Buchverlagsgruppe mit 120 Verlagen in 19 Ländern aufgestiegen. Die zahlreichen „Imprint-Verlage" (in Deutschland u.a.

---

23 In der heutigen Buchproduktion verlagern kleinere Verlage viele Herstellungsstufen auf den Autor: Er ist zugleich sein eigner Lektor, Korrektor, Layouter, Hersteller und PR-Experte (denn auch die Rezensenten muss er noch zu gewinnen suchen).

Goldmann, Siedler, Blanvalet und Berlin Verlag) sind unselbständige Unternehmen ohne eigene Abteilungen für Vertrieb und Werbung, die ihren „ehrenwerten" und zugkräftigen Namen aus Marketing-Gründen für ein spezifisches Programm beibehalten haben. Die Georg von Holtzbrinck Gruppe wird als Familienunternehmen geführt; sie hat als GmbH nur Familiengesellschafter. Im Unternehmensbereich Publikumsverlage versammelt sie u.a. die Imprint-Verlage S. Fischer, Rowohlt, Droemer-Knaur, Kiepenheuer & Witsch, Metzler, Macmillan, Henry Holt. Besonders krisenhaft ist die Entwicklung des Verlagswesens in den USA (Schiffrin 2001). Der dramatische Niedergang der unabhängigen Verlagshäuser ist Folge ihrer Übernahme durch große Mischkonzerne der Informations- und Unterhaltungsindustrie, die hier Renditen erwirtschaften wollten wie in anderen Branchen auch. War es in der Vergangenheit zuerst die Filmproduktion Hollywoods, die einer rigorosen Kapitalverwertung subsumiert wurde, ist es seit den 1990er Jahren das Verlagswesen, das die Produktion und Verbreitung von Kultur konsequent nach Vermarktungs- und Renditekriterien ausrichtet und folglich der autonomen literarischen Kunst das Wasser abgräbt. Dem Verleger Michael Krüger zufolge beträgt der Anteil unabhängiger Verlage in den USA noch zwei Prozent und die der Universitätsverlage ebenfalls zwei Prozent vom Gesamtumsatz der Buchproduktion, „der Rest wird von einer Handvoll Konzerne kontrolliert", wobei „sämtliche fremdsprachigen Autoren gerade drei Prozent des Buchmarktes" bestreiten (Krüger 2010).

Nicht weniger gefährdet wie die unabhängigen Verlage sind auch die unabhängigen Buchhandlungen. Finanzstarke Buchhandelsketten und die Verbreitung des Online-Buchhandels sowie der digitalen Literatur (E-Books) bedrohen ihre Existenz, die sie nur noch mit einem spezialisierten Sortiment und mit qualifizierter Beratung sichern können. Schließlich haben die allfälligen Kürzungen der öffentlichen Bibliotheksmittel die Lage der unabhängigen Verlage und Buchhandlungen weiter verschlechtert.

Galerien und Auktionshäuser

Komplexere Netzwerke als der Buchhandel knüpft der Kunsthandel zwischen seinen diversen Akteuren (s. Übersicht 6).

5. Organisationen der Distribution

Übersicht 6: Netzwerk des Kunsthandels

Produzenten →	*Distributeure* →	*Abnehmer*
Bildende Künstler (Ateliers)	**Galerien** Kunsthändler Kunstmessen Auktionshäuser →	Sammler Museen Mäzene ← Kapital-Anleger

↕

Multiplikatoren: Kunstkritik (nicht-kommerzielle) Ausstellungen Kunstvereine

Spinne im Netzwerk von Produzenten, Distributeuren und Abnehmern sind die *Galerien*. Mit diesem Begriff sind nicht Gemäldesammlungen gemeint, die ebenfalls diesen Namen tragen, sondern privatwirtschaftliche (häufig Einpersonen-) Unternehmen, die zeitgenössische Künstler „vermarkten", indem sie ihre Werke ausstellen und verkaufen. Von den schätzungsweise weit über tausend Galerien in Deutschland behaupten sich höchstens 40 bis 50 im internationalen Kunsthandel.

Unter Distributions- und Vermittlungsaspekten betrachtet, sind Galerien die „Gatekeepers des Kunstmarkts" (Bystrin 1978; v. Alemann 1997). Sie stehen an der entscheidenden Pforte, durch die neue, moderne Kunst in die Sphäre gesellschaftlicher Aufmerksamkeit eingelassen wird. Sie vertreten die Künstler und Künstlerinnen gegenüber Sammlern und, zum geringeren Teil, gegenüber Museen. In pointierter Weise grenzt der Galerist sich vom älteren Metier des Kunsthändlers ab, den er pejorativ als „Bilderverkäufer" bezeichnet. Die moderne Kunstgalerie und der Beruf des Galeristen entstanden mit der „klassischen Moderne" gegen Ende des 19. und Anfang des 20. Jahrhunderts. Als einer ihrer berühmten Pioniere gilt Daniel Henry Kahnweiler, der Galerist Picassos.

Galerien handeln mit Kunstwerken aus dem Atelier, die erstmals zum Verkauf stehen, man spricht auch vom angebotsorientierten „Primärmarkt". Kunsthändler und Aktionshäuser bedienen den „Sekundärmarkt" mit Kunstwerken, deren Provenienz auf den vormaligen Besitz von Sammlern, Erben etc. zurückgeht und die zum wiederholten Verkauf gelangen.

Primäre Funktion der Kunstgalerie ist das „soziale Sichtbarmachen der Kunst" in enger Zusammenarbeit mit Künstlern. Deren Entwicklung und Etablierung zu fördern, gehört zu ihren vorrangigen Aktivitäten. Um die vertretenen Künstler bekannt zu machen und ihren Marktwert zu erhöhen, bedienen Galerien sich der Organisation und Dokumentation von Ausstellungen, der Erstellung von Katalogen sowie der Pflege von Kontakten zu Sammlern, Kritikern, Kuratoren und anderen Interessenten aus der Kunstszene.

Marcia Bystryn (1978) hat zwei Galerietypen unterschieden, die für die Durchsetzung des Abstrakten Expressionismus in der New Yorker Kunstszene der 1940er Jahre entscheidende Rollen einnahmen: 1. die produktions- oder künstlerorientierte Galerie, 2. die markt- oder absatzorientierte Galerie. Der erste Galerietypus stellte seine Fördertätigkeit vorwiegend darauf ab, „dem Künstler innerhalb der überschaubaren produktionsorientierten Avantgarde-Öffentlichkeit der Kunstszene zur Reputation zu verhelfen". Kommerzielle Ziele werden „eher als Nebenziel angesehen oder weitestgehend vernachlässigt"; das vorwiegend intellektuelle Publikum ist begrenzt und wenig kaufkräftig (Zahner 2006: 117). Der zweite Galerietypus verfolgte offen kommerzielle Ziele und versucht, die Reputation, das „symbolische Kapital" (Bourdieu) seiner Künstlerauswahl in ökonomisches Kapital umzusetzen, das heißt unter der kaufkräftigen, liberalen und aufstiegsorientierten oberen Mittelschicht eine Nachfrage zu generieren. Galeristen dieses Typus verfügen teilweise über vorgängige Erfahrungen mit der Vermarktung anderer Produkte; sie investieren gezielt in ihre Künstler, die sie weniger nach kunstimmanenten Gesichtspunkten als aufgrund ihrer intimen Kenntnisse des Kunstmarktes auswählen (Bystryn 1978: 404f.).

Der moderne Galerist benötigt ein gutes Auge für junge Kunst, eine optische Intelligenz. Er beschränkt sich meist auf wenige zeitgenössische Stilgruppen und vertritt nur eine geringe Zahl lebender Künstler, etwa durchschnittlich zehn (v. Alemann 1997: 218), mit denen er eine längerfristige Zusammenarbeit pflegt, teilweise durch Exklusiv-Verträge abgesichert, die dem Künstler einen monatlichen oder jährlichen Mindestbetrag garantieren. Der Galerist selbst ist mit einem prozentualen Anteil (üblich sind 50 Prozent) am Verkaufserlös beteiligt. Bei Einzelausstellungen von Künstlern, die in der Regel sechs Wochen dauern, nimmt er die Werke gewöhnlich in Kommission, wenn er sie für einen späteren Verkauf nicht selbst erwirbt.

Die Ausbildung zum Galeristen folgt bisher noch keinem professionellen Muster. Sie sind Autodidakten, Selfmademen und kommen in der Regel aus „gutsituierten mittelständischen Familien" des „oberen Drittels der Gesellschaft" (Thurn

5. Organisationen der Distribution

1994: 243). Ihre besten Vertreter „operieren kunstenthusiastisch, mehrsprachig und weltläufig" (ebd.: 250).

Beim „Sichtbarmachen der Kunst" haben einige Galeristen und Galeristinnen Schlüsselrollen in der modernen Kunstgeschichte innegehabt. Exemplarisch stehen für sie die folgenden:

- *Ambroise Vollard* (1865-1939), der sein Jurastudium aufgegeben und zunächst als Angestellter in die Dienste eines Kunsthändlers getreten war, eröffnete als junger Mann 1893 in Paris eine Galerie, wo er Werke der zu seiner Zeit noch umstrittenen Künstler Vincent van Gogh, Maurice Vlamick und Paul Cezanne ausstellte und verkaufte. Er stellte erstmals Cezanne (1895), den jungen Pablo Picasso (1901) und Henri Matisse (1904) aus. Paula Modersohn-Becker sah in seiner Galerie zum erstenmal Werke von Cezanne und Paul Gauguin.

- Der deutsch-französische *Daniel Henry Kahnweiler* (1884-1979), ausgebildet für eine Bankkarriere, eröffnete ebenfalls als junger Mann 1907 in Paris eine Galerie. Er beschränkte sich auf die Vertretung „etwa eines Dutzend gleichaltriger Künstler, die er in mündlichen Absprachen längerfristig an sich band" (Thurn 1994: 154). Zum Durchbruch verhalf er den Kubisten Georges Braques, Pablo Picasso und Juan Gris. Aufgrund seiner deutschen Staatsbürgerschaft wurde die Galerie im Ersten Weltkrieg konfisziert; erst 1920 kehrte er nach Paris zurück und eröffnete die Galerie Simon, wo er u.a. André Masson und Paul Klee unter Vertrag nahm. Nachdem er 1937 die französische Staatsbürgerschaft erworben hatte, musste er gleichwohl wegen seiner jüdischen Abstammung untertauchen. Die Galerie wurde von der Schwester seiner Frau, Louise Leoris, weiter geführt.

- Ein großzügiges Erbe erlaubte der aus einer wohlhabenden jüdischen Familie stammenden Amerikanerin *Peggy Guggenheim* (1898-1979) während ihres Aufenthalts in London und Paris avantgardistische Kunst zu erwerben. Nach ihrer kriegsbedingten Rückkehr aus Europa gründete sie mit dem Grundstock ihrer in Paris erworbenen Sammlung in New York 1941 die Galerie „Art of This Century", die sie zugleich zu einem Museum machte. Sie half nicht nur ihren europäischen Künstlerfreunden, den Surrealisten, bei ihrer Flucht in die USA und beim Aufbau einer neuen Existenz im fremden Land, sie wurde auch zur ersten Galeristin und Mäzenin der abstrakten Expressionisten. Sie organisierte Gruppen- und Einzelausstellungen von Jackson Pollock, Robert Motherwell, William Baziotes, Hans Hofmann, Clyfford Still und Mark Rothko. Pollock wurde zum Mittelpunkt ihrer Museums-Galerie; für monatlich 150 Dollar und einer Gewinnbeteiligung aus seinen verkauften Werken nahm sie ihn 1943 unter Exklusivvertrag; ihr verdankte Pollock seinen Durchbruch.

Aus der Not der geringen Verkäufe ihrer Galerie machte sie die Tugend des Bildererwerbs für ihre Sammlung. 1947 kehrte sie nach Europa zurück und zog mit ihrer „Peggy-Guggenheim-Sammlung" nach Venedig.

- Die New Yorker Galeristin *Betty Parsons* (1900-1982), „Mutter des Abstrakten Expressionismus" genannt, war selbst Malerin; sie übernahm in ihrer 1946 eröffneten Galerie die abstrakten Expressionisten Pollock, Rothko und Still von Peggy Guggenheim, nachdem diese ihre Museums-Galerie geschlossen hatte. Barnett Newman, der ihr wichtigster Berater wurde, richtete sie die erste Einzelausstellung aus. Ähnlich wie Peggy Guggenheim hatte sie enge Kontakte zu Künstler- und Kritikerkreisen der Avantgarde. Als mit wachsender Anerkennung durch Sammler, Kritiker und Kuratoren die abstrakten Expressionisten eine offensivere und exklusivere Vertretung von ihr verlangten, kam es zum Dissens, in dessen Verlauf Pollock, Rothko und Still zu Sidney Janis wechselten; Barnett Newman hatte sich schon nach der verheerenden Kritik seiner Einzelausstellung zurückgezogen und stellte erst ab 1958 wieder aus.
- Anders als Betty Parsons, der „Künstlerin-Galeristin" ohne merkantilen Erfolg, betätigte sich *Sidney Janis* (1896-1989) als erfolgreicher „Kunstkaufmann" (Thurn 1994: 191ff.). Ursprünglich ein erfolgreicher Textilindustrieller, begann er nach seiner Heirat mit einer Kunstschriftstellerin moderne Kunst zu sammeln und veröffentlichte Bücher über avantgardistische Kunst. Nachdem er 1934 Mitglied des Aufsichtsrats des MOMA und später Vorsitzender ihrer Ankaufskommission geworden war, eröffnete er 1948 die Sidney Janis Gallery im gleichen New Yorker Haus, wo Betty Parsons ihre Galerie hatte. Er stellte die von ihm vertretenen abstrakten Expressionisten neben den europäischen Surrealisten und Kubisten aus und gewann damit jene Sammler, die an moderner europäischer Kunst interessiert waren, auch für die amerikanische Avantgarde, deren Bilder durch die Konfrontation preislich aufgewertet werden sollten. Als sich Janis der Pop Art zuwandte, lösten Rothko, Motherwell und Gottlieb die Verbindungen mit ihm.
- *Leo Castelli* (1907-1999), österreichisch-ungarischer Bankierssohn, arbeitete nach seinem Studium der Rechtswissenschaften für Versicherungen und Banken in Triest und Paris, wo er mit den Surrealisten um Max Ernst und Salvador Dali bekannt wurde und erste Werke von ihnen kaufte. 1939 eröffnete er mit dem befreundeten Architekten René Drouin an der Place Vendôme seine erste Galerie. Nach der Besetzung Frankreich siedelte er mit seiner Familie nach New York über. Nachdem er im Krieg seine Dienste dem Intelligence Service zur Verfügung gestellt hatte, erwarb er die amerikanische Staatangehörigkeit und arbeitete zunächst im Textilhandel, ohne seine Neigung zu Kunst

5. Organisationen der Distribution 65

und Kunsthandel aufzugeben. Seine freundschaftlichen Kontakte zu jungen avantgardistischen Künstlern bewogen ihn schließlich 1957 zur Gründung der berühmt gewordenen Leo Castelli Gallery, in der er sowohl die europäischen Surrealisten wie die abstrakten Expressionisten und die Pop Art-Künstler mit großen Erfolg vertrat und ihnen zu weltweiter Berühmtheit verhalf.

- Seine erste, von ihm geschiedene Frau, *Illeana Sonnabend* (1914-2007), Tochter eines bekannten rumänischen Industriellen jüdischer Abstammung, betätigte sich ebenfalls als Galeristin für moderne und zeitgenössische Kunst. In Paris, in das sie nach ihrer Scheidung zurückgekehrt war, gründete sie 1962 ihre erste eigene Galerie, in der sie amerikanische Nachkriegskunst (u.a. Jasper Johns und das ganze Spektrum der Pop Art) ausstellte. In den 1970er Jahren übersiedelte sie wieder nach New York, wo sie in ihrer Galerie in Manhattan ab 1971 junge europäische Künstler ausstellte und vertrat, u.a. Georg Baselitz, Jörg Immendorff, A. R. Penck, Bernd und Hilla Becher.

- In Deutschland wurde *Alfred Schmela* (1918-1980) mit seiner Düsseldorfer Galerie zum „Wegbereiter der Avantgarde".[24] Schmela war examinierter Hochbauingenieur und widmete sich nach Krieg und Kriegsgefangenschaft dem Studium der Malerei. Nachdem er sich einige Jahre als freier Maler durchgeschlagen hatte, gründete er 1957 seine Galerie in der Düsseldorfer Altstadt, in der er neben den Werken vieler anderer Künstler die von Georges Mathieu, Antoni Tàpies, Ives Klein, der Zero-Gruppe und Joseph Beuys „sozial sichtbar" nachte. Er verkörperte „den deutschen Kunsthandel der Nachkriegszeit schlechthin" (Ruhrberg 1996: 112).

- Der Düsseldorfer Galerist *Konrad Fischer* (1939-1996) hatte von 1958 bis 1962 an der Kunstakademie Düsseldorf studiert und war bis 1968 unter dem Künstlernamen Konrad Lueg nicht ohne Erfolg als Maler tätig. Zusammen mit Sigmar Polke und Gerhard Richter veranstaltete er 1963 in einem Düsseldorfer Möbelhaus die berühmt gewordene Aktion „Leben mit Pop – eine Demonstration für den kapitalistischen Realismus" (Neckel 2010). 1967 eröffnete Fischer in der Düsseldorfer Altstadt auf winzigem Raum eine Galerie, die Weltruhm erlangte. Seine erste Ausstellung bestritt er mit Werken des Amerikaners Carl Andre, ihm folgten Künstler der Land Art, des Minimalismus und der Konzeptkunst, unter ihnen: Richard Long, Bruce Nauman, Sol LeWitt, Blinky Palermo, Reiner Ruthenbeck und zuletzt Gregor Schneider. Nach seinem Tode führte seine Frau Dorothee die Galerie unter seinem Namen weiter.

---

24 So der Untertitel des von Karl Ruhrberg (1996) herausgegebenen Sammelbandes.

- Last but not least ist dieser exemplarischen Aufzählung die innovative Kölner Galeristin *Monika Sprüth* (geb. 1949) hinzuzufügen. Als studierte Architektin arbeitete sie zunächst als Stadtplanerin, bevor sie mit 33 Jahren 1983 in der Kölner Altstadt ihre Galerie eröffnete. Dort stellte sie junge und angehende Künstlerinnen wie Rosemarie Trockel, Cindy Sherman, Barbara Krüger und Jenny Holzer aus und verhalf ihnen zu internationalem Ansehen, womit sie den bis dahin von männlichen Künstlern bestimmten Trend des Kunstmarkts durchbrach.

Wenn wir in diesen Skizzen exemplarischer Galeristen und Galeristinnen, zwar nicht in trennscharfer, aber in charakteristischer Akzentuierung, die beiden von Marcia Bystryn herausgearbeiteten Orientierungen von Galerien (produktions- bzw. marktorientiert) wiedererkennen, dann ist dem hinzuzufügen, dass beide Galerietypen die Förderung von Avantgarde-Kunst zum Ziel haben; eine Passion für die Kunst ist beiden gemeinsam. Beide streben, mit unterschiedlicher Betonung, nach einem Ausgleich von Kunst und Kommerz. Die Vertreter des marktorientierten Typus sind Umsteiger, sie bringen aus kunstfernen Erwerbstätigkeiten einen „kalkulierenden Handelsgeist" und ein Startkapital mit und verfügen über exzellente Kenntnisse des Kunstmarktes, während die Vertreter des produktionsorientierten Typus keine risikoreichen finanziellen Risiken eingehen können und sich aufgrund ihrer kunstnahen beruflichen Erfahrungen und künstlerischen Neigungen stärker mit den vertretenen Künstlern und deren Œuvre identifizieren.

Als „Türhüter" und „Experten für riskanten Tausch" (Thurn 1994: 255) sind die Galeristen unverzichtbare Akteure am Kunstmarkt. Seit Ende der 1960er Jahre veranstalten sie periodisch wiederkehrende Kunstmessen (z.B. „Art Cologne") mit kurzzeitigen Gemeinschaftsausstellungen. Ihre immer expansiver agierenden Konkurrenten sind die eindeutig kommerziell ausgerichteten *Auktionshäuser*, deren Marktanteil auch auf Kosten des traditionellen Kunstfachhandels wächst (Herchenröder 2000). Die höchsten Kunstumsätze werden durch den Auktionshandel getätigt. Ihnen vor allem ist es zuzuschreiben, dass die Kunst spätestens seit den 1980er Jahren zum Spekulationsobjekt geworden ist. Weltweit gibt es schätzungsweise rund 4.000 (incl. virtuelle) Auktionshäuser (Drinkuth 2003: 7). Die beiden führenden Unternehmensimperien, das angelsächsische Duopol Christie's (Sitz London) und Sotheby's (Sitz New York), haben hochdotierte Repräsentanten in den wichtigsten westlichen Ländern und Umsätze der letzten Jahre von jeweils rund 3 bis 5 Mrd. Dollar. „Ihre Geschäftspraktiken, ihre Kataloge, ihre Auktionen und vieles mehr drückten dem modernen Auktionshandel ihren unverwechselbaren Stempel auf." (Drinkuth 2003: 14) Sie haben im letzten Jahrzehnt mit illegalen Preisabsprachen und „mit bedrohlicher Professionalität ihren Radius" erweitert (ebd.:

5. Organisationen der Distribution

23), sei's durch den Einstieg in den Internet-Markt, sei's durch Allianzen mit einflussreichen Galerien und Kunsthändlern. Mit dem Einstieg in das Galeriegeschäft wollen sie sich von der alleinigen Abhängigkeit der meist aus Zwangslagen (im Jargon: *the 3 Ds: Death, Debts, Divorce*) verursachten Einlieferungen freimachen. Im deutschsprachigen Raum ist das Dorotheum in Wien (gegr. 1707) mit einem Jahresumsatz von 143 Mio. Euro (2010) das größte Auktionshaus für Kunst. Zu den führenden deutschen Auktionshäusern gehören das Kunsthaus Lempertz (gegr. 1845) in Köln mit einem Jahresumsatz von über 50 Mio. Euro (2006) und die Villa Grisebach (gegr. 1986) in Berlin mit einem Umsatz von 45 Mio. Euro (2006). Das lukrative und zugleich risikoreiche Geschäft mit der Kunst hat auch sie zu zweifelhaften Praktiken verführt. So versteigerte das Kunsthaus Lempertz in den letzten Jahren mehrere gefälschte Gemälde von Expressionisten und anderen modernen Malern aus einer fingierten „Sammlung Jägers" (Frankfurter Allgemeine Zeitung vom 23.12.2010, S. 27: „Vom Umgang mit Kunst und Kunden").

Wie andere Versteigerungen werden auch Kunstauktionen mit Mindestschätzpreisen des Auktionshauses und Geboten der kaufwilligen Bieter bestritten. Das Auktionshaus lebt vom Aufpreis, den der Käufer zahlen muss; die beiden Großen verlangen derzeit 19,5 Prozent bis 100.000 Dollar und 10 Prozent für Preise, die darüber erzielt werden. Verluste fahren die Auktionshäuser dadurch ein, wenn sie Einlieferern eine Mindestsumme für ihre Kunstschätze garantieren, diese aber auf der Auktion nicht realisieren können.

In jüngster Zeit dringen die Auktionshäuser auch in den Primärmarkt. So kaufte Christie's 2007 die Galerie Haunch of Venison und Sotheby's versteigerte 2008 ein fast 300 Werke umfassendes Konvolut des britischen Künstlers Damien Hirst, das direkt aus seinem Atelier kam.

Obwohl Pierre Bourdieu, insbesondere bei den Avantgardisten, Kunst und Markt als feindliche Welten wahrnahm (1990: 134ff.), haben sich Ökonomen und Soziologen bemüht, mit den Galerien im Fokus, Aufschlüsse über das Phänomen der Preisbildung auf den Kunstmärken zu gewinnen. Der Kunstmarkt ist für Ökonomen eine Herausforderung, weil die Preisbildung für Kunstwerke außerökonomischen Kriterien folgt. Offensichtlich unterliegt er nicht den Marktmechanismen von Angebot und Nachfrage. Wie der Wirtschaftssoziologe Olav Velthuis (2003) in einer Untersuchung in Amsterdamer und New Yorker Galerien herausfand, passen Galeristen ihr Angebot nicht der Nachfrage an. Sie folgen der Maxime, generell keine Preissenkungen vorzunehmen – ja, diese sind gewissermaßen tabuisiert – und für Werke eines Künstlers bei gleicher Größe (und Materialität) keine differierenden Preise zu verlangen. Velthuis' Erklärung für die ökonomische Anomalie fehlender Preiselastizität ist die folgende: „In einer Welt, die ökonomische Werte ablehnt, finden die Akteure Wege, um nicht-ökonomische Werte durch das Medium des Preises zu kommunizieren" (ebd.: 207; meine Übersetzung). Mit anderen Worten: sie unterlegen dem Preis eine kognitive und symbolische Bedeutung, mit der sie dem potentiellen Käufer (Sammler) in einer Situation hoher Ungewissheit die Qualität des Kunstwerks und die Reputation des Künstlers durch den Preis signalisieren. Der Preis wird indes nicht im wirtschaftlichen, sondern im Kunstsystem festgelegt, das heißt von Akteuren und Institutionen des künstlerischen Feldes „sozial konstruiert": Galeristen, Kuratoren, Kritiker und Sammler bestimmen in einem intersubjektiven Prozess der Bewertung und Reputationsverleihung den künstlerischen Wert von Kunstwerken und den Status von Künstlern. Erst damit schaffen sie eine Grundlage für den ökonomischen Wert (Beckert/Rössel 2004: 34). Erfolgreiche Galerien sind diejenigen, die sich in der Konkurrenz um Reputation („symbolisches Kapital") im künstlerischen Feld durchgesetzt haben. Dass die bekanntesten und erfolgreichsten Künstler von wenigen Galerien vertreten werden, verdankt sich den selbstverstärkenden Rückkopplungsprozessen von Innovation, Reputation und Erfolg.

6. Organisationen der Vermittlung

Wie schon erwähnt, lassen sich die Prozesse der Distribution und Vermittlung von Kunst nur schwer voneinander trennen. So dienen Verlage und Galerien natürlich auch der Kunstvermittlung, aber was sie von anderen Organisationen unterscheidet, ist, dass ihr Organisationsziel vordringlich der Verkauf von Kunst ist. Im Gegensatz dazu sind Museen und Bibliotheken eindeutig kunstvermittelnde Organisationen. Sie vermitteln zwischen Künstler und Publikum, indem sie diesem Kunstwerke zeigen oder verleihen. Als Vermittlungsinstitutionen der Kunst haben Museen und Bibliotheken eine lange Geschichte, die bis in die Antike zurückreicht.

Kunstmuseen

Das Museum (von griech. *mouseíon:* Musenhort; lat. *museum*: Ort für gelehrte Beschäftigung) war in der Antike ursprünglich ein den Musen geweihter Tempel. Erst seit der Frührenaissance, in der auch Kunst und Wissenschaft als Mittel der Repräsentation genutzt wurden, kam der Begriff im heutigen Sinn als Bezeichnung für eine Sammlung künstlerischer oder wissenschaftlicher Exponate in Gebrauch, seit dem 18. Jahrhundert auch für jene Gebäude, in denen die Sammlungen öffentlich ausgestellt werden. War es zunächst eine Einrichtung, um verstreute Exponate an einem Ort zu sammeln, wurde das Museum Ende des 19. Jahrhunderts immer mehr auch zu einer Institution wissenschaftlicher Forschung.

6. Organisationen der Vermittlung

In Deutschland existiert eine große Vielfalt von Museen. In seiner jährlichen Gesamterhebung für das Jahr 2008 hat das Institut für Museumsforschung (2009) rund 6.200 Museen erfasst. Die größte Zahl stellen zweifellos die Volkskunde- und Heimatkundemuseen (45 Prozent). Kunstmuseen, mit denen wird uns hier ausschließlich beschäftigen wollen, stellen mit 634 Häusern rund 10 Prozent der Museen, aber rund 20 Prozent aller Museumsbesucher.

Keine der heutigen Kunstorganisationen ist so organisch aus der Sphäre des höfischen Lebens herausgewachsen wie das Kunstmuseum. Seine lange Geschichte beginnt in der Neuzeit mit den Sammlungen an den Fürstenhöfen, mit dem Zusammentragen wertvoller Gegenstände, die in Schatz- und Wunderkammern von Fürsten, Königen und Kaisern aufbewahrt wurden (Pomian 1998; Sheehan 2002). Zunächst nur zum Privatvergnügen bzw. zur Repräsentation gedacht, wurden fürstliche und königliche Galerien und Kabinette allmählich der Öffentlichkeit zugänglich gemacht.

Als typisches Produkt der Aufklärung wurde im 18. Jahrhundert das öffentliche Museum zur festen Einrichtung. Erstes Museum mit unbeschränktem Zugang war das Britische Museum in London (1753 eröffnet). Etwa zur gleichen Zeit hatte man in Paris damit begonnen, die Gemälde der königlichen Sammlungen im Palais de Luxembourg an zwei Wochentagen der Öffentlichkeit (vorrangig für Künstler und Studenten) zugänglich zu machen. Später wurde die Sammlung in den Louvre überführt, der zur Zeit der Französischen Revolution 1793 als öffentliches Kunstmuseum seine Pforten öffnete. Die Kunstsammlung der Medici war bereits 1739 zum Staatsbesitz erklärt worden. Unter Papst Klemens XIV. kam die Kunstsammlung des Vatikan 1769 in Kirchenbesitz und wurde als Museum eröffnet. Die königlichen Sammlungen von Wien und Dresden wurden ebenso einem großen Besucherkreis zugänglich gemacht wie die Eremitage in Sankt Petersburg. In Kassel entstand mit dem Museum Fridericianum der erste fürstliche Museumsbau (1769-1779) in Deutschland – „ein Gebäude des Übergangs, das Elemente des Kuriositätenkabinetts mit aufgeklärter Wissenschaft und klassischer Kunst verband" (Sheehan 2002: 66).

Mit der Öffnung der fürstlichen Sammlungen für das bürgerliche Publikum wandelten sich die Schatzkammern zu Museen, die den neuen Ideen über Wesen und Zweck der Kunst Rechnung trugen. So wurden in den letzten Jahrzehnten des 18. Jahrhunderts die Räumlichkeiten insofern umgestaltet, als man die Kunst von anderen Kuriositäten trennte und die ausgestellten Objekte nicht mehr als Teil einem einheitlich gestalteten schönen Bauwerk unterordnete; ferner ging man dazu über, sie in historischer Anordnung, als „sichtbare Geschichte der Kunst" zu präsentieren (Sheehan 2002: 70f.). Änderungen dieser Art betonten nicht nur den Eigenwert der Kunst, sondern sollten neben dem ästhetischen Vergnügen auch pädagogischen Zwecken dienen. Damit trugen sie bereits die charakteristischen Züge des Kunstmuseums, das im 19. Jahrhundert seine Blüte erfahren sollte. Als erste autonome Museumsbauten in Deutschland gelten einmal das in Berlin von Karl Friedrich Schinkel im Auftrag Friedrich Wilhelms III. erbaute und 1830 eröffnete *Alte Museum*, ein andermal die in München von Ludwig von Klenze im Auftrag Ludwigs I. erbaute und ebenfalls 1830, nur zehn Wochen später, eingeweihte *Glyptothek*. Ihnen folgten im 19. Jahrhundert viele bedeutsame Museumsbauten in anderen deutschen Fürstenstaaten und Städten.

Wie keine andere Kulturinstitution verkörpert das Kunstmuseum eine erstaunliche Vitalität, die sich seit den 1980er Jahren in einem Boom von kostspieligen und architektonisch herausragenden Museumsneubauten manifestierte (z.B. Guggenheim Bilbao, Tate Modern London, Pinakothek der Moderne München, Museumsquartier Wien, Maxxi Rom) (zu diesen und weiteren neu eingerichteten Museen s. Maier-Solgk 2002). Allen Sparzwängen zum Trotz sind Museumsbauten „zu kommunalpolitischen Renommier-Projekten avanciert, zu gewichtigen Standortfaktoren, deren Image prägende Funktion mit ihrer zunehmenden Bedeutung als touristisches Ziel einhergeht" (ebd.: 7). Gravierende Veränderungen zeigen sich auch im Verhältnis zwischen Sammlung und dem Bau, der sie beherbergt. Es sind keine Zweckbauten („white cube") mehr, sondern Gesamtkunstwerke, die in Rivalität mit den ausgestellten Kunstwerken treten.

Ein besonderer Typus von Kunstmuseum sind die Künstlermuseen, deren Existenz sich in der Regel privaten Stiftungen verdankt. Sie sind einzelnen Künstlern und ihrem Werk gewidmet und befinden sich an einem der Hauptorte ihres Wirkens, in nicht wenigen Fällen in den von ihnen zuletzt bewohnten Atelierhäusern. Beispiele dafür sind Monets Giverny, das Franz Marc Museum in Kochel, das Otto-Dix-Haus am Bodensee, das Münter-Haus in Murnau, das Käthe-Kollwitz-Haus in Moritzburg, das Lehmbruck-Museum in Duisburg, das Georg-Kolbe-Museum in Berlin und die Tübke-Stiftung in Leipzig.

Auskunft über die Funktionen des Museums geben uns zunächst die bekannten Metaphern vom „visuellen Gedächtnis der Menschheit" und, mit Blick auf die Kunstmuseen, vom „ästhetischen Archiv der künstlerischen Errungenschaften". Museen sammeln und päsentieren in der Regel Originale und authentische Gegenstände. Die Aufnahme von Werken in das Museum verändern ihre Rezeption: von ihren ursprünglichen religiösen oder profanen Kontexten getrennt (Musealisierung), können sie als authentische Kunstwerke (Originale) nach rein ästhetischen Gesichtspunkten betrachtet und beurteilt werden (Auratisierung).

6. Organisationen der Vermittlung

Generell werden dem Museum drei Hauptfunktionen zugeschrieben:
- Sammeln und Bewahren (Restaurierung) der entsprechenden Objekte,
- Präsentation durch (permanente oder temporäre) Ausstellungen,
- Forschung und Information über die Ergebnisse.

Diese Funktionen stecken auch das organisationale Feld ihrer Adressatengruppen ab (s. Übersicht 7).

Übersicht 7: Funktionen und Adressaten von Museen

Funktion	*Adressatengruppe*
Sammeln und Bewahren	(Vor-)Eigentümer, Träger, Nutzer
Präsentation und Vermitteln	Museumsbesucher
Forschen	Wissenschaftler

Quelle: nach Siebertz-Reckzeh 2000: 4

Die Funktion der Präsentation und Vermittlung ist die klassische Schnittstelle zwischen Museum und Besucher. Häufiges Präsentationsprinzip ist die chronologische Anordnung; sie ist der „Ariadnefaden", der den Besucher „durch das Labyrinth der Kunstentwicklung" (v. Alemann 1997: 212) leitet. In den 1960er Jahren entstanden in den Kunstmuseen Zusatzabteilungen für Museumspädagogik, die dem Publikum (vor allem Kindern und Jugendlichen) den Zugang zu den Kunstwerken erleichtern sollen.

Gravierende Veränderungen im Verhältnis von Besucher und Museumsexponat zeichnen sich mit dem Einzug der Medienkunst ins Museum ab. Boris Groys (2003) hat dem eine kleine Studie mit dialektischem Pfiff gewidmet. Einerseits stellt die Medienkunst das traditionelle Kontemplationsverhalten des Besuchers dadurch in Frage, dass die bewegten Bilder ihm die Zeit seiner Betrachtung diktieren. Andererseits befreit „die Neuverwendung der bewegten Medienbilder im musealen Raum das Filmbild aus einer gewissen Zone der Sprachlosigkeit" und macht sie „einem medientheoretischen Diskurs zugänglich" (Groys 2003: 68). Anders als im Kinosaal, der den Betrachter zur Passivität verdammt, bietet ihm das Museum die Möglichkeit, „den Film auf eine andere, analytischere und vielfältigere Weise zu konsumieren"; er lernt, dass „alle Parameter des Medienkonsums variabel sind" (ebd.: 75).

Das Organigramm des klassischen Kunstmuseums zeigt uns eine funktionale Organisation nach dem Einliniensystem (vergleichbar der des Verlages): dem Museumsdirektor unterstehen eine Reihe von wissenschaftlichen und administrativen Abteilungen. Es als Arbeitsorganisation zu betrachten, heißt an den typischen Aufgaben des Museumspersonals anzuknüpfen. Dazu gehören in erster Linie die ordnungsgemäße Aufbewahrung von Exponaten, ihr Ankauf, ihre Erforschung, Dokumentation und Präsentation. Das Personal besteht aus Museumsdirektor, Kuratoren und Restauratoren, Bibliothekaren, Archivaren und Museumspädagogen. *Museumsdirektoren* sind verantwortlich für Finanzplanung, Ankäufe, Ausstellungen, Sammlungspräsentation, Kommunikation nach innen und außen. *Museumskuratoren* (von lat. *cura:* Pflege, Fürsorge) oder *Kustoden* (von lat. *custos*: Wächter, Hüter, Aufseher) koordinieren die Arbeit einzelner Abteilungen der Sammlung, organisieren Forschungsvorhaben und Sonderausstellungen und vertreten die Interessen ihres Museums gegenüber der Öffentlichkeit. Zuweilen wird zwischen Sammlungskuratoren und Ausstellungskuratoren differenziert. Als Hüter des kulturellen Erbes sind die Kuratoren das personelle Herzstück der großen Museen Europas. *Restauratoren* und *Konservatoren* sorgen für die sachgemäße Wiederherstellung (Restaurierung) und Aufbewahrung (Konservierung) von Kunstwerken. Zu ihren Aufgaben gehört es, optimale Ausstellungsbedingungen zu gewährleisten und die Tauglichkeit der Objekte für den Transport als Leihgabe an andere Museen einzuschätzen. Sie bedienen sich heute der modernsten Techniken und müssen über fundierte kunstgeschichtliche Kenntnisse verfügen. Schließlich haben größere Museen umfangreiche Bibliotheken, die von *Bibliothekaren* betreut werden, und einen Pädagogischen Dienst, den *Kunstpädagogen* versehen. Neben dem Personal, das sich den wissenschaftlichen und künstlerischen Aufgaben des Museums widmet, verfügen große Museen weiterhin über Verwaltungspersonal, das von einem Verwaltungs- bzw. kaufmännischen Direktor geleitet wird, sowie zunehmend über einen Stab für Presse und Öffentlichkeit, wenn nicht gar schon über eine Abteilung für Marketing und Kommunikation.

Mit den komplexer werdenden Organisationsstrukturen entstehen auch interne Spannungen, z.B. zwischen den Ausstellungsmanagern auf der einen Seite, die sich dem „Wanderzirkus" der Sonderausstellungen nicht entziehen können und dies mit der Ausleihe eigener Preziosen honorieren müssen, und den Kustoden und Restauratoren auf der anderen Seite, die ihre Kunstschätze hüten und vor möglichen Transportschäden bewahren wollen.

Hauptthemen der neueren Diskussionen sind der sich ändernde Stellenwert des Museums im kulturellen Leben und, damit zusammenhängend, die Rolle der privaten Sponsoren. Prominente Museumsleiter und Kunsthistoriker haben in ei-

6. Organisationen der Vermittlung

nem Sammelband mit dem Titel „Museum 2000" (Schneede 2000) das Spektrum zwischen Volksmuseum, Bildungsstätte und Erlebnispark ausgespannt. Es sind weniger die zusätzlichen Serviceangebote (Museumsshop, Restaurant) als die Disconächte, Modeschauen und anderen kommerziellen Veranstaltungen, denen die Kunst als attraktive Kulisse dient, welche wachsendes Unbehagen über das Vordringen einer „Event"-Kultur auslösen. Auch werden große Sonderausstellungen als Publikumsmagnet wichtiger als die ständigen Sammlungen, die eine schleichende Entwertung erfahren.

Beklagt werden überdies die wachsenden Ansprüche der Sponsoren, die weniger an ernsthafter Kunstförderung als an einer Instrumentalisierung der Kunst für die Werbung (mit Steuerersparnis, versteht sich) interessiert sind (Grasskamp 1998: 39ff.). Wenn man bedenkt, dass das Kultursponsoring nur etwa vier Prozent am gesamten öffentlichen Kulturetat beträgt (Hermsen 2001: 157), ist diese Investition aus wirtschaftlicher Sicht sicherlich attraktiv. Hinzu kommen die Ansprüche und Auflagen von Sammlern, die für ihre Kunstschätze eigene Museen fordern (wobei weniger die einmalig anfallenden Baukosten, die sie unter Umständen selbst aufbringen, sondern die laufenden Personal- und Sachkosten für die Unterhaltung das Problem ist) oder die sie als Leihgaben in erlauchter Umgebung zwecks Wertsteigerung parken möchten.

Diese Erscheinungen sind natürlich auf den Sachverhalt zurückzuführen, dass, wie alle öffentlich subventionierten Einrichtungen, auch die Kunstmuseen unter erheblichen Einsparungszwang geraten sind. Der teilweise Rückzug des Staates aus der Kulturfinanzierung verlangt nach Kompensation durch private Sponsoren. Mit neuen Unternehmensformen wie *Joint Ventures* und als *Public-Private-Partnership* gegründeten Stiftungen versucht man das „Unternehmen Museum" fit zu machen (s. dazu Kapitel VI).

Internationale Kunstausstellungen

Eine eigenständige Bedeutung für das „Sichtbarmachen" zeitgenössischer Kunst und die Verteilung von Reputation im Kunstsystem haben internationale Kunstausstellungen gewonnen, die den Anspruch erheben, repräsentative Querschnitte der Weltkunst zu bieten.

Die Institutionalisierung von turnusmäßigen Kunstausstellungen – Francis Haskell (2000) fand für sie die treffende Bezeichnung „ephemere Museen" – geht auf die frühe Neuzeit zurück und hatte zunächst einen nationalen Charakter. Eher sporadisch und akzidentiell fanden bereits im Rom des 16. und 17. Jahrhundert Kunstausstellungen statt, aber erst im absolutistischen Frankreich wurden sie gewissermaßen institutionalisiert (Dresdner [1915] 1968: 120ff.). Die „Académie royale de Peinture et de Sculpture" (seit 1804 „Académie des Beaux-Arts") veranstaltete erstmals 1667 in Paris im Rahmen der Feierlichkeiten zur Erinnerung an die Akademiegründung eine Ausstellung der Werke ihrer Mitglieder. Danach fand sie trotz der Entscheidung, zukünftig alle zwei Jahre die Ausstellung stattfinden zu lassen, nur noch unregelmäßig statt. Erst ab 1737 wurde der „Salon de Paris" wieder regelmäßig (bis 1751 im jährlichen, danach im zweijährlichen Turnus) abgehalten. „Der Nutzen der öffentlichen Ausstellungen wurde stets in der Förderung der Künste und Künstler gesehen" (Bätschmann 1997: 15), selbst wenn die Künstler anfänglich eine Abneigung gegen das „Feilbieten ihrer Waren" zeigten (ebd.: 12).

Auch andere Länder veranstalteten turnusmäßige Kunstausstellungen, so etwa die Londoner „Royal Academy of Arts" seit 1768 und die Berliner Kunstakademie ab 1786. Waren diese Ausstellungen zunächst exklusiv auf Akademiemitglieder beschränkt, erhielten sie im Laufe der Zeit einen internationalen Charakter und wurden teilweise im Rahmen der Weltausstellungen veranstaltet. Berühmtheit erhielt die legendäre „Amory Show" (offiziell: „International Exhibition of Modern Art") im Frühjahr 1913 im New Yorker Zeughaus mit Kunstwerken und Skulpturen der Moderne. Durch ihren starken Einfluss auf die Entwicklung der amerikanischen Kunst, gilt das Jahr 1913 meist als Beginn der Moderne in Amerika.

Als die beiden bedeutendsten internationalen Kunstausstellungen gelten die documenta in Kassel (seit 1955) und die wesentlich ältere Biennale in Venedig (seit 1895). Während die Biennale in Venedig alle zwei Jahre eine Addition von Einzelausstellungen in den nationalen Pavillons der Länder bietet, präsentiert die documenta in ihrem zunächst vier-, später fünfjährigen Turnus ein internationales Panorama bedeutender Werke, die von einer strengen Jury ausgewählt werden. Schon ab der documenta 2 votierten Kritiker mit einem Prä für die Kasseler Veranstaltung (Nemeczek 2002: 24). Sie gilt heute „in internationalen Urteil als die weltweit umfang- und folgenreichste, kostenintensivste und aufsehenerregendste Vermittlungsinstitution für Gegenwartskunst" (Kimpel 1997: 74; s. auch Kimpel 2002: 6).

Der für die documenta 3 geprägte Untertitel „Museum der 100 Tage" wurde danach als eine griffige Parole auch den späteren Versionen übergestülpt.

Die Anfänge der documenta gehen zurück auf ein von wenigen kreativen Personen (Hermann Mattern, Arnold Bode, Werner Haftmann) geplantes Parallelereignis: der zweiten Bundesgartenschau mit einer internationalen Kunstausstellung. Zunächst getragen von einem gemeinnützigen Verein („Abendländische Kunst des XX. Jahrhunderts e.V."), nahm die documenta ab 1958 die Organisationsform einer gemeinnützigen Gesellschaft an (heute: „documenta und Museum Fridericianum Veranstaltungs-GmbH"). Gesellschafter sind die Stadt Kassel und das Land

6. Organisationen der Vermittlung

Hessen; die Kulturstiftung des Bundes gewährt finanzielle Zuschüsse zu dem auf zweistellige Millionensummen gestiegenen documenta Etats.

Die Teilnahme an Ausstellungen wie der documenta gilt den Künstlern als eine ehrenvolle Auszeichnung, die ihre Reputation und ihren Marktwert steil ansteigen lassen. In den biographischen Abrissen haben die Teilnahme, gar die Preise und Auszeichnungen auf diesen Veranstaltungen einen besonderen Stellenwert.

Das wachsende Renommee der internationalen Kunstausstellungen hat eine neue Profession hervorgebracht, den *Ausstellungsmacher*, der die Präsentation von Kunstwerken selbst als Kunstform begreift und „zum Konkurrenten des Ausstellungskünstlers" avancierte (Bätschmann 1997: 223). Schon der ambitionierte Begründer und langjährige Leiter der documenta, Arnold Bode, begriff sich nicht nur als Vermittlungsinstanz für Kunstwerke, sondern verstand seine Ausstellungen als Inszenierungen mit den Werken anderer Maler, in gleichberechtigter Kreativität neben der Werkerstellung (Kimpel 1997: 149). Namentlich der aus einer österreichisch-ungarischen Familie stammende Schweizer Harald Szeemann wurde als Leiter der „documenta 5" (1972) zum Star der Ausstellungsmacher; er war auch Direktor der 48. und 49. Biennale in Venedig (1999 und 2001). In freier Kuratorentätigkeit und mit weitreichenden Dispositionsbefugnissen ausgestattet, gerierten sich nach Szeemann andere Leiter der documenta gleichfalls als Regisseure und Arrangeure (Nemczek 2002: 48ff.), die sich weniger im Dienste der Kunst, wie der klassische Museumskurator, sondern die Kunst in ihrem Dienste sehen. Die heute „so außerordentlich beliebte Phrase vom ‚Bespielen' einer Räumlichkeit" für den Vorgang des Ausstellens (Kimpel 1997: 149) offenbart eine wie immer gewollte oder unbewusst beschworene Nähe zum Regietheater.

Bibliotheken

Wie Verlage sind auch Bibliotheken sowohl Teil des Wissenschafts- wie des Kunstsystems, aber im Gegensatz zu diesen keine Wirtschaftsunternehmen. Unter Bibliothek (griech. *biblion*: Buch, *theke*: Aufbewahrungsort) ist eine systematisch angelegte Buchsammlung zu privater oder öffentlicher Nutzung zu verstehen. Heute gehören neben Büchern immer häufiger auch andere Informationsmedien (Mikrofiche, Zeitschriften, Tonträger, Filme, Fotos, Magnetbänder, Dias, Videos und elektronische Medien) zu ihrem Bestand. Infolge des permanenten Informationszuwachses kommt den Bibliotheken steigende Bedeutung zu.

Die Geschichte der Bibliotheken ist so alt wie das Schreiben selbst; sie reicht bis weit ins vorchristliche Altertum zurück (Casson 2002). Die größte Bibliothek des Altertums war die griechische Bibliothek von Alexandria, die im 3. Jahrhundert v. Chr. als Sammelstelle für Bücher jeglicher Art gegründet wurde und der gesamten hellenistischen Welt als öffentliches Studienzentrum diente. Ab dem 6. Jahrhundert finden sich Buchsammlungen in Klöstern, und vom 13. Jahrhundert an entstanden in den aufkommenden Universitäten erste Kollegienbibliotheken, die den Studenten Bücher zugänglich machten. Große Bibliotheken entstanden nach der Erfindung des Buchdrucks im Vatikan sowie an vielen europäischen Fürstenhöfen und Universitäten.

Man unterscheidet zwischen wissenschaftlichen und öffentlichen Bibliotheken. Zu ersteren gehören National-, Regional-, Universitäts- sowie Spezial- und Fachbibliotheken. *Nationalbibliotheken* stehen im Zentrum der Bibliotheksorganisation eines Landes, sie sammeln alle Druckschriften ihres Landes durch Pflichtablieferung und werden aus öffentlichen Mitteln finanziert; für Forschungszwecke bieten sie den bestmöglichen Informationsstandard. Zu den bedeutendsten gehören die Library of Congress in Washington und die Russischen Staatsbibliotheken in Moskau und St. Petersburg (s. Übersicht 10).

Die deutschen Druckschriften wurden durch Pflichtabgabe seit 1913 in der „Deutschen Bücherei" in Leipzig gesammelt, ab 1945 fanden sie, aufgrund der deutschen Teilung, eine getrennte Aufbewahrung in Leipzig und in der 1946 neu gegründeten „Deutschen Bibliothek" in Frankfurt am Main. Nach der deutschen Wiedervereinigung fand eine Zusammenfassung beider Bibliotheken zunächst unter den Namen „Die Deutsche Bibliothek", ab 2006 „Deutsche Nationalbibliothek" statt. Als Archivbibliothek verfügt sie über drei Standorte:

- Leipzig (ehemals Deutsche Bücherei),
- Frankfurt am Main (ehemals Deutsche Bibliothek),
- Deutsches Musikarchiv in Berlin (als Abteilung dem Standort Leipzig zugeordnet).

Archiviert werden seit 1990 die ablieferungspflichtigen Druckwerke und Medien, die in Deutschland veröffentlicht wurden, mit je einem Exemplar in Leipzig und in Frankfurt am Main. Das deutschsprachige Schrifttum des Auslands, das sind die im Ausland verlegten Übersetzungen deutschsprachiger Veröffentlichungen und ausländische fremdsprachige Werke über Deutschland (sog. Germanica), werden in einem Exemplar in Leipzig gesammelt. Da erst seit 1913 die Druckschriften und Medien gesammelt werden, erfüllt die „Deutsche Nationalbibliothek" eigentlich nicht die klassischen Aufgaben einer Nationalbibliothek; diese teilt sie sich vielmehr mit der „Staatsbibliothek zu Berlin" und der „Bayerischen Staatsbibliothek" in München.

6. Organisationen der Vermittlung

Übersicht 8: Die großen Nationalbibliotheken

Land	Bibliothek	Bestand	Art des Bestands
USA	Library of Congress, Washington	142 Mio. Einheiten, davon 32 Mio. Bücher	Veröffentlichungen aus allen Sprachen der Welt
RUS	Russische Staatsbibliothek, Moskau	43 Mio. Einheiten, davon 30 Mio. Bände (Bücher und Periodika)	Pflichtexemplare aller Druckwerke der RUS: fremdsprachige Bücher
RUS	Russische Nationalbibliothek, St. Petersburg	34 Mio. Einheiten, davon 28 Mio. Bände (Bücher und Periodika)	Pflichtexemplare aller Druckwerke der RUS; fremdsprachige Bücher
D	Deutsche Nationalbibliothek, Leipzig / Frankfurt a. M.	25,4 Mio. Einheiten	Pflichtexemplare aller deutschsprachigen Druck- und Medienwerke seit 1913
GB	British Library, London	18 Mio. Einheiten, davon 14 Mio. Bücher	Pflichtexemplare aller britischen Druckwerke; fremdsprachige Bücher
F	Bibliothèque nationale de France, Paris	30 Mio. Einheiten (Bücher und Dokumente) davon 10 Mio. Bücher	Pflichtexemplare aller französischen Druckwerke; fremdsprachige Bücher

Quelle: Gabriel 2010; eigene Internet-Recherchen

Universitätsbibliotheken dienen der Unterstützung von Forschung und Lehre und stehen allen Hochschulangehörigen offen; ihre Finanzierung fällt in den Aufgabenbereich der Hochschule. Zu den *Regionalbibliotheken* gehören die Landes- und Stadtbüchereien. *Fach- und Spezialbibliotheken* sind Institutsbüchereien, Musik- und Museumsbibliotheken sowie Bibliotheken wissenschaftlicher Gesellschaften. *Öffentliche Bibliotheken* sind gemeinnützige Einrichtungen, die Literatur und Informationsmaterial zu Bildungs- und Unterhaltungszwecken für breite Bevölkerungsschichten bereitstellen. Viele öffentliche Büchereien können Gemeinde-, Kreis-, Stadt- oder Landesbibliotheken sein, sie bieten Autorenlesungen und Kulturveranstaltungen an; sie entstanden aus den sog. *Volksbüchereien*.

Die Funktionen vom Bibliotheken bestehen im Sammeln, Erschließen und Bereitstellen von Literatur. Große Bibliotheken verfügen über Abteilungen, die der Verwaltung, dem Bucherwerb, der Katalogisierung und der Benutzung dienen. Neben diesen Aufgaben bieten viele Bibliotheken Informationsdienste für den kundenfreundlichen Zugang zu den Beständen an.

Der organisatorische Ablauf in den diversen Bereichen wird von ausgebildeten Bibliothekaren geleistet, die im Beamten- oder Angestelltenverhältnis stehen. Bei verbeamteten Bibliothekaren ist für die höhere, gehobene und mittlere Dienstlaufbahn eine spezifische Fachausbildung erforderlich. Organisiert sind die deutschen Bibliothekare im 1900 gegründeten Verein Deutscher Bibliothekare bzw. im Verein der Diplombibliothekare an wissenschaftlichen Universitäten (gegründet 1948).

7. Organisierung des Publikums

Die Produkte des Kunstsystems sind vorwiegend literarische Texte, Bilder und Skulpturen, Lieder und Konzertstücke, Dramen, Singspiele und Tänze, Fotos, Filme und Videos, Installationen, Happenings etc. Sie sind für ein Publikum der Leser, Betrachter, Hörer und Zuschauer gemacht, deren übrige Sinne – Tasten, Riechen und Schmecken – nur in Grenzbereichen der Kunst angesprochen und gefordert werden.

Seitdem die Kunst ihre sakralen und höfischen Kontexte abgestreift hat und sich an ein bürgerliches Publikum wendet, musste dieses zunächst einmal die Rezeptionsvoraussetzungen (Alphabetisierung, Wissen, Geschmack) erwerben und entwickeln. Diesem Zweck dienten Organisationen der gemeinschaftlichen Rezeption von Kunst, wie wir sie in vielen europäischen Ländern als Lesegesellschaften und Kunstvereine vorfinden. Zu diesen frühen Formen kamen später Theaterringe, Buchklubs, Literarische Gesellschaften hinzu. Die Zusammenschlüsse des Publikums sind wenig komplexe Organisationen mit vorwiegend ehrenamtlichen Elementen; ihre Rechtsform ist häufig die des eingetragenen Vereins. An politischem Gewicht können sie allenfalls als Mitgliedsorganisationen im mächtigen Dachverband des Deutschen Kulturrats gewinnen – auch wenn sie dort, wie in der Kirche, nur als „Laienorganisationen" geführt werden.

Lesegesellschaften, Salons, Literaturhäuser

Lesegesellschaften sind ein genuin europäisches Phänomen und stehen in einem engen Zusammenhang mit der bürgerlichen Emanzipation (Dann 1981). In Deutschland treten sie seit Mitte des 18. Jahrhunderts als Vereinigungen auf, in denen Zeitungen, Zeitschriften und populärwissenschaftliche Schriften, in geringerem Ausmaß auch Belletristik, unter den Mitgliedern in einer festgelegten Reihenfolge und in bestimmten Zeitabständen kursierten. Vor allem in größeren Städten richteten Lesegesellschaften sogenannte *Lesekabinette* ein, eigene Gesellschaftsräume mit Bibliotheken der gemeinschaftlich erworbenen Literatur; diese gelten als Vorläufer der öffentlichen Bibliotheken.

7. Organisierung des Publikums

Den Lesegesellschaften kam im Zeitalter der Aufklärung eine bedeutende Rolle zu: der prinzipiell uneingeschränkte Zugang machte sie zu jener gesellschaftlichen Plattform, auf der erstmals bürgerliche Gleichberechtigung und Partizipation erprobt werden konnten. Hauptzweck der Lesegesellschaften und Lesekabinette waren Förderung der Allgemeinbildung, moralische Aufklärung und politische Information. Durch den von ihnen ausgehenden Prozess kritischer und öffentlicher Meinungsbildung, der einen durchaus politischen Charakter annehmen konnte, kam es seit dem ausgehenden 18. Jahrhundert immer wieder zu Konflikten mit der Obrigkeit. Dennoch spielten die Lesegesellschaften bis in die Mitte des 19. Jahrhunderts eine wichtige Rolle als Vorstufe der Erwachsenenbildung sowie der gemeinschaftlichen Rezeption von Literatur.

Lassen sich die Lesegesellschaften als ein Vehikel der Emanzipation der bürgerlichen Klasse verstehen, dann übernahmen die später entstandenen *literarischen Salons* des arrivierten Bildungsbürgertums die Funktion bürgerlicher Repräsentation im Medium ästhetisch grundierter Geselligkeit, oft verbunden mit einem Rückzug ins „biedermeierlich" Private. Peter Seibert konstatiert eine „Distanznahme der Salons von den aufklärerischen Lesegesellschaften" (1993: 347). Die in den Salons verkehrenden Künstler nutzten sie häufig als Bühne für ihre individuelle Selbstdarstellung. Da viele Salons von Frauen (z.B. Karoline Pichler in Wien, Rahel Varnhagen in Berlin) geführt wurden, standen sie indessen auch im Dienste der beginnenden Emanzipation der bürgerlichen Frauen. Ähnliches gilt für die jüdische Akkulturation an die bürgerliche Gesellschaft.

Ein neues Phänomen sind die in vielen Städten eingerichteten *Literaturhäuser*. Sie nehmen eine Zwischenstellung zwischen Literaturvermittlung und (Selbst-)Organisierung des rezipierenden Publikums ein. Mit Autorenlesungen geben sie der „Literatur ein Stück ihrer ursprünglichen Mündlichkeit zurück" (Schnell 2000: 311). Neben Lesungen gehören Vorträge, Tagungen und Literaturausstellungen zum Standardprogramm. Sie wenden sich an eine literarisch interessierte Öffentlichkeit, stehen allerdings auch in der Gefahr, der „Event"-Kultur ihren Tribut zu zollen.

Kunstvereine

Kunstvereine dienen sowohl der kollektiven Rezeption von bildender Kunst als auch der Förderung junger, noch unbekannter Kunst. Sie sind organisatorische Medien zwischen Produzent und Konsument. Als Zusammenschlüsse „gleichgesinnter Bürger mit durchlässigen Grenzen zum Kleinbürgertum und zum Adel" (Grasskamp 1993: 105) begannen die Kunstvereine als „Genossenschaften von Kunstkonsumenten", die neben der Vermarktung von Kunst die Bildung des Publikumsgeschmacks und die Privatisierung des Kunstbesitzes als ihre Aufgaben begriffen (ebd.: 107ff.). Mitglieder konnten auch Künstler werden, um sie mit potenziellen Verkäufern zusammenzuführen.

Entstanden sind Kunstvereine als „eine spezifische Unterstützungsform der Kunst durch das im Aufstieg begriffene Bürgertum" (Behnke 2001: 11). Sie sind eine „sehr deutsche Einrichtung, die international weitgehend ohne Parallele geblieben ist" (Schmied 1990: 59).

Der älteste Kunstverein ist die 1792 gegründete Nürnberger Albrecht-Dürer-Gesellschaft. Ihre Hauptgründungszeit (1818–1840) lag im Vormärz, einer Zeit politischer Restauration. „Die ‚Liebe für das Schöne' ist in Abwandlungen immer wieder als Gründungsmotiv der Kunstvereine zu finden" (Romain 1984: 14). „Die Kunst zu fördern" und „die allgemeine Theilhabe für das Schöne anzuregen", formuliert zum Beispiel der Kunstverein für die Rheinlande und Westfalen in Artikel 1 seines Statuts von 1829 (KfRW 2004: 11). Dieses Motiv verquickt sich mit dem der bürgerlichen Selbstrepräsentation. So verweist Wolfgang Mommsen (2002) auf den exklusiven Charakter der *frühen* Kunstvereine, deren Mitgliedschaft sich aus den Schichten der gehobenen Bürgerschaft, des höheren Beamtentums und der Offiziere sowie des lokalen Adels zusammensetzte. Durch die vormals dem Adel vorbehaltene Kunstförderung konnten die wirtschaftlich unabhängigen Bürger ihre gesellschaftliche Respektabilität steigern. Dafür sorgte die Bindung der Mitgliedschaft „an den Erwerb von Vereinsaktien bzw. die Zahlung hoher Mitgliedsbeiträge"; sie stellte eine „effektive Barriere nach unten dar" (Mommsen 2002: 49), welche unterbürgerliche Schichten wie das Kleinbürgertum zumindest eine Zeitlang von der Mitgliedschaft ausschlossen. Ein weiteres Motiv war die bürgerliche Geselligkeit: Den Ausstellungen gingen gewöhnlich sogenannte „Konversationsabende" voraus, die zur damaligen Zeit allerdings eine Angelegenheit unter Männern blieb. Trotz der typischen, für die Restaurationszeit nicht überraschenden konservativen und patriotischen Grundeinstellung praktizierten die Kunstvereine immerhin das dem vorherrschenden hierarchischen System widersprechende demokratische Prinzip der Partizipation: Die Mitglieder stimmten nach der Mehrheitsregel sowohl über die Vorstände wie über die Grundlinien der Jahresarbeit ab.

Ihre große historische Leistung im 19. Jahrhundert war „die Institutionalisierung einer Kunst-Öffentlichkeit" (Romain 1984: 17), indem sie den Künstlern Zugang zu einem bürgerlichen Publikum bahnten und der bis dato individuellen mäzenatischen eine korporative Kunstförderung zur Seite stellten, die entschieden zur „Einbürgerung der Kunst" (Grasskamp 1993) beigetragen hat. Mit der „Vision vom ästhetisch gebildeten Bürger" (Behnke 2001: 16) sollte diesem durch Poolfinanzierung und Losverfahren der Zugang zur Kunst gebahnt werden. Hierfür mussten die Mitglieder eine oder mehrere „Aktien" zur Finanzierung der jährli-

7. Organisierung des Publikums

chen Ankäufe des Vereins erwerben, die im Losverfahren an die Gewinner verteilt wurden; jene, die leer ausgingen, erhielten Drucke (sogenannte „Nietenblätter"). Ein Teil des Kapitals diente dem Aufbau eigener Sammlungen. Mit ihrem Vorgehen unterliefen die Kunstvereine die hohen Preise des zuvor dem Adel vorbehaltenen geschlossenen Marktes und subventionierten einen neu entstehenden Kunstmarkt, übrigens nicht immer zum Vergnügen der Künstler (Behnke 2001: 12f.).

Ab Mitte der 1830er Jahre schlossen die Kunstvereine sich zu Dachverbänden zusammen, die eine Voraussetzung für den Austausch der Ausstellungen untereinander waren (Wanderausstellungen). Neben Ausstellungen entfalteten die Kunstvereine weitere Aktivitäten im öffentlichen Raum; zu diesen gehörte die Beteiligung an Museumsgründungen, z.B. der Kunsthallen in Bremen, Kiel und Hamburg. Noch heute ist der Bremische Kunstverein Träger der Kunsthalle seiner Stadt, die allerdings die Personal- und Betriebsmittel für die Pflege und Ausstellung der herausragenden Sammlung bereitstellt (Herzogenrath 2001).

Im Vergleich zu anderen europäischen Ländern verfügt Deutschland über eine überaus große Dichte von Kunstvereinen. Es gibt keine größere Stadt ohne einen Kunstverein. Die Zahl ihrer Mitglieder variiert beträchtlich: Bei den kleinsten liegt sie unter zehn, bei den großen beträgt sie bis zu 7.000 Mitglieder (Schepers 2001: 27). Die Vereine werden vorwiegend durch Mitgliedsbeiträge und zum Teil durch (meist bescheidene) öffentliche Zuschüsse finanziert. Wie in Vereinen üblich, wählen die Mitglieder auf ihrer jährlichen Generalversammlung den Vorstand, der in der Regel ehrenamtlich tätig ist. Zumindest in den Großstädten ist es dem Vorstand möglich, für die Programmgestaltung eine hauptamtlich tätige Person als Direktor bzw. Direktorin anzustellen. Auf diesem Wege haben nicht wenige Kunstwissenschaftler den Einstieg in die Museumskarriere gefunden (Romain 1984: 24; Schepers 2001: 30). Gepflegt wird vornehmlich der Kontakt mit der gegenwartsbezogenen und regionalen Kunst; Museums- und Atelierbesuche gehören zum Standardprogramm. Viele, vor allem die größeren Kunstvereine pflegen den Brauch der Jahresgaben; hierdurch können die Mitglieder multiple Werke, gelegentlich auch Originale exklusiv erwerben.

Krisenerscheinungen sind indessen nicht zu übersehen. „Die traditionelle Aufgabenteilung zwischen Galerie, Kunstverein und Museum funktioniert nicht mehr (,Galerien probieren aus, Kunstvereine führen vor und Museen beurteilen retrospektiv')" (Steiner 2001: 56). Mit dem von öffentlichen Kunstmuseen verfolgten Trend gegenwartsbezogener Ausstellungen geraten die Kunstvereine mehr und mehr in Wettbewerb mit diesen, und durch ihre Jahresgaben sehen sie sich seitens der Galerien mit dem Vorwurf der Etablierung eines zweiten Kunstmarktes konfrontiert. In Kunstvereinen treffen die verschiedensten Gruppen und Personen zusammen, neben Kunstrezipienten auch Kunstproduzenten und Kunstvermittler, sodass nicht selten objektive Interessenkonflikte als interne Verbandsquerelen ausgetragen werden. Unter den gegenwärtigen Problemen der Kunstvereine ist die Überalterung der Mitgliederstruktur eines der gravierendsten. Wie viele andere freiwillige Mitgliederorganisationen verlieren auch Kunstvereine an Attraktivität bei den nachwachsenden Generationen. Dass dies nicht durchgängig der Fall ist, dokumentiert der Kunstverein Bremen, der nach der Wiedereröffnung der renovierten Kunsthalle 1998 innerhalb von zwei Jahren weit über 2.000 neue Mitglieder gewann und damit auf 5.600 Mitglieder anwuchs (Herzogenrath 2001: 24). Die Chance der Kunstvereine bleibt „der (auf Grund der fehlenden Sammlung) leere, aber örtlich und architektonisch identifizierbare Raum, der permanent mit Neuem beziehungsweise Neugesehenem gefüllt wird" (ebd.: 25).

Die Kunstvereine haben einen gemeinsamen Dachverband gebildet, dessen Namensgebung – Arbeitsgemeinschaft Deutscher Kunstvereine (ADKV) – bereits indiziert, dass er allenfalls abgeleitete Funktionen für sie erfüllt. Laut Selbstdarstellung bildet die Arbeitsgemeinschaft ein kulturpolitisches Netzwerk, das die Interessen der „in Deutschland ansässigen nichtkommerziellen Kunstvereine, die sich der Präsentation und Förderung zeitgenössischer Kunst widmen", in politischen Gremien und gegenüber Zuwendungsgebern als Lobbyorganisation vertritt (www.kunstvereine.de). 1980 gegründet, vereint die ADKV heute rund 270 Kunstvereine, in denen sich über 120.000 Kunstinteressierte als Mitglieder engagieren.

8. Resümee

Wir haben die vielfältigen Organisationen des Kunstsystems unter der Frage nach ihrem Stellenwert für die Kunst dargestellt und analysiert. Als Befund lassen sich folgende Erkenntnisse formulieren:

1. Zentral ist die These, dass Organisationen *einerseits* das Stützkorsett für die historisch gewonnene Autonomie der Kunst bilden. Gezeigt haben wir dies
   - an dem Sachverhalt, dass sie die individuelle Künstlerexistenz als Profession in der Marktgesellschaft erst ermöglichen;
   - an der organisationalen Bindung bestimmter Künste, wie der darstellenden, interpretierenden und reproduzierenden, die ihr Produkt nur durch Organisationen hervorbringen können;
   - an der für autonome Kunst charakteristischen Selbstreferenz, die über vermittelnde Kunstorganisationen läuft;

8. Resümee

- an den internen Hierarchien und dominanten Handlungsorientierungen in Kunstorganisationen, die den Autonomieaspekt der Kunst repektieren;
- am Bildungsprozess des bürgerlichen Publikums, dass sich durch Organisationen seine Rezeptionsvoraussetzungen für Kunst schafft.

2. Aufgezeigt haben wir *andererseits*, dass die in nahezu allen Organisationen des Kunstsystems generell vorhandene Interferenz von künstlerischen und wirtschaftlichen Handlungsorientierungen in sehr unterschiedlichen Graden wirksam ist. In ihrer Mehrzahl sind es Nonprofit-Organisationen, die freilich ihren Etat wirtschaftlich verwalten müssen. In den anderen Organisationen sind die Grenzen zur Kommerzialisierung fließend; je forcierter sie betrieben wird, desto gefährdeter ist die Autonomie der Kunst. Es gibt Organisationen, die mittlerweile ähnlich renditeorientiert wie privatwirtschaftliche Unternehmen geführt werden; zu ihnen zählen Filmstudios, Verlage, Auktionshäuser, teilweise auch Galerien und private Museumsimperien wie die Guggenheim Foundation. Dem stehen gegenüber eine Vielzahl anderer Organisationen (Theater, Museen, Literaturhäuser, Kunstvereine), die weiterhin an der Leitdifferenz des Kunstsystems festhalten, das heißt deren dominante Handlungsorientierung im *Schönen* und *Erhabenen* gründet, ohne die wirtschaftlichen Momente völlig außer acht lassen zu können.

3. Schließlich fanden wir in den Organisationen des Kunstsystems organisationale Grundtypen wie sie uns auch aus anderen Funktionssystemen geläufig sind. Einige erwiesen sich als komplexe Arbeitsorganisationen sui generis (Orchester, Theater, Oper), deren kreative Produktion mit scheinbar anachronistischen Führungsmethoden koordiniert wird. Wegen der hohen simultanen Aufgabeninterdependenz und Konzentration auf die synchrone „Punktgenauigkeit" ihres gemeinsamen Produkts – die Aufführung – bedarf es zur Bewältigung des intensiven Koordinationsaufwandes offenbar der direktiven Führung des arbeitsteiligen Prozesses. Diese unter den üblichen Bedingungen moderner Produktion als überholt geltende Methode wird ermöglicht durch charismatische Führung und gemildert durch eine situationsunabhängige Mitbestimmung etwa über Personen, Programme, Konzepte und Rahmenbedingungen der gemeinsamen Produktion.

Kennen gelernt haben wir überdies Organisationsformen, die Unternehmensorganisationen (Galerien, Verlage) und Unternehmensnetzwerken (Film- und Fernsehproduktion) vergleichbar sind, und schließlich solche, die als reine Interessenverbände (Deutscher Kulturrat) firmieren oder aber als schlichte Vereine (Kunstvereine, literarische Gesellschaften) unbeirrt jener Sache dienen, ohne die die Welt ärmer wäre.

III. Der Künstler – eine prekäre Profession

Wir kennen keinen großen Künstler, der je etwas anderes getan hätte, als seiner Sache und nur ihr zu dienen.

Max Weber[25]

Künstler und Künstlerin zählen zu den „freien Berufen", aber ob sie einer bürgerlichen Profession nachgehen, bedarf einer näheren Untersuchung. Die Soziologie versteht unter Profession eine Steigerungsform des Berufes, welcher nach Max Weber eine „Spezifizierung, Spezialisierung und Kombination von Leistungen einer Person" verkörpert und „Grundlage einer kontinuierlichen Versorgungs- und Erwerbschance ist" (1964: 104).

Professionen sind nach Heinz Hartmann „gehobene" oder „hochqualifizierte Berufe" (1968: 198), während Max Weber von den „mit bevorzugten Fähigkeiten oder mit bevorzugter Schulung ausgestatteten ‚freien Berufen'" spricht (Weber 1964: 225). Sie basieren auf verwissenschaftlichter Tätigkeit und sozial orientierter (i.S.v. gesellschaftlicher) Aufgabenerfüllung in autonomer Praxis (Hartmann 1968: 202f.) und zeichnen sich des weiteren durch eine besonders qualifizierte Ausbildung (z.B. auf Hochschulen und Akademien) aus, zudem besitzen sie ein hohes gesellschaftliches Prestige. Dank ihrer Eliteausbildung gelten ihre Berufsangehörigen als kompetent und gesellschaftlich unersetzbar. Meist haben die jeweiligen Professionen eigene Standesorganisationen, die über einen Ehrenkodex („professionelle Ethik") und eine gruppenautonome Disziplinargewalt (Standes- und Ehrengerichte) verfügen sowie eine Eigenkontrolle des Berufszugangs durch Prüfungs- und Approbationsordnungen etc. ausüben. Typische Professionen sind die der Ärzte, Architekten, Rechtsanwälte, Ingenieure, Journalisten und Künstler.[26]

1. Begriff und Profession

Der Begriff des Künstlers kommt im 16. Jahrhundert auf und schließt zunächst noch Gelehrte, Wissenschaftler und andere Kunstfertige ein; erst zu Gottscheds und Goethes Zeiten erhält er seine moderne Bedeutung (s. Grimmsches Wörter-

---

25 „Wissenschaft als Beruf" (Weber 1994: 7).
26 Wir ersparen uns die weitere Differenzierung zwischen „freien" und „unfreien" (d.h. verbeamteten und angestellten) Professionen (vgl. dazu Jarauch 1995).

buch). Als Künstler bezeichnen wir hier alle kreativ Tätigen in den bildenden, literarischen, darstellenden, performativen und reproduzierenden Künsten, das heißt in Malerei und Literatur, Musik und Tanz, Film und Fotografie, im weiteren Sinne gehören dazu alle Interpreten in den genannten Kunstgattungen (Schauspieler, Musiker, Tänzer etc.). Die einzelnen Künste haben sehr unterschiedliche Berufsprofile hervorgebracht, gleichwohl wird im Alltagsverständnis der Künstler pars pro toto mit dem bildenden Künstler, noch spezifischer: mit dem Maler gleichgesetzt. Sein Pendant ist der Intellektuelle, der häufig als aufmerksamer Rezipient und Kritiker der Kunst auftritt. Künstler wie Intellektuelle bedürfen der gesellschaftlichen Öffentlichkeit als ihres Adressaten.

Für den amerikanischen Ökonomen Richard Florida (2002) bilden Künstler und Künstlerinnen eine Teilgruppe der „kreativen Klasse", die sich aus unterschiedlichen Berufen und Professionen zusammensetzt. Zu ihrem „super-kreativen Kern" zählt er Wissenschaftler, Künstler, Professoren, Designer, Architekten, Forscher in Denkfabriken etc. Gemeinsam ist ihnen ist eine hohe Qualifikation, die sich durch das Finden origineller Lösungen für anstehende Probleme auszeichnet (2002: 69).

Die Profession des Künstlers ist aus verschiedenen Gründen eine prekäre: (a) Selbst wenn Künstler die Kunstproduktion als Hauptberuf – im Sinne René Königs (1965: 218) als „fortgesetzte Handlung" und nicht als Gelegenheitsproduktion – betreiben, bleibt es fraglich, ob dies zur Grundlage für eine längerfristig gesicherte Erwerbstätigkeit wird. König verweist auf jene proletaroiden Existenzen unter den Künstlern, für die der „Gegensatz zwischen Selbständigkeit einerseits und einer außerordentlich knappen wirtschaftlichen Basis andererseits" (ebd.: 227) typisch ist. Ironisch hat Spitzweg im „Armen Poeten" (1839) die Misere des freien Künstlers gestaltet. Diesem Sachverhalt tragen schließlich öffentliche Kunstförderung und Mäzenatentum Rechnung. (b) Die Professionalisierungsprozesse von Künstlern verlaufen recht unterschiedlich. Während bildende Künstler und Komponisten ihre Professionalität an Akademien und Konservatorien erwerben, gibt es für Schriftsteller keine anerkannten Ausbildungsgänge, von vereinzelten Literaturinstituten und den akademischen Kursen in „creative writing" einmal abgesehen. Die Profession des Schriftstellers (auch die mancher bildender Künstler) ist weitgehend eine autodidaktische. (c) Künstlerberufe sind keine geschützten Berufe. Die Institution der „professionellen Schließung" (Collins 1987), die es den meisten Professionen erlaubt, durch Monopolisierung von Erwerbschancen den Berufszugang zu kontrollieren, existiert für Künstler nicht. (d) Obwohl Künstler in der Regel einen bürgerlichen Hintergrund haben[27] und sozialstatistisch den frei-

---

27 Hans Peter Thurn hat für bildende Künstler drei vorrangige Herkunftsmilieus identifiziert: künstlerisch aktives Elternhaus, Kaufmannsfamilien, Vater Techniker oder Ingenieur (1997: 64f.).

1. Begriff und Profession

en Berufen des Bürgertums zugehören, verstehen sich Künstler häufig als Antipoden einer zweckrational eingerichteten Welt und eines bürgerlichen Lebensstils. Aus der Kunstgeschichte sind uns viele prominente Beispiele – von Asmus Jacob Carstens[28] bis Vincent van Gogh – bekannt, die sich selbst um den Preis der Armut allein der Kunst verpflichtet fühlten. Die Gruppe der Künstler ist hochgebildet; weitaus die Mehrheit hat einen Hochschulabschluss. Sie sind in großer Zahl selbstständig, aber „wohl auf keinem anderen Teilarbeitsmarkt liegen Erfolg und Misserfolg so nahe beieinander wie auf den Künstlerarbeitsmärkten" (Haak 2008: 158). Das Einkommen ist, abgesehen von einigen Spitzenverdienern, außerordentlich bescheiden, es „liegt weit unter dem der übrigen Erwerbstätigen mit ähnlichem Qualifikationsniveau" (ebd.). 95 Prozent der bildenden Künstler können nicht von ihrer Kunst allein leben (Goodrow 2004: 23). Die Künstlersozialkasse errechnete für ihre 166.000 Mitglieder im Jahr 2010 ein durchschnittliches Jahreseinkommen von 13.300 Euro (http://www.kuenstlersozialkasse.de/wDeutsch/index.php). Auf der Basis des Mikrozensus von 2004 wurden für 310.000 Selbständige in Kulturberufen vier Einkommensklassen gebildet (vgl. Übersicht 9).

Übersicht 9: Einkommen selbständiger Kulturberufe, 2004

Selbständige in Kulturberufen	Monatliches Netto-Einkommen
68.000	unter 900 €
84.000	900 – 1500 €
102.000	1500 – 2600 €
56.000	über 2600 €
310.000 insg.	

Quelle: Enquete-Kommission 2007: 290

Eine Sozialversicherung für Künstler gibt es erst seit den 1980er Jahren. Auf der Grundlage des 1981 verabschiedeten Künstlersozialversicherungsgesetzes ist 1983 als eine Bundesbehörde die Künstlersozialkasse ins Leben gerufen worden, die selbstständigen Künstlern und Publizisten eine Renten-, Kranken- und Pflegever-

---

28 Oskar Bätschmann sieht in Carstens – der 1790 zum Professor an die Berliner Akademie berufen worden war, sich aber geweigert hatte, nach einer zweijährigen Beurlaubung aus Rom in das Amt zurückzukehren – den „ersten Künstler, der die Freiheit vom staatlichen und akademischen Dienst durchsetzte und die unausweichliche Armut auf sich nahm" (1997: 64).

sicherung bietet. Analog zu den Sozialversicherungen der Arbeitnehmer werden deren Mittel zur Hälfte von Beiträgen der Künstler aufgebracht, zur anderen Hälfte aus der Künstlersozialabgabe der Unternehmen, die Leistungen von Künstlern verwerten (30 Prozent), und aus Bundeszuschüssen (20 Prozent) finanziert. Die Künstlersozialkasse legt einen weiten Kunstbegriff zugrunde. In ihrem Katalog der Tätigkeitsbereiche und Berufsbezeichnungen spiegelt sich die zunehmende Diversifizierung der Künste wider. Er umfasst „25 Tätigkeitsbereiche in der bildenden Kunst (vom Aktionskünstler, Bildhauer bis Zeichner), 44 Tätigkeitsbereiche in der darstellenden Kunst (vom Akrobaten, Regisseur bis Zauberer), 15 Tätigkeitsbereiche in der Musik (vom Alleinunterhalter, Komponisten bis Tonmeister) und 20 Tätigkeitsbereiche in der Rubrik Wort (vom Drehbuchautor, Kritiker bis Übersetzer)" (Enquete-Kommission 2007: 234f.). Als entscheidendes Abgrenzungskriterium für die Aufnahme in die Künstlersozialkasse dient „die eigenschöpferische Tätigkeit und damit die Fähigkeit zur künstlerischen Gestaltung" (ebd.: 235).

2. Künstlerethos und Künstlerhabitus

Das Ethos des Künstlers ist kein übliches Berufsethos; es ist durch hohe gesellschaftliche Erwartungen geprägt; die ihn zu einer „emphatischen Projektionsfigur der modernen Gesellschaft" (Borchardt 2007: 12) gemacht haben. Topoi, die bis in die Antike zurückreichen, weisen ihm eine Sonderstellung zu, die in der modernen bürgerlichen Gesellschaft in den ihm zugeschriebenen Werten der Authentizität und Autonomie gründen. Ihm wird die Freiheit gewährt, „seine jeweilige Individualität und Originalität auszuleben" (ebd.: 25), damit er quasi stellvertretend das verkörpern kann, was die Mehrheit der Gesellschaftsmitglieder aufgrund ihrer heteronomen Abhängigkeiten im Erwerbsleben entbehren müssen: individuelle Autonomie, unentfremdete Arbeit, Selbstverwirklichung, Zugang zum „wahren und wirklichen" Sein.

Außerhalb des behördlichen Verkehrs, etwa mit der Künstlersozialkasse, ist der Künstler eine Kunstfigur. Das Bild, das wir uns gewöhnlich von ihm machen, ist die Konstruktion einer heroisierenden Biographik und ihrer Stereotypen. Am Beispiel des bildenden Künstlers haben die Kunstwissenschaftler Ernst Kris und Otto Kurz ([1934] 1995) mit psychologischem Sachverstand und profunden historischen Kenntnissen die „Legende vom Künstler" aufgedeckt, Stefan Borchardt (2007) hat sie für den modernen Künstler fortgeschrieben. Nach Kris und Kurz liefert nicht der reale Lebenslauf des Künstlers die ausschlaggebenden biographischen Details seiner Persönlichkeit, sondern typische Versatzstücke aus der Werkstatt der Künstler-Biographen. Hierzu gehören die Stereotypen

2. Künstlerethos und Künstlerhabitus

des Künstlers als Autodidakten, der nicht der Schulung und Übung bedarf, sondern als Künstler geboren wird und alsdann unbeirrt seinem Ingenium folgt und schon früh seinen verständigen Entdeckern und Förderern erstaunliche Proben seines Talents offenbart. Die frühe Meisterschaft stempelt ihn zum Wunderkind und Liebling der Götter. Zur Charakterisierung seines Werkes werden die Topoi Rätsel, Zauber, Geheimnis, Sendung und Erlösung bemüht, wobei die ihm eigene Virtuosität als selbstverständliches Kennzeichen künstlerischer Leistung gilt. Zu den „biographischen Formeln" gehören des weiteren: das Schaffen in Rausch und Wahn und ein Leben „zwischen Parnaß und Bohème" (Kris/Kurz 1995: 120). In seiner Apotheose auf den Künstler formuliert Balzac in *Des artistes:* „Un artist est une religion". Die typische Künstlerbiographie porträtiert weniger eine empirische Person als eine durch den gesellschaftlichen Status geprägte (und stereotyp wiedergegebene) Persönlichkeit, kurz eine „Statuspersönlichkeit" oder einen „Gruppenhabitus".[29] Selbstredend haben wir es hier ausschließlich mit der männlichen Spezies des Künstlers zu tun.

Im Verhältnis zur Gesellschaft werden Künstler gern als „Außenseiter der Gesellschaft" (Wittkower 1989) dargestellt, als „Gegenpol einer von bürgerlichen Normen geordneten Lebensführung und zum kalkulierenden Zweckhandeln" (Ruppert 1998: 14); gepflegt wird die Vorstellung einer „innigen Verbundenheit zwischen Schöpferkraft und unkonventioneller Lebensweise" (Neumann 1986: 258).[30] Aber nicht nur die Gesellschaft will den Künstler als begnadetes Individuum und Exzentriker sehen, das Stereotyp wirkt auf das Verhalten des Künstlers selbst zurück. Er wird zum Regisseur seiner eigenen Legende, zum „Heldendarsteller" (Borchard 2007) seiner selbst, indem er die dem Künstlerstatus zugeschriebene soziale Rolle übernimmt und sie zum individuellen Künstlerhabitus[31] verinnerlicht. So wird die typische Künstlervita zur „gelebten Vita" (Kris/Kurz 1995: 164).

Als exemplarisch dafür steht Piet Mondrians Selbststilisierung. Er zog sich um 1920 aus dem gesellschaftlichen Leben zurück und „arbeitete nun hart und ununterbrochen an diesen scheinbar doch so einfachen Bildern. Er begründete damit einen Mythos. Man hat ihn seitdem, in teilweise schwer erträglicher Stili-

---

29 Kris und Kurz verwenden den vom amerikanischen Soziologen Ralph Linton geprägten Begriff der „Statuspersönlichkeit" (Linton [1945] 1974: 105), während Borchardt mit Bourdieu vom „Gruppenhabitus des Künstlers" (Borchard 2007: 241) spricht.
30 „Hinsichtlich ihrer Ideen und Produkte sind Kreative per definatum immer Außenseiter, in bezug auf ihr soziales Verhalten, auf Lebensführung und Werthaltung (Gesinnung) müssen sie aber keineswegs Nonkonformisten sein." (Oertel 1977: 139f.) Das Künstlertum an ihm äußerliche Merkmale zu knüpfen, hat schon Karl Kraus' mit einem Aperçu ironisch zurückgewiesen: „Die wahre Bohème macht den Philistern nicht mehr das Zugeständnis, sie zu ärgern" (Kraus 1955: 66).
31 In der schönen Formulierung von Bourdieu ist der Habitus „Körper gewordenes Soziales" (Bourdieu/Wacquant 1996: 161).

sierung seiner Person, immer wieder einen Mönch oder Heiligen der Malerei genannt, einen ‚Priester im Dienst an der weißen Fläche'. Mondrian war das wohl nicht ganz unrecht. Er hatte als junger Mann, die Bilder der christliche Märtyrer gezeichnet und wusste, dass erst deren aufopferungsvolles Leben der Kirchenlehre, die anfangs nur aus Dogmen bestanden hatte, existentielle Bedeutung und geschichtliche Tragweite verliehen hatte. So hätte er auch gern der eigenen Arbeit historische Notwendigkeit gegeben. Er begann damit, aus dem eigenen Leben eine Legende zu machen. Von sich selbst erzählte er nur noch Ausgewähltes, alle an ihn gerichtete Korrespondenz und viele Dokumente seiner Jugendzeit vernichtete er. Im selbst eingerichteten Lebensraum des Ateliers wollte er die eigene Lehre verkörpern und alles Private, vor allem aber die Erinnerung an die schlimme Jugendzeit, aus dem Bild des Selbst vertreiben. Eine neue Schöpfung wollte er an die Stelle seiner biographischen Person stellen. Im Gedächtnis der Öffentlichkeit sollte nichts zurückbleiben als die Erinnerung an ein der reinen Form gewidmetes Leben." (Deicher 2004: 64)

Die Sozialpsychologie und Kriminalsoziologie hat für dieses Phänomen den sog. *Labeling approach* zur Erklärung abweichenden Verhaltens entwickelt. Er besagt: Das Fremdbild oder „Etikett" (*label*), das die Gesellschaft bzw. die „signifikanten Anderen" (Mead) von einem Außenseiter entwerfen, wird ins Selbstbild übernommen. Die Zuschreibung wird zur Selbstinszenierung. Der Schnorrer akzeptiert sich schließlich als Schmarotzer, der Jude als Schacherer,[32] der Künstler als Künstlerdarsteller. Insbesondere der in der Romantik aufkommende Geniekult wird dem modernen Künstler zur verpflichtenden Attitüde. Als Diener seiner expandierenden Subjektivität „gestaltet (er) sein Dasein ebenfalls als Kunstwerk und umgibt sich mit der Aura, die eigentlich seinem Werk gehört" (Warnke 2004).

Stefan Borchardt führt die forcierte „Imagebildung" des modernen Künstlers auf seine materielle Unsicherheit unter den Markt- und Konkurrenzbedingungen zurück, unter denen er produziert und die ihn zu den Strategien der Selbstdarstellung greifen lässt. In diesem Sinne wurde Paul Gauguin zum Gefangenen seines eigenen Mythos. Als er, krank und geschwächt, aus der Südsee nach Paris zurückkehren wollte, riet ihm ein enger Freund dringend davon ab, da die Rückkehr sein Bild und sein Werk in der Öffentlichkeit beschädigen würde: „Sie sind jener legendäre Künstler, der tief in Ozeanien seine überraschenden, unnachahmlichen Werke entwirft, Werke, die für einen großen Menschen bestimmend sind, der sozusagen von der Welt verschwunden ist." (George Daniel de Montfreind, zit. n. Frankfur-

---

32 Max Frisch hat in seinem Theaterstück „Andorra" den Prozess der Übernahme des Fremdbildes als Selbstbild geradezu lehrstückhaft an einem jungen Juden darstellt.

ter Allgemeine Zeitung vom 15.12.2010, S. 34). Gauguin folgte dem Rat und starb im Alter von knapp fünfundfünfzig Jahren auf einer Südseeinsel.

Für Niklas Luhmann ist der Künstler ein „Verdichtungsbegriff", ein Sediment der Kommunikation über den Künstler (Luhmann 1995: 87f.). Mit diesem Verständnis hat Sabine Kampmann (2003) an einer zeitgenössischen Künstlerfigur, dem Maler Markus Lüpertz, das kommunikative Zusammenspiel von Publikum, Kunstkritik und Künstler bei der Fremd- und Selbsterzeugung der Künstlerlegende nachgezeichnet. Dabei stieß sie auf Topoi wie der „titanischen Unersättlichkeit seines Formwillens", dem „proteushaften Schaffensdrang" und der „barocken Vitalität" ebenso wie auf die Rede von der Doppelrolle seiner „faustischen Existenz": Mönch und Dandy, Gipfelstürmer und Melancholiker. Dass der Künstler, als Mitkoch, in diese Ursuppe noch seine Nietzscheanischen Dithyramben rührt und prominente Malerväter (von Poussin bis Picasso) als Vorläufer verwertet, fügt sich diesem beachtlichen „Patchwork diverser Rollenmuster" (Kampmann 2003: 64), das es erlaubt, selbst noch den Epigonen zum Schöpfer des „wahren Neuen" hochzustilisieren.

Faust und *Saturn*[33] dienen als zentrale Topoi für die „Zerrissenheit", die den Künstler einerseits als Schöpfer, Sinnstifter und Prophet – andererseits als Melancholiker und Dämon, als Bohemien oder Dandy auf die Bühne treten lässt. Der saturnische Künstler (Conti 1998: 104ff.) erschafft sich immer wieder neu: als exotischer Mythos Gauguin, als surrealistischer Guru Dali, als Popikone Warhol, Schamane Beuys oder Malerfürst Lüpertz. Dass wir bei diesen Beispielen nur bildende Künstler anführen, ist nicht zufällig; denn ihre Person verschmilzt mit ihrem visuellen Œuvre und ruft die stärksten und dauerhaftesten Publikumsreaktionen hervor. Aber auch Literaten und Komponisten, ebenso Mimen und Operndiven können zum Medium derartiger Mythen werden. Man denke nur an den Olympier Goethe, den Titan Beethoven oder den Dandy Oscar Wilde.

3. Historische Sozialtypen des Künstlers

Es ist weniger die (reale oder idealisierte) Künstlerpersönlichkeit, die den Soziologen interessiert, als die soziale Rolle, die der Künstler und die Künstlerin in der

---

33 Saturn gilt als Planet des zum Künstler prädisponierten Melancholikers. „Born under Saturn" heißt der englische Originaltitel des Buches von Rudolf und Margot Wittkower (1989) über Künstlerviten. Laut Alessandro Conti schaffen „zahlreiche Elemente, die um Saturn kreisen, (...) jenes extreme Helldunkel, welches die Anlage zur intellektuellen Tätigkeit auszeichnet; sie verbinden diese mit der Erde, mit mühseliger Handarbeit, und nehmen auf diese Weise emblematisch jene Widersprüche wieder auf, mit denen auch die Figur des Künstlers ausgestattet ist." (1998: 106)

Gesellschaft einnehmen. Sozialgeschichtlich betrachtet können wir eine Abfolge von drei distinkten Sozialtypen beschreiben:

- den Handwerker-Künstler,
- den Hofkünstler
- und den modernen Künstler.[34]

Handwerker-Künstler

Im Altertum und Mittelalter ist der Künstler primär *Handwerker*. Die in der Antike gepflegte Vorstellung von der „Unwürdigkeit der manuellen Arbeit" übertrug sich auch auf die bildende Kunst (Conti 1998: 16).[35] Der französische Sozialhistoriker Georges Duby schreibt, dass die Gesellschaft „bis zum Beginn des 15. Jahrhunderts den Künstler mit dem Handwerker gleichsetzte. In dem einen wie in dem anderen sah sie jemanden, der einen Auftrag einfach ausführt und der von einem ‚Herrn', Priester oder Fürst, den Plan des Werks erhält. Die kirchliche Autorität wiederholte immer wieder, dass es nicht den Malern zukomme, Bilder zu erfinden; die Kirche hatte sie entworfen und übermittelt; den Malern obliege es nur, ihre Kunst, *ars*, das heißt die technischen Verfahren, die eine richtige Herstellung erlauben, ins Werk zu setzen" (Duby 1998: 10). Noch im 15. Jahrhundert, bemerkt Michael Baxandall ironisch, war „die Malerei (...) noch eine zu wichtige Sache (...), um sie den Malern zu überlassen" (Baxandall 1980: 12); diese lieferten ab, was die Auftraggeber in schriftlichen Vereinbarungen „mehr oder weniger genau vorgeschrieben" hatten (Duby 1998: 9).

Als Folge der im Hochmittelalter einsetzenden Verschiebung der kulturellen Aktivitäten vom Land zu den Städten entstanden mit den zünftigen Künstlerwerkstätten Produktionseinheiten, die sich aus den Klöstern und fürstlichen Haushalten allmählich gelöst hatten und wie andere Handwerkstätten eine Hierarchie von Lehrknaben, Gesellen und Meister kannten. Diese Hierarchie zeichnete auch Malern und Bildhauern ihren Berufsweg von einer mehrjährigen Lehrzeit, für das ein Lehrgeld zu entrichten war, zum Gesellen und schließlich Meister vor. Lokalisiert waren sie in den frühen Städten und standen unter dem Regelwerk der Zünfte, aber manche Kirchenfürsten und höhere Herren nahmen derartige Werkstätten in ihren Dienst und verleibten sie für die Dauer der Auftragsausführung ihrem

---

34 In der Terminologie von Bätschmann (1997) folgt auf den Hofkünstler der „Ausstellungskünstler", s. dazu weiter unten.
35 Ein eigentümlicher Gegensatz, auf den schon Seneca und Plutarch hinwiesen, bestand darin, dass die Bildhauer verachtet, aber ihre Schöpfungen bewundert wurden (Wittkower 1989: 22).

3. Historische Sozialtypen des Künstlers

Haushalt ein. Diese Praxis machte die Meister von Zunftzwängen frei und geographisch beweglich (ebd.: 72).

Eine Trennung zwischen dem Handwerk und der Kunst war unüblich; Maler und Bildhauer hatten ihrer Herkunft nach meist einen soliden handwerklichen Hintergrund (North 2001: 61). Überdies trat der Handwerker-Künstler hinter seinem Produkt zurück; die Kunst des Mittelalters ist namenlos; in der kunstgeschichtlichen Literatur ist immer wieder von „anonymen Meistern" die Rede. Erst in der späten Gotik begannen die Künstler, sich in ihren Werken festzuhalten[36] oder sie zu signieren. Der Handwerker-Künstler übte ein breites Spektrum von Tätigkeiten aus, zu denen durchaus auch das Anstreichen eines Gebäudes gehörte. Die größeren Künstlerwerkstätten betrieben eine manufakturartige Kunstproduktion; sie übernahmen Aufträge jeder Art, „wie Truhenmalerei, Stoffbemalung oder Wandbehänge, besorgten die Ausschmückung der Kirchenräume und anderes mehr" (Ruppert 1998: 18). Auch die spätmittelalterliche Künstlerwerkstätte eines Tilman Riemenschneiders glich einem derartigen Handwerksbetrieb mit Lehrlingen und Gesellen sowie einem Meister an der Spitze, der viele Aufträge kollektiv ausführte und wegen der alternativen Schnitz- und Steinmetzarbeiten mit besonderer Genehmigung auch Gesellen aus anderen Zünften beschäftigte (Kalden-Rosenfeld 2004: 19ff.). Kunsthistorikern bereitet es noch heute Schwierigkeiten, Riemenschneiders eigene Arbeiten von denen seiner Gesellen zu unterscheiden.

Die mittelalterlichen Handwerker-Künstler konnten ihr Gewerbe in der Regel nur als Zunftmitglieder ausführen; gemeinsam mit Handwerkern anderer Gewerbe (z.B. Glaser, Tischler, Goldschmiede, Tapisserieweber) waren sie in Zünften oder Gilden organisiert. Wie Conti schreibt, gehörten beispielsweise in einer italienischen Stadt die Maler zur Zunft der Ärzte und Gewürzhändler; er bemerkt dazu, dies unterstreiche „die Vorrangstellung der verwendeten Materialien und lässt dabei eine Einschätzung ihrer Kunst als eine Art einfallsreicher Farbenmischerei erkennen" (Conti 1998: 36). In Venedig standen die Maler „auf derselben Stufe mit Vergoldern, Textil- und Ledermalern, Maskenbildnern, Buch- und Spielkartenmalern" (Roeck 1999: 149). In Amsterdam vereinigte die Lucas-Gilde (die nach Lucas, dem Schutzheiligen der Maler, benannte Zunft) alle, „die mit Pinsel und Farbe umgehen" (North 2001: 66). Die Zünfte hatten das Monopol, Preise und Produktion auf lokaler Ebene zu bestimmten. Erst im 17. Jahrhundert lösten sich in den Niederlanden die bildenden Künstler aus den ständischen Handwerkergilden und gründeten eigene, allein den Kunstmalern vorbehaltene Bruderschaften

---

36 Der Wiener Stephansdom bietet gleich zwei bemerkenswerte Beispiele dafür: der Meister Anton Pilgram hat sich einmal als „Fenstergucker" unter der Kanzelstiege, ein andermal als Bildnisbüste unterhalb des Orgelfußes selbst porträtiert. Die Nürnberger St.-Lorenz-Kirche bietet mit dem Selbstbildnis des Meisters Adam Krafft im Sockel des Sakramentshauses ein weiteres Beispiel.

(North 2001: 67; Wegener 1999: 10). Auch dem Berufsverband der Römischen Maler, der *Accademia di S. Luca*, wurde erst im frühen 17. Jahrhundert Eigenständigkeit gegenüber den Gilden und damit „absolute Autorität innerhalb der Kunstwelt Roms" (Haskell 1996: 32) durch Papst Urban VIII. garantiert.

Allein wenn man sich in die Abhängigkeit eines Herrn begab und in seinen Diensten arbeitete, konnte man dem Zunftzwang entgehen. Der Hof bot dem Handwerker-Künstler die berufliche Perspektive, sich der ständisch-zünftigen Sphäre zu entziehen (Warnke 1996: 19). Wer für Fürsten, Päpste oder als offizieller Maler von Stadtrepubliken wie Florenz und Venedigs arbeitete, genoss zumeist das Privileg, außerhalb von Korporationen und deren einschränkenden handwerklich-zünftigen Normen zu arbeiten. Ein Erlass des Papstes Paul III. entband Michelangelo (und mit ihm die Bildhauer generell) von der Pflicht, „sich in die Zunft der Steinmetze und Marmorschneider einzuschreiben; denn ihre Aufgabe" – so lautete die Begründung – „bestehe darin, die Dinge der Natur nachzubilden und Päpste und weltliche Fürsten zu portraitieren" (Conti 1998: 119f.).

Den Status des Handwerker-Künstlers im Italien des 12. bis 15. Jahrhunderts hat Conti (1998) anhand von Verträgen mit sozial höhergestellten Auftraggebern beschrieben. Daraus lässt sich deren Verfügung über die Arbeitsleistung des Künstlers analog zur Werk- oder Lohnarbeit interpretieren. Auftraggeber waren reiche Privatleute, Fürsten, Prioren von Klöstern oder Bruderschaften. Die Verträge verpflichteten zur Ablieferung eines Werks innerhalb eines bestimmten Zeitraums, legten die zu verwendenden Farben (besondere Hervorhebung fanden Gold und Ultramarin), den Bildgegenstand, die Figurenanordnung und andere kompositorischen und ikonographischen Merkmale fest. Kunstwerke wurden als handwerkliche Produkte verstanden; das Verlangen nach Eigenhändigkeit des Künstlers bei der Verfertigung des Werks entdeckte Conti nur in Ausnahmefällen in den vertraglichen Vereinbarungen und dann vermutlich als Schutzmaßnahme vor der Weitervergabe von Aufträgen.[37] Üblich war es indes, umfangreiche Aufträge von mehreren Werkstätten ausführen zu lassen. Bezahlt wurde nach Fläche oder nach der Anzahl der gemalten Figuren oder für Material und Arbeitszeit; die Kosten des Materials überstiegen lange die Kosten der Arbeit (Roeck 1999: 148). Eine zeitgenössische Quelle von 1485 gibt uns Auskunft über die Bezahlung Botticellis für ein Altargemälde in einer Familienkapelle: „(...) zwei Florin für Ultramarin, achtunddreißig Florin für Gold und die Vorbereitung der Holztafel, und fünfunddreißig Florin für seinen Pinsel" (zit. n. Baxandall 1980: 28).

---

37 Aus der zweiten Hälfte des 15. Jahrhunderts stammen einige Gegenbeispiele, die Baxandall (1980: 31ff.) zitiert.

3. Historische Sozialtypen des Künstlers

Erst mit dem ausgehenden 15. Jahrhunderts, mit Michelangelo und Raffael, änderte sich die Praxis, „die bildenden Künste als einfache handwerkliche oder auch unfreie Tätigkeiten" (Conti 1998: 47) zu betrachten. In zahlreichen zeitgenössischen Dokumenten werden nunmehr künstlerische Tätigkeiten den *artes liberales* (seit der Antike Bezeichnung für die theoretisch orientierten Wissenschaften) von anderen technisch-mechanischen Verrichtungen, den *artes mechanicae*, unterschieden. Beginnend mit Giorgio Vasari (Roeck 1999: 159), werden Malerei, Bildhauerei und Architektur im Verlauf der Renaissance unter Betonung des schöpferischen Moments den „freien Künsten" zugerechnet; „frei": weil sie eines freien Mannes würdig und nicht mit körperlicher Arbeit gleichzusetzen seien. Nicht nur die gesellschaftliche Wertschätzung der Künstler veränderte sich, auch die Künstler wurden selbstbewusster. Für Leonardo da Vinci ist die Malerei intellektuelle Tätigkeit und gehört zur Wissenschaft, nichts anderes gilt für Dürer; allein ihrer beider Studien über menschliche Anatomie und Proportion unterstreicht dies aufs deutlichste.

Verknüpft mit dem Wandel der Einstellung zur künstlerischen Tätigkeit war ein sozialer Aufstieg des Künstlers. Bildende Künstler (wozu auch die Architekten gerechnet werden) wollten nicht länger Mitglied der niedrigen, „kleinen" Zünfte sein, sie verlangten Aufnahme in die „größeren" Zünfte, an deren Mitgliedschaft das Bürgerrecht hing, oder wollten vom Zunftzwang befreit werden. Dies alles führte in den Städten zu heftigen Auseinandersetzungen zwischen den Zünften und ließen die Stellung des Künstlers grundsätzlich prekär erscheinen. Erst seine Aufnahme in eine höherstehende, die höfische Kultur an den absolutistischen Fürstenhöfen verschaffte ihm einen gesicherten Statut mit neuen Freiräumen.

Betrachten wir im Vergleich dazu die soziale Existenzweise des *literarischen Künstlers* (die Bezeichnung Schriftsteller gab es zu jener Zeit noch nicht) im hohen und späten Mittelalter, dann finden wir sehr divergente Muster sozialer Herkunft der mittelalterlichen „Literaturproduzenten" nebeneinander: den dichtenden Klosterbruder, den ritterlichen Troubadour oder Minnesänger, den nichtadeligen Spielmann, dem sich später der dichtende Handwerker (Hans Sachs) hinzugesellte. Während bildende Künstler einem handwerklichen Beruf nachgingen, von dem sie leben konnten, übten die Sänger und Epiker (mit Ausnahme des Spielmannes) eine brotlose Kunst aus; ihre poetische „Liebhaberei" bestritten sie aus eigenen oder mäzenatischen Mitteln.

Nach dem Vorlauf der geistlichen Dichtung (eine im wesentlichen durch Übersetzungen angeeignete Rezeption des Klassisch-Antiken und des Christlich-Antiken), die ihren Ursprung in den Kloster- und Domschulen hatten, handelte es sich vornehmlich um höfische Dichtung (Wapnewski 1960). Schöpfer der Troubadourlyrik und des Ritterromans waren teils mittellose Ritter, teils in den Ritterstand erhobene ehemalige Ministerialen, die zu angestellten Hofsängern und Hofdichtern reüssierten (Hauser 1983: 297) oder, wie Walther von der Vogelweide, mit einem Lehen beschenkt wurden. Der Spielmann ist eine „Kreuzung des frühmittelalterlichen Hofsängers und des antiken Mimen" (Hauser 1990: 172); Sänger und Komödiant vermischen sich und werden zum „vulgären Tausendkünstler, der durchaus nicht mehr nur Dichter und Sänger, sondern auch Musikant und Tänzer, Dramatiker und Schauspieler, Clown und Akrobat, Taschenspieler und Bärenführer (...) ist" (ebd.: 172f.).

In formaler Analogie zum Minnesang entwickelte sich der Meistersang, der im 14. bis 16. Jahrhundert vornehmlich von Handwerksmeistern der süddeutschen Reichsstädte „als eine Art anspruchsvoller Freizeitbeschäftigung betrieben" wurde (Hermand 1998: 15) – in der Selbstbeschreibung von Hans Sachs: „Schumacher und Poet dazu". In zunftmäßig organisierten Singschulen erlernten die gebildeten Kleinbürger die Sangeskunst wie ein Handwerk, in dem sie sich „Regeln, Vorschriften und Verboten (unterwarfen), die in vieler Hinsicht an die Statuten der Zunftordnungen" erinnerten (Hauser 1990: 274).

Von der Unsicherheit über die gesellschaftliche Position der Künstler, die noch Maler und Bildhauer im 15. und 16. Jahrhundert umtrieb, waren die Dichter frei. Sie hatten wegen ihrer offensichtlich intellektuellen Tätigkeit selbst in der griechischen und römischen Antike nicht das Problem, sich – wie die bildende Kunst – von den *artes mechanicae* abzusetzen. Solange die Malerei ihre Wesensbestimmung mit der Analogie zur Sprache zu nobilitieren suchte (Conti 1998: 75ff.), brauchte die Literatur um ihre Zugehörigkeit zu den *artes liberales* nicht zu bangen.

Hofkünstler

Ein neuer Sozialtypus des Künstlers betritt im späten Mittelalter und mit beginnender Neuzeit die historische Bühne: der *Hofkünstler*. In ihm sieht Martin Warnke den Vorläufer des modernen bildenden Künstlers – eine Hypothese, die er mit mannigfachem historischen Material untermauert. Mit ihr wendet er sich explizit gegen die verbreitete „kunstgeschichtliche Lehrmeinung, dass ein autonomes Kunst- und Künstlerbewsstsein als eine der großen Leistungen stadtbürgerlicher Kultur der Renaissance anzusehen sei" (Warnke 1996: 9). Warnkes These bedarf freilich der Qualifizierung nach Regionen: In weiten Teilen Europas – vornehmlich in Frankreich, Italien und Österreich – entfaltete sich eine höfisch-aristokratische Kultur, in welcher der Hofkünstler eine zentrale Rolle einnehmen konnte; in England und Spanien konzentrierte sich diese Praxis auf den königlichen Hof. In den Niederlanden, in denen der Adel keine derart herausragende Rolle spielte,

3. Historische Sozialtypen des Künstlers

dominierte die bürgerlich-städtische Kultur. In Deutschland wiederum finden wir einen Dualismus von kunstfördernden Duodezfürstentümern einerseits und freien Reichsstädten (z.b. Augsburg, Ulm, Nürnberg, Hamburg) mit einem patrizischen Stadtbürgertum als potenten Auftraggeber für Porträts und Kathedralen andererseits.[38] Der Kunstsinn der Patrizier orientierte sich freilich stark am höfischen Geschmackskanon.

An den geistlichen und weltlichen Höfen Europas entstand im 13. und 14. Jahrhundert das Bedürfnis nach Repräsentation, genährt von konkurrierender Hofhaltung mit anwachsendem Personal. Die absolutistischen Könige und Fürsten zogen Maler, Bildhauer und Architekten an ihre Höfe und gewährten ihnen Privilegien, die ihnen die Ratsherren und Zunftmeister der Städte weder bieten wollten noch konnten. Im Verlauf des 14. Jahrhunderts verbreiteten sich von Frankreich aus die institutionellen Merkmale des in eine Hofstellung eintretenden Künstlers über ganz Europa hin (Warnke 1996: 34). Zu diesen gehörten: Wohnung und Besoldung, eine eigene Werkstatt mit Gehilfen sowie Titel und Privilegien eines Hofbeamten.

Als überraschende These arbeitet Warnke heraus, dass der Typus des *Renaissancekünstlers* sich erst mit dem Einrücken in diese Hofstellungen ausbilden konnte. „Die Vorstellung vom souveränen, ‚freien', nicht handwerklich gebundenen Künstler ist nicht" – wie vielfach angenommen – „ein Implikat des Renaissancestils" (Warnke 1996: 77), sondern verdankt sich der privilegierten Stellung des Künstlers am Hofe. Für die Künstler außerhalb Italiens kam hinzu, dass sie, etwa am kaiserlichen oder königlichen Hof, ein kosmopolitisches Milieu vorfanden, das durch die Berufung von Künstlern aus verschiedenen Ländern, insbesondere aus Italien, kultiviert wurde. Die Verbreitung des Renaissancestils nach Norden war mehr als ein bloßer Nebeneffekt der Berufung von italienischen Künstlern durch Maximilian I. und seine Nachfolger an den Habsburger Hof (Kaufmann 1998: 73, 209).

Häufig wechselten Künstler an den Hof, weil ihnen die Stadtgesellschaft zu große materielle und künstlerische Beschränkungen auferlegte. Mit ihrem Zunftwesen war sie „nicht flexibel genug, originäre künstlerische Neuansätze in sich aufzunehmen" (Warnke 1996: 83), während das mit der Anstellung erworbene Hofrecht den Künstler von den Einschränkungen der Zunftordnung befreite.

Das Verhältnis des Hofkünstlers zu seinem Fürsten war grundsätzlich eine problematische Beziehung, die im Spannungsfeld von Abhängigkeit und Freiheit stand. Formal ein Bediensteter seines Herrn, der im allgemeinen zur Gruppe der Handwerker zählte und wie diese für den alltäglichen Bedarf an handwerklichen Verrichtungen benötigt wurde. Aber im Gegensatz zu den Handwerkern nahmen

---

38 Wir ersparen uns eine weitere Differenzierung, indem wir die böhmischen, ungarischen und polnisch-litauischen Verhältnisse ausklammern (s. dazu Kaufmann 1998).

die Hofkünstler eine Sonderstellung ein, weil ihnen verschiedene Aufstiegschancen offen standen. Der Fürst konnte den Hofkünstler wegen seiner „Einzigartigkeit" nicht wie einen leicht ersetzbaren Domestiken behandeln; je angesehener der Künstler in der übrigen Welt war, desto behutsamer musste der Fürst mit ihm umgehen. Durch die Ernennung zum „familiaris" oder zum Kammerdiener fand der Hofkünstler Aufnahme in das engere Gefolge des Herrschers. Die dadurch begründete persönliche Vertrauensbeziehung löste ihn aus der Gruppe der Handwerker und war mit einer Besoldungsverbesserung verknüpft. Selbst die Ernennung zum Hofmarschall (Velázquez) oder zum Rat (Tizian) war möglich. Häufig war er, neben dem Hofhumanisten, geschätzter Gesprächspartner und Reisebegleiter seines Herrn, der ihn zuweilen auch als Botschafter zu anderen Höfen einsetzte. Das Vertrauensverhältnis konnte so eng sein, dass mancher Hofkünstler seinen Herrn noch in die Gefangenschaft begleitete, wie Lucas Cranach 1547 den Kurfürsten von Sachsen (Warnke 1996: 292f.).

In der Regel waren die Künstler, wie die anderen Diener, im Palastbereich untergebracht, aber aufgrund ihrer Sonderstellung in der Hierarchie der Hofdienerschaft wurde – vornehmlich den angeseheneren unter ihnen – auch ein eigenes Haus außerhalb des Palastes zugestanden. Dieses bot ihnen nicht nur größere Muße gegenüber dem Hofbetrieb; sie konnten hier auch durchreisende Fürsten zur Bildnisaufnahme oder Geschenkauswahl empfangen. Denn bestallte Hofmaler durften unter bestimmten Bedingungen auch für Private außerhalb des Hofes arbeiten. Da mit ihrer Besoldung vornehmlich ihre „Tugend", nicht aber ihre Leistung honoriert wurde, unterlagen ihre Einzelwerke einer gesonderten Vergütung. Der Dienstherr Lucas Cranachs beispielsweise erwartete lediglich ein günstigeres Angebot von seinem Hofmaler, dem er ansonsten freistellte, sein Werk auch anderen anzubieten. Und Tizian erhielt von Karl V. für jedes Einzelwerk das Mehrfache seiner Apanage (Warnke 1996: 186, 189).

Die eigentliche Transaktion war gewöhnlich in ein höfisches Tauschzeremoniell eingebettet, das der Interaktionslogik von Geschenk und Gegengeschenk folgte. Soziologisch ist dies von besonderem Interesse, weil es entfernt an die verschwenderische Tauschzeremonie des Potlatch erinnert. Das persönliche Treueverhältnis verbot es, dass „der Diener mit seinem Dienstherrn in einen förmlichen Handel eintrat" (Warnke 1996: 191). Vielmehr überreichte der Künstler dem Fürsten sein Werk als Geschenk und ehrte damit dessen fürstliche Tugend; der Fürst seinerseits revanchierte sich mit einem Gegengeschenk, das seine mäzenatische Großzügigkeit zum Ausdruck brachte. Dadurch wurde der Preis des Werkes hochgetrieben und führte zu einer „Wertbestimmung der künstlerischen Arbeit, die allen zünftigen Normen, wie sie außerhalb der Höfe gültig waren, widersprach" (ebd.: 197).

3. Historische Sozialtypen des Künstlers

Es war diese Erfahrung, die Hofmaler den Vorwurf erheben ließ, dass die Zünfte die Malerei auf ein Lohnhandwerk erniedrigten.

Der Aufgabenbereich des Hofmalers war vielfältig. Sein primäres Arbeitsfeld war die Innenausstattung des Schlosses mit einer Allzuständigkeit, die auch die banalsten Anstrich-, Dekorations- und Ausschmückungsarbeiten einschlossen.[39] War er für den Innenbereich zuständig, dann der Hofbaumeister oder Hofarchitekt für den Außenbereich; zuweilen konnten beide Funktionen in einem Amt, das des Kunst- oder Hofintendanten, vereinigt werden. In der Regel war der Hofmaler nicht nur „für die ästhetische Gesamterscheinung des höfischen Lebens" (Warnke 1996: 259) zuständig, sondern auch für den „zwischenhöfischen Kunstverkehr" der aus gegenseitigen Besuchen, Künstleraustausch und Geschenktransaktionen bestand. Zudem oblagen den angestellten Hofkünstlern nicht selten zusätzliche Verwaltungsämter des Hofes – vom Prinzenerzieher (Wieland) und Bibliothekar (Lessing) bis zum „Wirklichen Kriegsrat" (Johann Heinrich Merck) (Fertig 1998: 17ff.).

Vom städtisch-republikanischen Publikum zogen sich die Hofkünstler den Vorwurf zu, als Opportunisten und politische Parteigänger ihrer Fürsten die Freiheit der Kunst verraten zu haben – ein Vorwurf, der insbesondere retrospektiv nach der Französischen Revolution erhoben wurde. Freilich gab es auch Künstler, die es vorzogen, keine dauerhafte Bindungen an Könige und Fürsten einzugehen, ohne auf die mit der Hofstellung verbundenen Privilegien verzichten zu wollen. Das lässt sich einmal von den „Wanderkünstlern", ein andermal von den „Hoflieferanten" sagen.

Wellen von Künstlerwanderungen, die zu einem internationalen Phänomen wurden, setzte um 1400 der Repräsentationsbedarf der konkurrierenden Höfe im königlosen Italien in Gang. Mit Provisionen und anderen Privilegien umwarben Fürsten die Künstler, die „nicht weniger mobil als die wandernden Humanisten jener Tage" waren (Warnke 1996: 42). Indem sie nur zeitweilige Bindungen an die fürstlichen Dienstherren eingingen, mal für diesen, mal für jenen Duodezfürsten arbeiteten, gelangten viele Wanderkünstler zu Ruhm und Ehren, die es ihnen wiederum erlaubten, in die Städte zurückzukehren und dort ihre gewonnenen Privilegien (z.B. als Freimeister oder taxfreies Zunftmitglied) zu behaupten.

Größten Nutzen zog aus dem Spannungsverhältnis zwischen Stadt und Hof der im 16. Jahrhundert an Konturen gewinnende Künstlertypus der „Hoflieferanten" (Warnke 1996: 92ff.). Sie vermochten ihre Vorliebe für die städtische Lebensform beizubehalten, ohne auf höfische Zuwendungen verzichten zu müssen. Ausgestattet mit Titeln, Vorrechten und Pensionen der Höfe, wohnten sie in der Stadt

---

39 Selbst Lucas Cranach blieb nicht davon verschont, mit seinen zahlreichen Gesellen schlichte Anstreicharbeiten auszuführen (Warnke 1996: 257).

und sicherten sich durch Hofbeziehungen und fürstlichen Schutz ihre bürgerliche Unabhängigkeit und künstlerische Souveränität. Freilich konnten diesen Status nur Künstler ersten Ranges und höchsten Ruhms erwerben (unter ihnen Dürer, Raffael, Michelangelo, Tizian, Tintoretto, später auch Rubens). Daneben gab es noch den Status des „Stadtmalers" mit Bürgerrecht und moderatem Ehrensold, den oberdeutsche Städte, und – als *pittore di stato* – einige italienische Städte kannten (Roeck 1999: 152f.). Stadträte konnten Bürgerrechte schenken und Steuerfreiheit gewähren, aber „nie grundsätzlich eine künstlerische Tätigkeit als eine nicht-handwerkliche anerkennen und entsprechend freistellen" (Warncke 1996: 86f.). Wie wenig die Stadträte mit den Fürstenhöfen konkurrieren konnten, um bedeutende Künstler in ihren Mauern zu halten, zeigt der gescheiterte Versuch Basels, den jüngeren Holbein zu binden (Roeck 1999: 153), der es schließlich vorzog, auch unter dem Eindruck der bilderfeindlichen Reformation, an den Englischen Hof zu gehen. Auch Veit Stoß wechselte zwischen Nürnberg, wo er das Bürgerrecht besaß, und dem Krakauer Hof, dem er lukrative Aufträge verdankte (Kaufmann 1998: 104).

Künstler ersten Ranges rückten auch in den Möglichkeitsraum einer Nobilitierung. Die Erhebung von Hofkünstlern in den Adelsstand nahm zuerst der französische Hof vor. Dessen kulturelle Ausstrahlung war es auch zu verdanken, dass Künstlernobilitierungen zunächst vornehmlich in Italien (15. und 16. Jahrhundert), später am Habsburgischen Hof und in den Niederlanden (spätes 16. und 17. Jahrhundert) folgten; eher vereinzelte Nobilitierungen finden wir auch in Deutschland (z.B. die Lucas Cranachs am Wittenberger Hof). Das Adelsdiplom war Integrations- und Zahlungsmittel; es diente der Statussicherheit und Eingliederung vor allem landesfremder Künstler in die Verhältnisse des Hofes, aber auch der Begleichung von Schulden an die Künstler. Sein elitisierender Effekt war die Befreiung der bildenden Kunst vom Odium des Handwerks, da sie zur adeligen Tätigkeit erhoben wurde, der man aus Neigung, Freude und Ehre und nicht zum Zweck des Gelderwerbs nachging (Conti 1998: 213).

Die Darstellung des Patronagesystems in der Frühen Neuzeit bliebe unvollständig, wenn sie nicht auch die *bürgerliche Kunstpatronage* durch das städtische Patriziat, vorwiegend Bankiers und Kaufleute, einschlösse; denn ohne sie wären viele Kunstwerke nicht entstanden. Bernd Roeck (1999) hat Motivation und Praxis der bürgerlichen Auftragsvergabe in Einzelstudien über deutsche und italienische Patrizier untersucht. Er verweist auf die dem bürgerlichen Milieu entstammenden Fugger, dem „eindrucksvollsten Beispiele für die Kunstpatronage im Reich des 16. Jahrhunderts", denen neben dem „religiösen Antrieb" die Kunst „zur Formulierung eines sozialen Status" diente (1999: 44) – hierin also nicht viel anders motiviert als der höfische Adel. Aber mit der Säkularisierung und Reformation gewannen

3. Historische Sozialtypen des Künstlers

Porträts und Genrebilder an Beliebtheit im Bürgertum, das es zur Ausschmückung seiner Wohnräume in Auftrag gab. Warnkes historische Darstellung über den Hofkünstler konzentriert sich auf den bildenden Künstler. Wir wissen jedoch, dass in dem von ihm behandelten Zeitraum auch Musiker, Dichter, Philosophen und Humanisten üblicherweise eine Hofanstellung suchten, um ihren Lebensunterhalt zu verdienen. Außer den bildenden Künstlern lebten und arbeiteten alle Großen der übrigen Kunstgattungen – Händel, Haydn, Tasso, Moliere, Racine, Klopstock, Goethe, Wieland, Lessing, Voltaire, Winckelmann – unter dem höfischen Patronagesystem, sei es, dass sie als Hofkünstler angestellt waren, sei es dass sie eine königliche beziehungsweise fürstliche Pension erhielten. In protestantischen Ländern stand Musikern, wie die Beispiele Telemann und Bach zeigen, noch die Position als Kirchenorganist und Kantor in einer der großen Reichs- oder halbautonomen Städte zur Verfügung; gleichwohl hatten sowohl Bach wie Telemann zuvor Erfahrungen als Hofkapellmeister gesammelt. Freilich mangelte es den bürgerlichen Ratsherren an der Großzügigkeit der Fürsten. Erst nachdem Bach erfolgreich um Protektion des Dresdner Hofes nachgesucht und den Titel des Hofkompositeurs verliehen bekommen hatte, fand er bei den Leipziger Ratsherren ein offeneres Ohr für seine Bitten und Forderungen (Fischer 2000: 113f.).

Die Entwicklung der höfischen Kunst kommt im 18. Jahrhundert zum Stillstand mit einer „Desorganisation des Hofes als Mittelpunkt von Kunst und Kultur und der Auflösung des Barockklassizismus als des künstlerischen Stils, in dem das Machtstreben und Machtbewusstsein des Absolutismus seinen unmittelbaren Ausdruck gefunden" hatte (Hauser 1990: 515). Es kündet sich ein Wandel in den Funktionen der Kunst an – weg vom „Monumentalen, Feierlich-Repräsentativen und Pathetischen" zum „bürgerlichen Subjektivismus" (ebd.: 513). Politisch kulminiert die Ablösung der höfisch-aristokratischen durch die bürgerliche Kultur in der Französischen Revolution. „Nicht mehr Schloss und Kirche, sondern Salon und Wohnzimmer werden zu dominanten Orten der Kunstrepräsentation" (Schmidt 1989: 262). Wie abrupt oder graduell dieser Wandlungsprozess war, bleibt umstritten: Während es für Hauser am Ende des 18. Jahrhunderts „in Europa nur noch eine bürgerliche Kunst (gibt), die maßgebend ist" (1990: 514), ist für Sheehan das 18. und frühe 19. Jahrhundert noch deutlich gekennzeichnet von der Gleichzeitigkeit und Durchdringung von höfischer und bürgerlicher Kunstöffentlichkeit (2002: 32ff.).

4. Der moderne Künstler

Spätestens mit der Romantik tritt der *moderne Künstler* auf den Plan. Das Konzept des modernen Künstlers entstand im ausgehenden 18. Jahrhundert bis zur Mitte des 19. Jahrhunderts, zum einen als ein Begleitphänomen der sich durchsetzenden bürgerlichen Gesellschaft mit ihren wirtschafts- und bildungsbürgerlichen Trägerschichten, zum anderen als Kontrapunkt zu ihr (Ruppert 1998: 66ff.). Die Bezüge künstlerischer Arbeit verschoben sich von den Höfen, dem Adel und dem alten Patriziat zu den neuen Klassen des Besitz- und Bildungsbürgertums. Historisch ist das Heraustreten des Künstlers aus den feudalen und patrizischen Abhängigkeiten ein langwieriger Prozess. Zuerst gelang dies den bildenden Künstlern in den Niederlanden. Dem Kunsthistoriker Oskar Bätschmann (1997) zufolge beerbte der „Ausstellungskünstler" den Hofkünstler. Was uns davon abhält, diesen Begriff zu übernehmen, ist einmal, dass er nur auf den bildenden Künstler zutrifft, ein andermal, dass regelmäßige öffentliche Ausstellungen bereits im *Ancien régime*, etwa seit Mitte des 18. Jahrhunderts üblich waren. Gleichwohl macht dieses Kriterium ein zentrales Merkmal des modernen (nicht nur bildenden) Künstlers dingfest: die Ausrichtung der künstlerischen Arbeit auf die öffentliche Präsentation ohne direkten Auftraggeber, für ein anonymes Publikum. An der Biographie Mozarts hat Norbert Elias (1991) gezeigt, wie erstmals ein bedeutender Komponist, weil ihm eine andere als subalterne Anstellung als Hofmusiker versagt blieb, sich Ende des 18. Jahrhunderts als „freier Künstler" mit öffentlichen Abonnement-Konzerten, Klavierunterricht und Konzerten in adeligen Häusern zu etablieren suchte (Elias 1991: 44). Was Mozart nur unvollkommen gelang, konnte Beethoven später erfolgreicher praktizieren.

Wir wollen zunächst das neue kulturelle Koordinatensystem für die intellektuelle Physiognomie des modernen Künstlers skizzieren, bevor wir auf die institutionellen Veränderungen und neuen Bedingungen seiner Profession eingehen.

Autonomie und Subjektivität – Die Abkoppelung von den Repräsentationsfunktionen der Kunst beinhaltete für die Produktion des Künstlers eine Befreiung vom Akademismus, ja von jedem verbindlichen Kanon vorgegebener Gestaltungsnormen und -schemata. Nachdem die klassische Norm ihre Verbindlichkeit verloren hatte, wurde die Kunst und mit ihr der Künstler „ortlos". Nicht mehr gebunden an den ästhetischen Auftrag, ein idealisiertes Abbild der Welt (sei es in der Malerei, sei es in der Dichtung) zu liefern, wird nun die Subjektivität zum ausschließlichen Maßstab der Kunstproduktion, verbunden mit einer Verpflichtung zur „Originalität" und zum „Neuen". Irreführend ist es, die „Verabsolutierung der Kunst, ihre immanente Autonomie, mit der Renaissance anzusetzen. Die Renaissance hat zur Anerkennung der Individualität geführt, nicht zur Subjektivität. Der

4. Der moderne Künstler

Künstler, der sein Werk absolut setzt, steht in einem gänzlich anderen Zusammenhang" (Neumann 1978: 335).

Hegel reflektiert – in seinen Vorlesungen über Ästhetik – die Freisetzung des modernen Künstlers von Stoff und Gestalt zugleich als Auflösung des klassischen Kunstideals: „Das Gebundensein an einen besonderen Gehalt und eine nur für diesen Stoff passende Art der Darstellung ist für den heutigen Künstler etwas Vergangenes und die Kunst dadurch ein freies Instrument geworden, das er nach Maßgabe seiner subjektiven Geschicklichkeit in bezug auf jeden Inhalt, welcher Art er auch sei, gleichmäßig handhaben kann. Der Künstler steht damit über den bestimmten konsekrierten Formen und Gestaltungen und bewegt sich frei für sich, unabhängig von dem Gehalt und der Anschauungsweise, in welcher sonst dem Bewußtsein das Heilige und Ewige vor Augen war." (Hegel 1956: 579)

Wie erläuternde Paraphrasen zur Hegelschen Deutung der Moderne lesen sich die Interpretationen nachgeborener Kunsthistoriker. Aus deren Spektrum seien exemplarisch zwei Stimmen zitiert.

Werner Busch spricht vom „Ende einer mehrhundertjährigen Tradition und ihrer Transformation im 18. Jahrhundert" (1993: 7). Ihm zufolge löst sich die rationale Ordnung klassischer Bildgestaltung ebenso auf wie die traditionelle Gattungshierarchie (vom Stilleben über Genre, Landschaft und Porträt zur Historienmalerei). Die Künstler treten in ein reflexives Verhältnis zur klassischen Überlieferung; an die Stelle der „Jahrhunderte alten, tradierten und verbindlichen Bildersprache" tritt ein neues Idiom, in der „die Kunst nur vor der Folie und im Bewußtsein der Zerstörung der alten Ordnung neue Ausdrucksbereiche erobern kann" (ebd.: 10). In der krisenhaften Transformationsphase kommt es nicht nur zu einer „Emanzipation der niedrigeren Gattungen" (ebd.: 24), sondern auch „zu einer Dominanz des Formproblems, zu einer Selbstbesinnung der Kunst auf die eigenen Mittel" (ebd.: 25). Busch deutet dies psychologisch als „Ausdruck hochgradiger Verunsicherung. Der Künstler weiß seinen Platz in der Gesellschaft nicht mehr zu bestimmen, (...) der Geltungsverlust klassischer Inhalte wirft ihn auf sich selbst zurück, bringt ihm auch den Prozeß seines Tuns selbst zu Bewußtsein" (ebd.).

Werner Hofmann entdeckt eine „neue Polyfokalität", die sich die Freiheit herausnimmt, die der Monofokalität (der seit der Renaissance verkündeten illusionistischen Bildrealität) verwehrt ist. Zu ihr gehören „die *Realitätsmischung*, also das Nebeneinander verschiedener Wirklichkeitsgrade, das von der Naturnähe bis zur Stilisierung reichen kann. (...) Für die Realitätsmischung steht auch der Terminus *Stilmischung*, worunter ebenfalls die Nachbarschaft verschiedener Höhenlagen in ein und demselben Werk zu verstehen ist. Ein anderes Kennwort dafür ist *Multirealität*, die sich zur *Multimaterialität* steigern kann. (...) Alle diese Merkmale bewirken die *Mehransichtigkeit*, auf die der Begriff ‚polyfokal' abzielt." (1998: 127; Hervorh. i.O.)

Professionalität und institutionelle Infrastruktur – Als ein weiteres Merkmal des modernen Künstlers ist die Aufwertung der Autorschaft zu nennen.[40] Sie ist eine Funktion des Zwangs zur professionalisierten Erwerbstätigkeit. Der Autor wird zum autonomen Literatur- und Kunstproduzenten für ein anonymes Publikum, das er freilich in der Regel nur über Agenten des Kunst- und Buchmarkts erreichen kann.

Gesellschaftliche Voraussetzungen für den selbständigen, einem marktwirtschaftlichen Erwerb nachgehenden Künstler bildeten neben der Professionalisierung der Kunstproduzenten, vornehmlich durch Akademien und spezielle Hochschulen, die sich herausbildenden Infrastrukturen des Kunst- und Buchmarktes und seiner flankierenden Institutionen des Ausstellungs- und Verlagswesens, des Kunsthandels, der Kunst- und Literaturkritik sowie die Herausbildung eines bürgerlichen, für Malerei und Literatur aufgeschlossenen Publikums.

Die Merkmale der Selbständigkeit, Professionalisierung und marktbezogenen Erwerbstätigkeit weisen den Künstler als einen Angehörigen der freien Berufe aus. Gleichwohl kommt ihm eine Sonderstellung innerhalb der modernen Gesellschaft zu. Als Kontrapunkt zur Zweckrationalität der bürgerlich-kapitalistischen Erwerbsgesellschaft ist er ausschließlich dem „Schönen" und „Erhabenen" verpflichtet (zunächst noch mit dem impliziten Auftrag zur moralischen und ästhetischen Erziehung der Menschheit). Ihre normative Auskristallisierung findet diese Erwartung im autonomen Künstlerhabitus.

Das Gesamtspektrum der Tätigkeiten des modernen Künstlers lässt sich charakterisieren: „als zweigeteilte Profession aus ‚innerer Berufung' und ‚äußerem Beruf'" (Thurn 1997: 66). Professionalität bezieht sich nicht nur auf die künstlerische Kreativität, sondern auch auf die der öffentlichen Präsentation, die sich unter anderem in Ritualen der Selbstdarstellung manifestiert. Da der Künstler auf dem Gebiet der werkvermittelnden Kontaktaufnahme mit der Umwelt häufig Dilettant ist, bedarf er der vermittelnden Professionen.

Der *Kunstmarkt* ist institutionelle Voraussetzung für die Existenz des modernen Künstlers. Mit der Herausbildung des Kunstmarktes entstehen auch die Professionen der Kunsthändler und Verleger. Der Kunstmarkt beseitigt die Abhängigkeiten von vermögenden Auftraggebern und Mäzenen, schafft indes neue wirtschaftliche Abhängigkeiten. Aber mit Recht hat Luhmann hervorgehoben, dass die Anlehnung

---

40 Dass die Avantgardebewegungen in der ersten Hälfte des 20. Jahrhunderts (u.a. Surrealismus, Dadaismus) mit der *écriture automatique* und dem *ready made* die Autorschaft radikal in Frage stellten, änderte daran wenig; ihre Protagonisten (Breton, Duchamps) beanspruchten, wie andere Autoren, die Urheberrechte an ihren Produkten.

4. Der moderne Künstler

an die Wirtschaft der Kunst mehr Freiheit lasse als die Anlehnung an Mäzene wie Kirchen oder Fürsten (1995: 266). Kaum ein anderer als Rembrandt hat den anonymen Kunstmarkt als materielle Grundlage künstlerischer Freiheit begrüßt, weil er ein Ende des Patronagesystems mit der Abhängigkeit des Künstlers von seinen Gönnern und Auftraggebern bedeutete (Alpers 1989: 198ff.). Erst der Kunstmarkt macht Künstler zu „freien Künstlern".

Bevorzugte Plattform für die Präsentation neuer Werke werden um die Mitte des 18. Jahrhunderts die öffentlichen *Ausstellungen*, deren Institutionalisierung folgenreiche Veränderungen des Kunstsystems bewirkte. Im Gegensatz zu den Verkaufsausstellungen der Malerzünfte, die man auch vor dem 18. Jahrhundert kannte, ist mit der modernen, institutionalisierten Form die regelmäßige, öffentliche, mehrtägige und von einer öffentlichen Instanz getragene Ausstellung gemeint. Wegweisend waren namentlich die auf eine königliche Anordnung von 1837 zurückgehenden Ausstellungen im Pariser Louvre (nach dem Ort der Ausstellung auch Pariser Salon genannt), die – ab 1751 durch eine Jury zusammengestellt – im ein- bzw. zweijährigen Turnus bis ins 19. Jahrhundert stattfanden.[41] Öffentliche Ausstellungen finden wir ab 1734 in Rom, ab 1751 in Wien, ab 1764 in Dresden, ab 1768 in England. Ihre Veranstalter sind in der Regel Akademien. Anlässlich von Weltausstellungen finden auch internationale Kunstausstellungen statt. 1895 wurde die Biennale von Venedig eingerichtet. Ausstellungen, ob internationale, nationale oder die der privaten Galerie, sind im 20. Jahrhundert zum bevorzugten Ort der Kunstpräsentation geworden. Der bildende Künstler schafft seine Produkte, damit sie ausgestellt werden; er wird zum „Ausstellungskünstler" (Bätschmann 1997) und die Ausstellung selbst zum Kunstwerk. „Ausstellungsmacher" inszenieren wie Regisseure oder Choreographen die ausgestellten Werke zu einem ästhetischen Massenerlebnis.

Was für die bildenden Künste die Ausstellungen, sind für literarische Produkte *Verlag und Buchmarkt*. Sieht man einmal von der frühen Vorreiterrolle des niederländischen Kunstmarktes im 17. Jahrhundert ab, dann ist es das Literatursystem, das sich vor allen anderen Teilsystemen der Kunst (namentlich Bildender Kunst und Musik) selbst zu organisieren vermochte. Siegfried J. Schmidt macht dies vornehmlich an der Professionalisierung der komplementären Handlungsrollen von Produzenten, Vermittlern, Rezipienten und Kritikern der Literatur fest (1989: 280ff.).

Die Rolle des *Literaturproduzenten* erfährt im 18. Jahrhundert durch die Professionalisierung des Schriftstellerberufs nachhaltige Veränderungen. Aus dem überkommenen „Gemisch von Autorentypen (den beamteten, den ständisch-ge-

---

41 Sowohl Diderot als auch Baudelaire und Heine haben Rezensionen über sie geschrieben.

lehrten und den Hof-Poeten) (...) entstand nach der Jahrhundertmitte allmählich der Typus des ‚freien Schriftstellers'" (Schmidt 1989: 288) mit dem Berufsethos des vollen Lebenseinsatzes für die Literatur unter Verzicht auf materielle Sicherheit. Zur Aufwertung des Literaturproduzenten als eines freien Schriftstellers trug das Urheberrecht bei, das heißt die juristische Fixierung des Begriffs des „geistigen Eigentums" (erstmals 1837 in Deutschland). Trotz eines bereits bestehenden freien Marktes für literarische Erzeugnisse und eines vorhandenen bürgerlichen Lesepublikums blieb die Schriftstellerei noch lange eine brotlose Kunst. Selbst so prominente freie Schriftsteller wie Klopstock, Lessing, Wieland und Winckelmann konnten nicht auf eine (zumindest zeitweilige) Patronage verzichten. Lessing musste sich Zeit seines Lebens als Sekretär und Bibliothekar adligen Patronen verdingen, und Winckelmann lebte von den Pensionen fürstlicher Schirmherren.

Erst die Verbreiterung des lesefähigen Publikums, die Stabilisierung des Subskriptions- und Honorarwesens und die Professionalisierung des Verlegers als eines *Literaturvermittlers* bildeten solide Grundlagen für die Existenz des freien Schriftstellers. Der frühe Verleger war Drucker, Verleger und Buchhändler in einer Person. Die im „Druckerverleger" und „Verlagsbuchhändler" auch noch sprachlich vereinigten Funktionen von Druck, Verlag und Handel trennten sich im 19. Jahrhundert. Danach konnte sich der Verleger auf die Buchproduktion, der Sortimenter auf die Distribution konzentrieren und ein erweitertes literarisches Publikum in den Städten versorgen. Eng verknüpft mit der Herausbildung einer kulturellen Öffentlichkeit ist die *Literatur- und Kunstkritik*, die um die Mitte des 18. Jahrhunderts entstand.

Die professionelle Beurteilung von Kunst für interessierte Laien, das (zuerst anonyme) Rezensionswesen, erfolgte typischerweise in Periodika,[42] die von einem sich selbst organisierenden Publikum in Lesegesellschaften und Kunstvereinen rezipiert wurden. Diese Organisationen der gemeinschaftlichen *Rezeption* von Kunst, zu denen später Theaterringe, Buchklubs, Literarische Gesellschaften kamen, schufen die Voraussetzungen (Alphabetisierung, Wissen, Geschmack) für die Aneignung von anspruchsvoller Literatur und bildender Kunst.

5. Künstler und Bürger

Wir haben in diesem Kapitel Künstler und Künstlerinnen den „freien Berufen" oder, in angelsächsischer Terminologie, den Professionen zugerechnet. Deren besonderen Merkmale sind: Vollzeitberuf mit höherer Bildung, Zulassung durch Ex-

---

[42] In Deutschland existieren literarische Zeitschriften seit 1732, Kunstzeitschriften seit 1757 und Musikzeitschriften seit 1722 (Schmidt 1989: 272, 274, 333).

5. Künstler und Bürger

amen, autonome Berufspraxis, wirtschaftlicher Erfolg, hohes Sozialprestige sowie dienstgezogene Ideale und berufsständische Organisierung (Jarauch 1989: 187). Gemessen daran ist die Profession des Künstlers eine prekäre, und zwar deshalb, weil sie, zusammengefasst, eine – nach ihrem Status – wirtschaftlich ungesicherte und – nach ihrem Habitus – „antibürgerliche" ist, folglich eine Ausnahmestellung im Ensemble der bürgerlichen Professionen einnimmt.

Historisch betrachtet vollzog sich die Emanzipation des Künstlers parallel mit der des Bürgers, freilich mit der Begleiterscheinung einer gegenseitigen Aversion zwischen „Bohemien" und „Bourgeois". Die Ablösung der Kunst von ihren kirchlichen und höfischen „Anlehnungskontexten" (Luhmann 1995: 256) war eine Befreiung anderer Art als die des „dritten Standes" aus der Subordination unter Klerus und Adel. Für den Künstler war es weniger eine Emanzipation in Termini des politischen und sozialen Status als in denen des Wegfalls heteronomer Maßstäbe an die Kunst. Im Vergleich zum subalternen Bürger des *Ancien régime* hatte der Künstler, als Hofkünstler, seit der Renaissance eine sozial privilegierte Position inne, wenn auch eine untergeordnete im Verhältnis zu seinem adeligen Publikum. Mit diesem teilte er indessen lange den vorherrschenden Geschmackskanon der Hofgesellschaft. In der bürgerlichen Gesellschaft hingegen öffnet sich eine Schere zwischen autochthoner Künstlerästhetik und dem Geschmack der übrigen Gesellschaft. Auf sich selbst gestellt, werden Künstler zu ihren eigenen „Geschmacksrichtern". Und weil sie in ästhetischen Fragen den Kompromiss grundsätzlich verabscheuen, gelingt es ihnen immer wieder, den Bourgeois – dem sie philiströsen Kunstgeschmack, stumpfe Erwerbstätigkeit und Abneigung gegen das Zwecklose unterstellen – zu schockieren und zu verblüffen (*épater le bourgeois*).[43]

Eine weitere Parallele und zugleich charakteristische Differenz zwischen Bürgern und Künstlern besteht in den unterschiedlichen Formen der Selbstorganisierung. Das 19. Jahrhundert ist eines der Vereins- und Gruppenbildung. Eine breite Bewegung zur bürgerlichen Selbstorganisation schlägt sich in Gestalt politischer Vereine und Parteien sowie anderer literarisch-kultureller Gesellungsformen nieder (Dann 1984; Wülfing u.a. 1998) – sie werden zu Vehikeln bürgerlicher Emanzipation. In der Regel gewähren diese Assoziationen freien Zugang für alle Gleichgesinnten. Im Gegensatz dazu bewahren die vielfältig ins Leben gerufenen

---

43 Die antibürgerliche Attitüde feiert insbesondere im Dadaismus fröhliche Urständ: „Alles soll leben, aber eines muß aufhören – der Bürger, der Drecksack, der Freßhans, das Mastschwein der Geistigkeit, der Türhüter aller Jämmerlichkeit" (Richard Huelsenbeck, zit. n. Neumann 1986: 250). Selbst Thomas Mann, ein Bürger par excellence, verkörpert diesen Widerspruch. So sehr er gegenüber seiner Umwelt den Bürger herauskehrte – nach Robert Musils Worten: der Schriftsteller mit den schärfsten Bügelfalten – , steht sein Werk in einem brisanten und unauflösbaren Spannungsfeld zwischen Bürger und Künstler; diesen betrachtete er ironisch, aus der Sicht des Bürgers, als Hochstapler (Felix Krull!).

Künstlergruppen den Charakter der Exklusivität; nicht zufällig nehmen sie Organisationsformen von Sekte, Orden und Lebensgemeinschaft an. Künstlergruppen erbringen für die Erlangung professioneller Sicherheit offenbar wichtige Leistungen. Denn komplementär zur autonomen Praxis ist der Künstler auf die marktbezogene Erwerbstätigkeit angewiesen, ohne jedoch über professionelle Organisationen zu verfügen, die den Marktzugang regeln und wirtschaftlichen Erfolg garantieren. Als Substitut dafür fungieren künstlerische Zusammenschlüsse; sie dienen unter anderem der beruflichen Stabilisierung in einer Startphase vor Erreichen der vollen Professionalität. Während die *Organisationen* des Kunstsystems die (historisch gewonnene) Autonomie der Kunst mit einem neuen Korsett abstützen (siehe dazu Kapitel II), unterfangen die *Künstlergruppen* als personale Netzwerke den noch ungesicherten Professionalisierungsprozess (siehe dazu Kapitel IV). Wir können daraus schließen, dass individuelle Kreativität zu ihrer Entfaltung sowohl der kollektiven Einbettung wie des organisationalen Rückhalts bedarf.[44]

---

44 Die seit 1983 bestehende Künstlersozialkasse bildet gewissermaßen den Schlussstein in der institutionellen Architektur, welche die in die Marktwirtschaft „freigesetzte" individuelle Künstlerexistenz sozial einbettet.

IV. Künstlergruppen – manifeste und latente Ziele

Der Sozialhistoriker Otto Dann hat das im 19. Jahrhundert aufkommende und bald florierende Vereins- und Verbandswesen als „ein mit der modernen bürgerlichen Gesellschaft entstehendes, für sie konstitutives Strukturmerkmal" (Dann 1981: 5) charakterisiert. Auf seine enge Verknüpfung mit der sich herausbildenden bürgerlichen Öffentlichkeit – einem zunächst in Kaffeehäusern, Lesegesellschaften und anderen Gesellungsformen „räsonierenden Publikum" – hat Jürgen Habermas in seinem „Strukturwandel der Öffentlichkeit" (1962) hingewiesen. Die freiwilligen Assoziationen formierten sich nach gemeinsamen sozialen und kulturellen Interessen mit freiem Zutritt für jeden interessierten Gleichgesinnten; damit verdrängten sie traditionale Vergesellschaftungsmodi und Zugehörigkeitskriterien (ebd.: 14).

1. Gruppenbildung als neuzeitliches Phänomen

Es ist dieser historische Kontext der Selbstorganisierung des Bürgertums, in den wir die Gruppenbildung von Künstlern einschreiben können. Wie die Bürger emanzipierten sich die Künstler von traditionellen Abhängigkeiten und Subordinationen. Gleichwohl fand die Assoziierung der Künstler in einem spezifischen Spannungsverhältnis zu ihrem gesellschaftlichen Umfeld statt. Nicht der freie Zutritt für alle Gleichgesinnten, wie für die bürgerlichen Vereinigungen üblich, sondern die Exklusivität der Mitgliedschaft zeichnet viele Künstlergruppen aus; Mitglied wird man generell durch Kooptation.[45] Hinzu kommt ein häufig zu beobachtender Affekt gegen die bürgerliche Vereinsbildung. In der gleichsam als Gegenstruktur zur bürgerlich-liberalen (und mehr noch: zur bürgerlich-patriotischen) Assoziationsform kreierten Künstlergruppe manifestiert sich die Prekarität der künstlerischen Profession als eine antibürgerliche.

Die Gruppenbildung von Künstlern ist ein eher neuzeitliches Phänomen, nicht zu vergleichen mit den korporativen Zusammenschlüssen des hohen Mittelalters und der frühen Neuzeit, wie Malergilden, Bauhütten und andere Gruppierungen,

---

45   Selbst in der von Hans Werner Richter gegründeten und geleiteten Gruppe 47, deren spätere Tagungen eine starke Fluktuation aufwiesen, erfolgte die Einladung schriftlich durch ihn.

welche Leben und Arbeit der Künstler sozial normierten. Sie ist vielmehr Begleit- und Folgeerscheinung der extremen Subjektzentriertheit der modernen Künstlerexistenz. Erst nach der „professionellen Entbindung (...) von der handwerklichen Normerfüllung zur künstlerischen Selbstbestimmung" (Thurn 1997: 83) wird der Künstler zum Solitär. Während andere Professionen – Juristen oder Ärzte etwa – Standesorganisationen gründeten, blieben die vereinzelten, modernen Künstlern ohne eine vergleichbare professionelle Vertretung.[46]

Die neuen Formen der Gemeinschaftlichkeit sind gleichsam Ausdruck des Mangels an sozialer Abgesichertheit und gesellschaftlicher Integration, auch wenn in der Regel ästhetisch-programmatische Zielsetzungen im Vordergrund stehen. Niklas Luhmann führt die „neuartigen Gruppierungen" in der Kunst auf den Verlust von Außenhalt durch Tradition, Patron, Markt und selbst Kunstakademien zurück; in ihnen finden Gleichgesinnte sich zusammen, um „fehlenden Außenhalt durch Selbstbestätigung in der Gruppe zu ersetzen" (Luhmann 1995: 270f.). Der Kunstsoziologe Hans Peter Thurn hat dafür die Formel von der „Sozialität der Solitären" (Thurn 1997: 81) geprägt. Ausschlaggebend für den Schritt zur Sozialität scheint auch der Sachverhalt zu sein, dass künstlerische Verbindungen „fast immer zwischen zwei entscheidenden Phasen des Werdegangs: dem Studium und der individuellen Voll-Professionalität" (ebd.: 97) zustande kommen, wohinter offensichtlich das Interesse steht, „berufliche Stabilisierung durch soziale Vernetzung" (ebd.: 116) zu erreichen.

Ab dem 19. Jahrhundert wird die Gruppenbildung sowohl unter den bildenden Künstlern wie unter den Literaten zu einem auffälligen Phänomen, welches unter Komponisten freilich weniger zu beobachten ist. Ihre Zusammenschlüsse tragen viele Namen: Gruppe, Kreis, Bund, Club, Verband, Gemeinschaft, Bruderschaft, Assoziation, Akademie, Sezession etc. Bei diesen handelt es sich „nicht um formale Organisationen, aber auch nicht nur um verdichtete Interaktionen wie häufige Zusammenkünfte. Gerade die Lockerheit der Gruppierung erleichtert es dem Einzelnen, sich dazuzurechnen und sich vorzubehalten, wie stark und wie lange er sich dadurch gebunden fühlt. Das soziale Motiv scheint zu sein, für ungewöhnliche Programmerscheinungen so viel Halt in ähnlichen Versuchen anderer zu finden, dass die Entscheidung nicht als Idiosynkrasie des Einzelnen erscheint" (Luhmann 1995: 271).

Gemeinsame Ausstellungen oder Autorenlesungen gehören zu den wesentlichen Inhalten der Künstlergruppen. Darüber hinaus treten sie häufig als „Gesin-

---

46 Die Ansätze zu professionellen Gemeinschaften von Künstlern blieben weitgehend lokal oder regional begrenzte oder, wie im Falle des Deutschen Kulturrats und seiner Sektionen, auf reine Lobbyarbeit beschränkt. Der PEN-Club entspricht mehr einem repräsentativen Honoratioren-Verein.

1. Gruppenbildung als neuzeitliches Phänomen

nungsvereine" an die Öffentlichkeit und proklamieren, in Manifesten und Programmschriften, eine spezifische Künstlerästhetik. Sie wollen „nicht nur deuten, sondern ‚Schule machen', d. h. Gruppen bilden, die wie ‚Sekten' durch ein emphatisch bejahtes Dogma zusammengehalten werden" (König 1974: 345). Manche Gruppen verdichten den interkollegialen Austausch und das kollektive Auftreten in der Öffentlichkeit durch gemeinsames Leben und Arbeiten. Dadurch gerät freilich die Gemeinschaft von Künstlern in ein Spannungsverhältnis zwischen künstlerischer Kreativität und Sozialität, das uns mit Thurn fragen lässt: „Wieviel Gemeinschaftsbindung verträgt der ausgeprägte Individualcharakter künstlerischen Arbeitens und Lebens?" (Thurn 1997: 81)

Über das Innenleben der Vereinigungen bildender Künstler hat Thurn (1997: 92-110) einige typische Gruppenmerkmale zusammengetragen. Zu diesen gehören:

- Die Gründung der Assoziation erfolgt meist mit einem formalen Beschluss, der einen feierlichen Charakter trägt.

- Die vereinigten Künstler kommen zwar in der Regel aus einem städtischen Milieu, zum Malen ziehen sie aber auch in den Süden oder ins Dörflich-Ländliche, ihre Topographie lässt sich daher mit „rural-urbaner Bilokalität" (ebd.: 93) kennzeichnen.

- Auffällig ist die personelle Zentrierung um eine dominante Identifikationsfigur, einen *primus inter pares* oder *spiritus rector*, wenn nicht gar Meister, um den sich die Jünger scharen.

- Gewöhnlich bildet die Kerngruppe nur wenige, durch Freundschaft verbundene Personen, um die sich jedoch weitere Kreise ferner Mitgliedschaft anlagern, die – wie z.B. bei den Surrealisten – zu einem Netzwerk von bis zu hundert Personen ausufern kann.

- Die Mitglieder befinden sich meist im altershomogenen juvenilen Status, das heißt in einem Lebensalter von 25 bis 30 Jahren; dies ist kennzeichnend für eine Übergangsphase, die auch als Einübung in die noch unbekannte Berufspraxis zu verstehen ist.

- Ihre Programmatik, niedergelegt in Manifesten und anderen Programmschriften, zielt auf die kreative Erneuerung der Kunst, sie richtet sich gegen die „Leere" und „Impotenz" des Akademismus und feiert die künstlerische Innovation und kulturelle Entgrenzung.

- Neben ihren programmatischen und kreativen Manifestationen suchen sie durch Techniken der kollektiven und individuellen Selbstdarstellung (Auftreten, Kleidung, Lebensstil) die Aufmerksamkeit der Öffentlichkeit zu erregen.

- In Zeitschriften, Almanachen und gemeinsamen Mappenwerken dokumentieren sie ihren künstlerischen Zusammenhalt, der überdies durch regelmäßige Versammlungen in Cafés und Ateliers sowie durch Geselligkeiten und Feste stimuliert wird.
- Außenbeziehungen zu Mäzenen, Sammlern und Galerien werden durch Geschäftsstellen, Redaktionen und andere arbeitsteilige Einrichtungen gepflegt.
- Das „hochgradige Ineinandergreifen von Kunst und Leben" (ebd.: 100) mit seinem Zugriff auf die ganze Person, die aufbrechende Konkurrenz bei Erfolgen einzelner sowie die virulenten Autoritätskonflikte zwischen Präzeptoren und „einfachen" Mitgliedern sind das Substrat für wiederkehrende Intragruppenkonflikte mit der Tendenz zur Gruppendissoziation.
- Vereinigungen implodieren aufgrund dieser Antagonismen oder verlieren ihre Funktion mit wachsender Akzeptanz durch die Außenwelt; die Erlangung professioneller Sicherheit und der externe Erfolg sind die häufigsten Motive zum individuellen Austritt aus der Gruppe.

2. Formen der Gruppenbildung

Nach der Intensität der internen Bindungen zwischen den Mitgliedern können wir folgende Gruppentypen unterscheiden:

1. *Nominelle Gruppierungen.* Hierbei handelt es sich um Quasi-Gruppen, zwischen deren „Mitgliedern" keine – oder allenfalls sporadische – persönliche Interaktionen stattfinden. Sie verdanken ihre Existenz externen Autoritäten, Kritikern etc., die einen Kreis von Künstlern unter einem charakteristischen (Stil-)Merkmal zusammenfassen. Die uns als „Junges Deutschland" bekannte literarische Schule etwa ist die Sammelbezeichnung für einen vormärzlichen Autorenkreis um Heinrich Heine, Karl Gutzkow und anderen (später hinzugefügt: Ludwig Börne) in einem Bundestagsdekret von 1835, das sämtliche deutschen Regierungen vor der Schriften dieser Autoren warnte.
2. *Programmatische Zusammenschlüsse* mit politischer Akzentuierung. In diesen Gruppen finden wir Künstler, die sich für explizite politische oder sozialrevolutionäre Ziele zusammenschließen. Wir zählen zu ihnen die russische Avantgarde um Rodschenko und Tatlin, die sich die Transformation der Kunst ins Leben zum Ziel gesetzt hatten; die Cabarets und Clubs der Dadaisten in Zürich und Berlin, die den Bürger und die bürgerliche Kunst zur Zielscheibe ihres Spotts machten, sowie den Bund proletarisch-revolutionärer Schriftsteller, der schon im Namen seine Zielsetzung zum Ausdruck brachte. Wir können

2. Formen der Gruppenbildung

diese und – bei bestimmten Voraussetzungen – auch die nächste Gruppenart als politisch, beziehungsweise als künstlerisch-stilistisch motivierte *Manifest-Gruppen* bezeichnen.

3. *Künstlerbünde zur gegenseitigen Förderung.* Gruppen dieser Art bieten Gleichgesinnten ein Forum interkollegialer Kommunikation und Kritik. Häufig auch auf der Basis einer gemeinsamen Plattform versuchen sie, durch kollektive Ausstellungen, Lesungen oder öffenlichkeitswirksame Tagungen auf sich aufmerksam zu machen, einen neuen Stil zu propagieren oder gegen etablierte Institutionen (z.B. Akademien) sezessionistisch Front zu machen. Die individuelle Involviertheit in das Gruppenleben variiert von gelegentlichen Zusammenkünften und Stammtischen bis zum gemeinsamen Arbeiten in kollektiv genutzten Ateliers. Hierzu zählen die Gruppen bildender Künstler wie der „Blaue Reiter", die „Brücke" und „Zero" als auch Literatengruppen wie die „Gruppe 47". Für Gruppen dieser Art besteht ein Insider/Outsider-Problem durch „soziale Schließung" (so fühlte sich eine Reihe zeitgenössischer Schriftsteller in ihrem Zugang zum literarischen Markt durch das Oligopol der „Gruppe 47" eingeschränkt) sowie das Problem der „Ausreißer", die sich in ihrem Selbstverwirklichungsdrang auf Kosten der Gruppe profilieren (so etwa Enzensberger und der junge Peter Handke in der „Gruppe 47").

4. *Künstler-Kolonien.* Sie werden in der Regel von bildenden Künstlern gegründet, die es aufs Land, in den Süden oder ans Meer zieht, um dort auf eine ganz andere Art (vornehmlich *Pleinair*) zu malen. Durch räumliche Nähe soll die Verknüpfung von Leben und Arbeiten synergetischen Elan mobilisieren. Als „antiakademische Stätten der Freilichtmalerei" verbreiteten sie sich im Verlauf des 19. Jahrhunderts über ganz Europa (vgl. Germanisches Nationalmuseum 2001). Die Bandbreite der Künstlerkolonien umfasste „Interessengemeinschaften, künstlerische Zweckverbände, ländliche Sezessionen von Akademien, Orte der Freundschaft und der Sommerfrische, esoterische Zirkel und Biergeselligkeiten, in ihrem äußeren Rahmen so verschieden wie in ihren Biographien." (ebd.: 103). Die um die Mitte des 19. Jahrhunderts begründete Künstlergemeinschaft und Schule der Landschaftsmaler von Barbizon war Ursprung und Vorbild für das Leben und Arbeiten in der Natur; sie gilt in der Kunstgeschichtsschreibung schlechthin als die „Kolonie der Kolonien" (Rödiger-Diruf 1998b: 44, 65). Geradezu populär wurde die sich um die Jahrhundertwende in dem nahe bei Bremen gelegenen Dorf Worpswede niedergelassene Kolonie, deren Künstler selbst Rainer Maria Rilke in den Bann zogen, der über sie eine Monographie ([1903] 1987) verfasste.

Drei Merkmale haben die Künstlerkolonien gemeinsam: erstens einen emphatischen Naturbegriff, der sich im Rousseauschen „Zurück zur Natur" kristallisiert; zweitens einen sezessionistischen Antiakademismus mit dem Ziel der Erneuerung der Natur- und Landschaftsmalerei; drittens: das Bedürfnis nach Geselligkeit mit Gleichgesinnten und Gleichaltrigen. In dem Desiderat nach einer „Synthese von Leben, Natur und Kunst" (Rödiger-Diruf 1998a: 12) finden die drei Merkmale ihr geistiges Band. Darüber hinaus versammelte sich in den Künstlerkolonien eine stadtflüchtige „Bohème-Generation, die, aller gesellschaftlichen Pflichten eines bürgerlichen Lebens entbunden und fernab jeder Konvention, in einem relativ jugendlichen Alter und in einem gleichgesinnten Künstlerkreis sich ausleben konnte" (Rödiger-Diruf 1998b: 56).

5. *Künstler-Orden.* Bei diesem Typus haben wir es mit einer Steigerungsform der Künstler-Kolonie zu tun. In ordensähnlichen Bruderschaften organisieren Künstler ihr gemeinsames Leben und Arbeiten. Auch wenn ihre Werke individuelle Schöpfer haben, folgen sie doch einem gemeinsamen Kunstideal und verstehen sich als Teil einer Gruppenproduktion. Prototypisches Beispiel dafür sind die „Nazarener", eine Gruppe von deutschen und österreichischen Studenten, die, vom Wiener Akademiebetrieb enttäuscht, sich Anfang des 19. Jahrhunderts in einem römischen Kloster zwecks Erneuerung der deutschen Kunst aus italienischem Geiste niederließen. Eine andere Variante bildete der (innere) „George-Kreis", eine um den charismatischen Dichter Stefan George zentrierte esoterische Vereinigung und hieratische Lebensgemeinschaft mit einem ausgeprägten Meister-Jünger-Verhältnis.

6. *Kunst als Lebenswelt.* Eine Steigerungsform anderer Art stellen jene Lebensgemeinschaften und Künstlerkommunen dar, die Leben und Kunst in enger häuslicher Gemeinschaft zu vereinen trachten. Hierzu können wir den Bloomsbury-Kreis in London zählen, der freilich seinen Mitgliedern große individuelle Spielräume ließ, sowie Wahrhols *Factory* und Fassbinders „antitheater". Die Anfang der sechziger Jahre von Andy Warhol gegründete Factory war als kollektiv genutztes Atelier und Filmstudio zugleich Arbeits- und Lebensraum. Neben ihrem Initiator und Animateur Warhol gehörten ihr Fotografen, Filmemacher, Komponisten, Sänger und andere Kunstschaffende an. Die kollektive Kunstproduktion, die hier entstand, basierte in der Tendenz auf der totalen Inklusion der Beteiligten. Ähnlich wie Warhol fungierte auch der Theatermann und Filmregisseur Rainer Werner Fassbinder als eine Art charismatischer Führer in einer Gemeinschaft total inkludierter Künstler, die

das Theaterensemble bzw. die Filmcrew zu einer Arbeit und Leben verbindenden Künstlerkommune zusammenhielt.

Abgesehen vom ersten Gruppentypus haben wir es mit Zusammenschlüssen zu tun, in denen Künstler *manifest* ein gemeinsames ästhetisches Projekt und/oder gemeinsame Ideale verwirklichen wollen, *latent* aber berufsständische Ziele verfolgen. Man könnte sie als Künstler „im Aufbruch" bezeichnen, die neue Darstellungsweisen (Stile), aber auch politische und soziale Ziele mit Hilfe der Kunst durchsetzen wollen. Meist noch im juvenilen Alter, befinden sie sich im Durchgangsstadium zur Professionalität, den mit Gleichgesinnten (oder unter Leitung eines charismatischen Meisters) gemeinsam zu beschreiten, ihnen aussichtsreicher erscheint als auf individuellem Wege. In den letzten drei Gruppentypen findet gemeinsames Leben und Arbeiten in unterschiedlicher Intensität statt. Es spannt sich von gelegentlichen Festen und sporadischen Arbeitskontakten bis zur lebensweltlichern Totalvereinnahmung, möglicherweise noch unter charismatischer Führung. In dieser Zuspitzung kann die Künstlergruppe zum *lock-in* werden, zur Sackgasse, der ihre Mitglieder nur mit erheblichem psychischen bis suizidalen Stress entkommen können.

3. Ausgewählte Künstlergruppen

Als Materialstudien für den vorstehenden Text werden im Folgenden fünf Künstlergruppen skizziert. Sie entstammen weitgehend dem Spektrum der bildenden Kunst und stehen für spezifische Formen von Künstlergruppen: Künstlerorden, Künstlerkolonie, Manifestgruppe, Freundschaftskreis und Lebensgemeinschaft. Zwei weitere Fallstudien, die der Spezies literarischer Gruppierungen (George-Kreis und Gruppe 47) zugehören, werden im nachfolgenden Kapitel, eingebettet in eine komparativ angelegte Analyse von künstlerischen Strategien, vorgestellt.

Die Nazarener: ein romantischer Künstlerorden

Unter der Bezeichnung *Nazarener* wurde eine Gruppe von deutschen, österreichischen und schweizerischen Künstlern bekannt, die Anfang des 19. Jahrhunderts in Rom in einer ordensähnlichen Gemeinschaft lebten und eine innige Verbindung von Kunst und Christentum suchten. Ihre Ideale basierten „auf der Ethik der mittelalterlichen Zünfte und klösterlichen Gemeinschaften" (Andrews 1974: 11). In ihrem Protest gegen den Akademismus waren sie „die erste moderne Sezession" (Wyss 2005: 156) und darüber hinaus die „erste quasi prototypische Künstlergemeinschaft, die den Hauptakzent ihrer Aktivitäten auf die Gruppenproduktion legten und nicht auf die Ausbildung künstlerischer Einzelpersönlichkeiten" (Wimmer 1991: 79). Bemerkenswert ist auch Goethes zeitgenössischer Briefkommentar über die Gruppe: „Der Fall tritt in der Kunstgeschichte zum erstenmal ein, dass bedeutende Talente Lust haben, sich rückwärts zu bilden, in den Schoß der Mutter zurückzukehren und so eine Kunstepoche zu begründen." (Zit. n. Wyss 2005: 155)

Personen und Lebenstil. Die Gründung geht zurück auf die Unzufriedenheit Wiener Akademiestudenten mit dem sterilen Akademiebetrieb. Ab 1808 trafen sich sechs gleichgesinnte Studenten zu regelmäßigen Kunstgesprächen: das intellektuell führende Doppelgestirn waren Friedrich Overbeck aus Lübeck und Franz Pforr aus Frankfurt am Main, die weiteren Teilnehmer waren Joseph Wintergerst aus Ellwangen, Ludwig Vogel und Johannes Hottinger aus Zürich sowie Joseph Sutter aus Wien. Sie erörterten das Verhältnis von Kunst und Religion und hielten – mit Friedrich Schlegel – das Christentum für die größte geistige Macht der Weltgeschichte. Ein Jahr später schlossen sie sich im Juli 1809 mit allerlei Riten und Symbolen zur „St. Lukas-Bruderschaft" zusammen. Zu den Riten gehörte ein Ordensgelübde und die Umnennung, das heißt im Bund legte „jeder die Rolle und Identität seines bürgerlichen Lebens ab und wird ein anderes Ich, das vor allem seinen Traumvorstellungen entspricht" (Thimann 2006: 66), hinzu traten „die bildlichen Symbole, bei Overbeck der Palmzweig und bei Pforr der Totenschädel mit dem Kreuz" (ebd.: 67). Sie sprachen sich mit „Bruder" und ihrem neu gewählten Namen an.[47] Ihre Zielsetzung war zum einen die Erneuerung der deutschen Kunst aus italienischem Geiste, mit Raffael und Dürer als leuchtenden Vorbildern, zum anderen die Verwirklichung, ja Radikalisierung des „Programms der Romantik" (Steinle 2005: 32) durch die Verpflichtung der Kunst auf die christliche Mythologie. In ihrem Gelübde bekannten sie sich „zur beständigen Erinnerung an den Hauptgrundsatz unseres Ordens, die Wahrheit, und an das geleistete Versprechen, diesem Grundsatz lebenslang treu zu bleiben, für sie zu arbeiten mit allen Kräften und hingegen eifrig jeder akademischen Manier entgegenzuwirken" (zit. n. Wyss 2005: 157).

Vier von den sechs Gründungmitgliedern (Overbeck, Pforr, Vogel, Hottinger) übersiedelten 1810 – Wintergerst folgte 1811, Sutter 1816 – nach dem zur damaligen Zeit von den Franzosen besetzten Rom und fanden für die ersten Jahre in Rom Unterkunft in dem leerstehenden, von Napoleon säkularisierten Kloster Sant'Isidoro auf dem Pincio. In der franziskanisch schlichten Unterkunft erhielt jeder der Brüder eine Mönchszelle als Atelier und Schlafraum. Im Refektorium

---

47 „Aus dem Frankfurter Franz Pforr wurde seinem Hang zur Dürerzeit entsprechend ,Albrecht Mainstädter', aus Overbeck wurde ,Johannes' in bewusster Anlehnung an den Lieblingsjünger Christi." (Thimann 2006: 66)

versammelten sie sich zum gemeinsamen Malen. Sie kleideten sich nach der Mode der Zeiten Raffaels und Dürers, ließen sich lange Haare und Bärte wachsen – was ihnen den spöttischen Namen „i Nazareni" von der einheimischen Bevölkerung eintrug. „Der Lebensstil der kleinen Gruppe in Rom war eine bewusste Nachahmung des Wackenroderschen Klosterbruders" (Andrew 1974: 11); in seinem Tagebuch notierte Overbeck: „Süßigkeit der Einsamkeit und Abgeschiedenheit von der Welt, nur so kann heutzutage die wahre Kunst gedeihen" (zit. n. Schindler 1982: 212). Der „theologisch versierte Overbeck" dehnte freilich „das messianische Programm des Lukasbundes auf die Durchdringung aller Lebensbereiche aus" (Thimann 2006: 65).

Nach dem frühen Tode Pforrs (er starb 1812 an Tuberkulose) und nachdem die beiden Schweizer Vogel und Hottinger sowie Wintergerst schon bald aus der Bruderschaft wieder ausgeschieden waren,[48] schlossen sich ihnen als weitere Bundesbrüder an: Peter Cornelius (1812), Wilhelm Schadow (1813), Scheffer von Leonardshoff (1815), Johann und Philipp Veit (1816), sowie die 1818 aufgenommenen Friedrich Olivier und Julius Schnorr von Carolsfeld (Schindler 1982: 29). Die zu ihnen gestoßenen Protestanten bildeten eine eigene Wohngemeinschaft in dem auf dem Capitol gelegenen Palazzo Caffarelli; sie wurden damals die „Capitoliner" genannt. Eine weitere Dependance für jene Freunde der Lukasbrüder, die aus konfessionellen oder anderen Gründen die klösterlich-spartanische Wohngemeinschaft nicht teilen wollten, war die Casa Buti, wo Friedrich Olivier und die Bildhauer Bertel Thorwaldsen und Christian Daniel Rauch wohnten. Und als sich die Wohngemeinschaft im Kloster Isidoro allmählich aufzulösen begann, traf man sich weiterhin im Café Greco.

Künstlerisches Programm und Werk. Das inhaltliche Programm der Nazarener war die Darstellung biblischer Themen und die Gestaltung von Andachtsbildern, wobei die „klassizistische Vorherrschaft der Linie über die Farbe" (Schindler 1982: 42), der zeichnerischen über die malerisch-koloristische Darstellung gewahrt wurde. Auch das Freundschaftsbild, das die wechselseitige Verbundenheit dokumentieren sollte, wurde gepflegt. Overbeck malte Pforr, Olivier malte Schnorr. Mit der Freskenmalerei wiederbelebten sie eine alte Technik. Ihre Rückbesinnung auf die Renaissance und auf ein idealisiertes und romantisch verklärtes Mittelalter stand unter dem Einfluss der romantischen Kunsttheorie Friedrich Schlegels.

---

48 Hottinger war „vor allem den moralischen Anforderungen dieses ‚Ordenslebens' nicht gewachsen. Er verließ Rom, den Lukasbund und sogar die Kunst. (...) der Name des Abtrünnigen wurde durch Sutter aus der Gründungsurkunde entfernt" (Schindler 1982: 33). Vogel und Wintergerst kehrten 1813 in ihre Heimatländer zurück (ebd.).

Die erste größere, gemeinsam ausgeführte Arbeit verdankten sie einem deutsch-römischen Mäzen, dem in Rom lebenden preußischen Konsul Jacob Salomon Bartholdy, einem Verwandten des Komponisten Felix Mendelsohn-Bartholdy. Ursprünglich wollte er seine klassizistische Villa mit Arabesken ausmalen lassen, aber als die Gruppe ihm Wandfresken mit „Szenen aus der alttestamentarischen Josefslegende" vorschlug, konnte Bartholdy „dem uneigennützigen und leidenschaftlichen Drängen der jungen Künstler nicht widerstehen" (Schindler 1982: 27); Bartholdy gab „eher die Erlaubnis als den Auftrag" (Bachleitner 1976: 142). Das komplizierte und ambitionierte Freskenwerk führten Overbeck, Cornelius, Schadow und Philipp Veit mit Hilfe eines römischen Handwerkers aus, der die Putzwände fachgerecht vorbereitete. (Ende des 19, Jahrhunderts konnten die Fresken, dank einer festen Sinterschale, abgelöst und in die Berliner Nationalgalerie – heute: Alte Nationalgalerie – verbracht werden.)

Die monumentale Freskenmalerei erregte Aufsehen und Bewunderung und hatte einen wirklichen Auftrag aus dem römischen Hochadel zur Folge. Der Marchese Camillo Massimo wünschte drei Säle seines Gartencasinos von den Nazarenern mit figuralen Wandbildern ausgestattet, die Szenen aus den großen Epen der italienischen Dichtung (Dante, Ariosto, Tasso) darstellen sollten. Cornelius sollte das Dante-Zimmer ausmalen, aber die auf Karton gezeichneten Entwürfe kamen durch ihn nicht mehr zu Ausführung, da Cornelius, unter Bruch seiner Abmachungen mit dem Fürsten, einem Ruf Ludwigs des I. von Bayern nach München folgte. An seiner Stelle malten Philipp Veit und später Joseph Anton Koch die Dante-Fresken. Etwa gleichzeitig wurden von Overbeck der Tasso-Saal und von Schnorr der Ariosto-Saal ausgestaltet. Es war die letzte gemeinsame Arbeit, schon ohne Cornelius. Nachdem dieser Rom verlassen hatte, folgten ihm weitere Nazarener (Julius Schnorr von Carolsfeld, Friedrich und Ferdinand Olivier) nach München.

Nachgeschichte. Dass München zu einem neuen Wirkungsfeld ehemaliger Nazarener wurde, ging auf einen Rom-Besuch des Kronprinzen Ludwigs von Bayern zurück. Er hatte auf seiner langen Reise durch Sizilien und Griechenland 1818 auch Rom besucht. Die dort lebenden deutschen Künstler – unter denen „die Lukasbrüder nur ein Phänomen von vielen in der römischen Künstlerrepublik um 1800" darstellten (Thimann 2006: 61) – hatten ihm zu Ehren ein Fest in der Villa Schultheiß ausgestattet, das den Charakter eines Gesamtkunstwerks hatte. Die Dekorationen thematisierten die Rolle der Künstler und Mäzene, darunter als Programmbild der Nazarener „Die Arche der wahren Kunst, getragen von Raffael und Dürer" (Schindler 1982: 43ff.). Der Kronprinz war von dem inszenierten Fest begeistert und zeigte sich als späterer König von Bayern dankbar gegenüber Cornelius und seinen Brüdern vom Lukasbund. Er übertrug ihnen in München künstlerische Aufträge und akademische Ämter. So gestaltete Cornelius die von Leo von Klenze errichtete Glyptothek mit Fresken aus, und die Münchner Akademie wurde im nazarenischen Sinne reformiert und dominiert (ebd.: 46f.).

In Rom löste sich die Gruppe nach und nach auf. Ab 1826 blieb von den Nazarener nur Overbeck zurück; statt einem Ruf an die Münchner Akademie zu folgen, hielt er „seiner geistigen Heimat Rom bis zu seinem Lebensende (1869) die Treue, stets umgeben von jungen Künstlern, die zu ihm kamen, um zu lernen" (Andrew 1974: 16). Bei einem vierwöchigen Besuch in München (1931) wurde ihm ein triumphaler Empfang bereitet.

In der zweiten Hälfte des 19. Jahrhunderts besaßen die führenden Mitglieder der Nazarener (Cornelius, Schadow, Schnorr, Veit) künstlerische Schlüsselpositionen innerhalb Deutschlands; die einstigen Rebellen gegen den Akademiebetrieb leiteten nun selbst Akademien (Andrew 1974: 20).

Die Nazarener spielten zwar eine historische Vorreiterrolle für die englische Präraffealiten (Pre-Raphaelite Brotherhood), wenngleich diesen die Religion verhasst war und sie keinerlei Neigung zu klösterlicher Abgeschiedenheit zeigten. Ihr Zusammenschluss glich daher auch eher einem Club als einer Bruderschaft (Andrew 1974: 21). Wegweisend wurden die Nazarener für die sakrale Kunst des 19. und frühen 20. Jahrhunderts.

Schule von Barbizon: Urbild der Künstlerkolonie

Die *Schule von Barbizon* umfasste eine Gruppe französischer Maler, die um 1830 bis 1860, in bewusster Abwendung von der klassizistischen Salonmalerei der Pariser *Academie* und *Ecole des Beaux-Arts*,[49] der Freilichtmalerei in realistischen Naturdarstellungen huldigte. Statt der durchkomponierten historischen Landschaftsmalerei mit der prototypischen römischen Campagna nach den Vorbildern Poussins und Lorrains pflegten sie eine naturwahre Darstellungsweise, die mit „Studien nach der Wirklichkeit" den stimmungserfüllten Naturausschnitt, das zufällig Schöne in der Natur und nicht die ideale (sei's heroische oder idyllische) Schönheit der klassischen Landschaft zu gestalten suchte. Retrospektiv konnten Kunsthistoriker mit guten Gründen ihre Vertreter, darunter insbesondere Daubigny, zu Vorläufern des Impressionismus erklären.

Name, Ort und Personen. Missverständlich ist die Bezeichnung insofern, als eine Schule im Sinne eines Lehrer-Schüler-Verhältnisses nie existierte. Auch von

---

49 Die *Academie des Beaux-Arts*, 1648 gegründet, bestand aus Künstlern, die vom Staat Gehälter bezogen und Ateliers zur Verfügung gestellt bekamen; außerdem stellten sie die Jury für die jährlichen Kunstausstellungen im Pariser Salon. Eng verknüpft mit der *Academie* war die *Ecole des Beaux-Arts*, die renommierteste Kunstschule Frankreichs. Ihre Professoren waren üblicherweise Mitglieder der *Academie* (Müllerschön/Maier 2002: 46ff.).

einer geschlossenen Gruppe kann keine Rede sein, sondern eher von einem mehr oder weniger lockeren Freundschafts- und Kollegenkreis. Den Namen gab ihr der englische Schriftsteller und Kunsthändler David C. Thomson mit dem Buch „The Barbizon School of Painters", das 1890 in einer limitierten Auflage in New York erschien. „Bis zum Erscheinen dieses begriffsprägenden Standardwerks sprach man von der ‚Schule von 1830' oder den ‚Männern von 1830', was auf den Zeitpunkt des Erscheinens erster Barbizon-Gemälde auf dem Pariser Salon in den Jahren nach der Juli-Revolution von 1830 zurückgeht." (Müllerschön/Maier 2002: 4)

Barbizon, das der Schule den Namen gebende Dorf, etwa 60 km südöstlich von Paris, am Rande des Waldes von Fontainebleau, gelegen, wurde zum „Kulminationspunkt für unterschiedliche Künstlercharaktere" (Müllerschön/Maier 2002: 4). Verbunden werden mit diesem Ort vornehmlich die Landschaftsmaler Camille Corot, Théodor Rousseau, Jules Dupré, Narcisse Diaz de la Peña sowie die Tiermaler Charles-Emile Jacques und Constant Troyon und der bäuerliche Figurenmaler Jean-François Millet. Corot gilt als ihr Vorläufer; erstmals 1822 hatte er im Wald von Fontainebleau gemalt. Gegen 1833 fand sich der spätere Kern der Maler von Barbizon zusammen; zehn Jahre später stieß Charles-François Daubigny zu ihnen. Auch Gustave Courbet wird gewöhnlich der Schule von Barbizon zugerechnet, obwohl sein motivischer Schwerpunkt außerhalb des Waldes von Fontainebleau lag.

Freilichtmalerei und Geselligkeit. Die Koloniebildung in Barbizon gründete auf den gemeinsamen malerischen Interessen an einer realistischen Naturdarstellung in Pleinair. Die Sujets waren neben der Landschaft auch Tiere und Menschen des bäuerlichen Lebens. Betrieben wurde die Freilichtmalerei in der Weise, dass die Künstler vor Ort kleinformatige spontane Ölskizzen anfertigten, die ihnen als Vorlage für größerformatige, in den Ateliers gemalten Bildern dienten. Daubigny war einer der wenigen, der selbst großformatige Bilder im Freien vollendete. Später wurden die als Gedankenstütze gedachten Ölskizzen an Sammler verkauft und von den Künstlern wie ihre bedeutenderen Werke signiert (Müllerschön/Maier 2002: 9).

Neben der Freilichtmalerei war es der gesellige Umgang, den die Künstler miteinander suchten. Mittelpunkt der künstlerischen Geselligkeit war die zweigeschossige *Auberge Ganne* in der Dorfmitte von Barbizon. In deren Erdgeschoss lag der den Künstlern vorbehaltene „salle des artistes"; in der ersten Etage boten die wenigen Zimmer mit jeweils mehreren Betten Platz für die Logiergäste. „Die Herberge bot den Künstlern jedoch nicht nur Essen, Trinken und Unterkunft. (...) Sie war auch ein Zentrum von kameradschaftlicher Geselligkeit und ein Hort intellektuellen Austauschs." (Müllerschön/Maier 2002: 36) An den Diskussionen, die gewöhnlich bis spät in die Nacht dauerten, beteiligten sich auch prominente Intellektuelle aus Paris; unter ihnen die Schriftsteller Charles Baudelaire, Théophile Gautier und George Sand. Die meisten Maler bewohnten die schlichte Herberge nur in jungen Lebensjahren – zu Beginn ihrer Karriere als Maler. Ihr Aufenthalt beschränkte sich auf die Zeit von Frühjahr bis Herbst (Schneelandschaften der Maler von Barbizon sind eine Rarität). Der Tagesverlauf war ungefähr folgender: Nach dem Frühstück zogen die Maler, von Madame Ganne mit einem Picknickpaket versehen, in den Wald und kehrten am Spätnachmittag zurück. Dort wurden die tagsüber angefertigten Studien gezeigt, verglichen und kommentiert. „Der Einzelne verglich seine Arbeiten mit denen der anderen. Dieser Vergleich diente vor allem den Anfängern als eine äußerst nützliche Malerlehre. Durch ein permanentes Wetteifern kam es zu künstlerischen Fortschritten." (Müllerschön/Maier 2002: 38). Den Tag beschloss das Abendessen im Kreis der Malerfreunde, das sich bis lang nach Mitternacht hinzog.

Auch Kunstschüler aus Paris, die an der Ecole des Beaux-Arts oder in freien Ateliers studierten, nahmen dort Quartier. Sie „erhielten ihre Ratschläge von den Barbizon-Meistern in erster Linie beim gemeinsamen Malen im Freien direkt vor dem gewählten Sujet (*sur le motif*). Dieses fand sich häufig inmitten der kontemplativen Stimmung des Waldes von Fountainebleau. (...) Die Auseinandersetzung mit den großen Meistern ‚vor Ort', ihre gelegentlichen Ratschläge und vor allem die anregende Ausstrahlung, die deren Studien in unmittelbarer Umgebung der reinen Natur auf die jüngeren Maler ausübten, waren es, was diese sogenannte *Schule von Barbizon* ausmachten." (Müllerschön/Maier 2002: 3f.)

Ab 1831 stellten die „Barbizonniers" im jährlich stattfindenden Pariser Salon aus. Obwohl sie zuweilen noch Zurückweisungen durch die Jury hinnehmen mussten (z.B. Rousseau 1836 und 1841), stellte sich doch allmählich der Erfolg ein. „Fast alle Maler, die man dieser Schule zuzurechnen pflegt, genossen etwa seit der Weltausstellung von 1855 beachtlichen Ruhm" (Durbé/Damigella 1975: 7) und fanden ihre vermögenden Förderer und Sammler. Nachdem 1848 die Aufnahme-Jury der Salonausstellung durch eine Hängekommission ausgewechselt worden war, befanden sich unter den gewählten Kommissionsmitgliedern Corot, Rousseau und Dupré (Bertuleit 1994: 7).

Gegen 1850 wurden schließlich einige der arrivierten Künstler (unter ihnen Rousseau und Millet sowie Decamps und Jacques) in Barbizon und seiner Umgebung sesshaft, wo sie Häuser und feste Ateliers kauften oder mieteten. Noch lange Zeit behielten Barbizon und seine umgebenden Dörfer ihren Ruf als Treffpunkt und Pilgerstätte für Künstler. Max Liebermann beispielsweise hielt sich 1874 den ganzen Sommer in Barbizon auf, wo er den von ihm geschätzten und bewunderten Millet noch kurz vor dessen Tod zu Gesicht bekam (Bertuleit 1994: 8).

Worpswede: Pleinair im Teufelsmoor

Die im späten 19. Jahrhundert im Dorf Worpswede gegründete Künstlerkolonie stand am Ende einer Vielzahl derartiger Gründungen in Deutschland (u.a. Willingshausen, Dachau, Kronberg, Grötzingen) und ist die mit der geringsten Zahl von Mitgliedern (Küster 2001: 116). „Ähnlich wie in der Zeit der Deutschen Romantik wurden auch die Worpsweder durch ihre Freundschaft und gegenseitige geistige und künstlerische Unterstützung in ihrem Glauben an die Erneuerung der Kunst getragen und beflügelt. (...) Ganz bewusst wagten sie das gemeinsame Leben in dem abseits gelegenen Landstrich, um dort in der Einsamkeit und abseits von den Umbrüchen der Zeit Mensch und Natur in ihrer ursprünglichen Beziehung zu entdecken und zeichnend und malend zu erfassen" (Erling 1998: 95), wobei man sich explizit auf die Maler von Barbizon berief. Gleichwohl vertrat ihre Malerei „eine zeitnahe deutsche Richtung, die auf Realismus, Bauernthematik und altniederländischer Landschaftsmalerei aufbaute"; vornehmlich ihre „unbefangene Detailgenauigkeit und ihr Verzicht auf Gegenstandsauflösung trennt sie vom Impressionismus" (Riedel 1976: 101).

Personen und Ort. Der eigentliche Entdecker des 25 Kilometer nordöstlich von Bremen am Rande des Teufelsmoores gelegenen Dorfes war Fritz Mackensen. Als Student der Düsseldorfer Kunstakademie kam er im Sommer 1884 auf Einladung einer Bekannten nach Worpswede, wo er – begeistert von der Landschaft – nach dem ersten Ferienbesuch auch in den folgenden Jahren die Sommermonate verbrachte. Er verstand es, seine während der gemeinsamen Studienzeit in Düsseldorf und München gewonnenen Künstlerfreunde, Otto Modersohn und Hans am Ende, für die herbe und stimmungsvolle Moor- und Heidelandschaft mit ihrer schlichten bäuerlichen Bevölkerung zu gewinnen. Modersohn und seine Freunde waren Bewunderer der Barbizon-Meister, von denen sie 1888 auf der III. Internationalen Kunstausstellung in München viele Bilder zu sehen bekamen; der diesen Malern gewidmete Saal war ihnen der liebste.

Nachdem die drei Freunde (Mackensen, Modersohn, am Ende) gemeinsam den Sommer 1889 in Worpswede verbracht hatten, entschlossen sie sich, dort sesshaft zu werden. Ihnen gesellten sich 1893 der Bremer Fritz Overbeck und 1894 der junge Heinrich Vogeler hinzu, beides ebenfalls Absolventen der Düsseldorfer Kunstakademie. Zu diesem Zeitpunkt war der Älteste (am Ende) gerade dreißig, der Jüngste (Vogeler) zweiundzwanzig.[50] Befreundet mit diesen fünf Worpsweder Künstlern war Carl Vinnen, der seit der gemeinsamen Düsseldorfer Akademiezeit

---

50 Die Geburtsdaten im Einzelnen: Am Ende (1864) – Modersohn (1865) – Mackensen (1866) – Overbeck (1869) – Vogeler (1872).

3. Ausgewählte Künstlergruppen

mit ihnen in Kontakt stand, obwohl er nicht zum engeren Kreis gehörte, sondern im Bremer Umland auf dem väterlichen Gut lebte. Worpswede diente ihnen zunächst als Stützpunkt, von dem aus sie längere Reisen nach München und Hamburg unternahmen (auch auf Vinnens Gut verbrachten sie mehrere Wochen), sodann als ständiger Wohnort, in dem sie Unterkünfte und Ateliers anfangs gemietet hatten, schon bald aber eigene Anwesen erwarben. Ihre Arbeitsweise war nicht viel anders als die der Barbizonnieres: vor der Natur gemalte kleine Ölskizzen (Modersohn sprach von „Bildpoesien") gestalteten sie im Atelier zu großformatigen, monumental komponierten Landschaften. Es gibt auch mehrere Bilder, in denen sie sich gegenseitig in der Landschaft malten.

Gemeinsame Ausstellungen. Ihre erste Gemeinschaftsausstellung fand 1895 in Bremen statt. Obwohl diese eine zum Teil vernichtende Kritik („Lachkabinett") erntete, lud sie der Leiter des Münchner Kunstvereins mit der gleichen Ausstellung in den Münchner Glaspalast ein. Diese brachte dann freilich den Durchbruch: die Ausstellung wurde als ein großes Ereignis der deutschen Kunst gefeiert. Fritz Mackensen erhielt für sein Gemälde „Gottesdienst im Moor" eine Goldmedaille; und von Otto Modersohn kaufte die Münchner Neue Pinakothek das Bild „Sturm in Moor". Die Gruppe gelangte „zu nationaler Berühmtheit" und überflügelte „im Handstreich alle anderen Künstlerkolonien an Bekanntheit" (Küster 2001: 118).

Im Jahre 1897 vereinten sich die Künstler förmlich zu einer „Künstlervereinigung Worpswede"; auch Vinnen schloß sich ihnen an. Die 13 Paragraphen umfassende Satzung trägt die Unterschrift dieser sechs Künstler. Unter dem Grundsatz „Volle Freiheit jedes Einzelnen für sich selbst" (§ 1) werden Regularien für die gemeinsamen Geschäfte und Beschlüsse sowie für die jährliche Wahl eines Geschäftsführers festgelegt, der auch verantwortlich für die gemeinsame Zeitschrift ist. Zwei Paragraphen verdienen noch Erwähnung: § 11: „Gesellige Zusammenkünfte finden 14tägig am Freitagabend statt." – § 12: „Aufnahme neuer Mitglieder kann nur durch Stimmeneinheit sämtlicher Mitglieder erfolgen." (Künstlerhaus Wien 1986: 30f.)

Gemeinsame Ausstellungen in verschiedenen deutschen Städten und in Wien verbreiteten in den folgenden Jahren den Ruf der Worpsweder; die Ehrungen und Medaillen häuften sich ebenso wie die Ankäufe ihrer Bilder. Hans am Ende richtete eine Druckwerkstatt ein und gründete mit Overbeck und Vogler den „Verein für Originalradierungen vom Weyerberg". „Mit der äußeren Anerkennung wuchsen die internen Spannungen, vor allem zwischen Modersohn und Mackensen." (Erling 1998: 101) Einerseits lag es an künstlerischen Differenzen, andererseits an Mackensens Führungsanspruch und Aktivismus, wozu Modersohn sich nicht vereinnahmen lassen wollte. Zwei Jahre später trat Modersohn aus der Künstlervereinigung wieder aus, Vogeler und Overbeck folgten ihm. Obwohl Modersohn seinen Schritt keineswegs als eine Aufkündigung der Freundschaft unter den Künstlern verstanden wissen wollte, ging von da an jeder seinen eigenen Weg. „Nach fast genau zehn Jahren brach das Band des gemeinsamen künstlerischen Strebens auseinander." (Ebd.)

Populäre Künstlerkolonie. Immerhin hatte binnen zehn Jahren die kleine Künstlergruppe den Ort berühmt gemacht; das Teufelsmoor kam in Mode. Sie blieben nicht allein; immer mehr Künstler ließen sich in dem Künstlerdorf nieder; Malschulen wurden gegründet. Insbesondere junge Künstler und Künstlerinnen wurden vom Ruhm der Worpsweder angelockt. Noch vor der Jahrhundertwende bekamen die Gründer der Künstlerkolonie Schüler; Mackensen unterrichtete Paula Becker und Clara Westhoff, die spätere Frau Rilkes; auch Modersohn unterwies junge Malerinnen. Paula Becker, die zunächst für längere Besuche in Worpswede weilte, ließ sich dort schließlich nieder und heiratete Modersohn nach dem Tod seiner ersten Frau. Gleichwohl zog es sie auch nach der Heirat immer wieder zu längeren Aufenthalten nach Paris, wo sie unter anderem die Bilder Paul Cezannes und Paul Gauguins entdeckte und mit vielen modernen Künstlern in Kontakt trat.

Mit seiner ausgesprochenen Begabung fürs Kunsthandwerk ließ Vogeler ein erworbenes Bauernhaus zum repräsentativen „Barkenhoff" ausbauen, der zum Zentrum des örtlichen Künstlerlebens wurde. Dort fanden abends Lesungen und Konzerte statt. An Sonntagabenden traf man sich zum geselligen Beisammensein. Das Gästebuch verzeichnet Schriftsteller (Carl Hauptmann, Richard Dehmel), Verleger (Diederichs) und Regisseure (Max Reinhardt). Ein früher Gast auf dem Barkenhoff war Rainer Maria Rilke, den Vogeler in Florenz getroffen hatte; nach einem mehrwöchigen Aufenthalt 1898 kam er erneut im Sommer 1900. Im Jahr darauf gab es eine dreifache Eheschließung: Rilke heiratete die Bildhauerin Clara Westhoff, Vogeler die bereits als junges Mädchen angebetete Martha Schröder, und Modersohn vermählte sich mit Paula Becker. Rilkes Monographie über die Worpsweder Künstler erschien 1903; in ihr werden aber nur die fünf Künstler der ersten Generation abgehandelt; von Paula Modersohn-Becker, mit der er in einem intensiven Gedankenaustausch gestanden hatte, ist keine Rede.

Vogeler, der neben Rilkes Gedichtbänden Publikationen verschiedener Verlage mit Illustrationen und ornamentalem Buchschmuck versah, wurde zum gefragten Jugendstilkünstler und -designer, der nach dem Vorbild der englischen „Arts and Crafts"-Bewegung eine künstlerische Durchdringung aller Lebensbereiche anstrebte (Erling 1998: 102). Mit seinem Bruder gründete er die „Worpsweder Werkstätten", die Möbel nach eigenen Entwürfen bauten.

3. Ausgewählte Künstlergruppen

In Jahre 1903 erhielt Worpswede Bahnanschluss. Im gleichen Jahr wurde der Verkehrs- und Verschönerungsverein gegründet, dessen Vorsitz schon kurz darauf Vogeler übernahm. Der Fremdenverkehr hielt Einzug. Worpswede wurde zum Ziel kunstinteressierter Touristen und zur Villenkolonie. Nur für die relativ kurze Zeitphase vom gemeinsamen Aufbruch bis zum größten Erfolg konnte die Worpsweder Gründergruppe ihren exklusiven Charakter bewahren. Nicht nur ihr kurzlebiger Verein war exklusiv; sie betrachteten andere Künstler generell als unwillkommen; wiederholt beklagten sich Modersohn und Overbeck über den Tourismus der Maler. Gleichwohl konnten sie nicht verhindern, dass unter allen Künstlerkolonien Worpswede zur populärsten wurde und dies immer noch ist. Um dem Trubel zu entgehen, verließ Overbeck Worpswede 1905 und zog Modersohn 1908, nach dem Tod von Paula Modersohn-Becker, in das stillere Fischerhude. Mackensen wurde 1908 als Professor an die Akademie von Weimar berufen, deren Direktor er 1911 wurde.

Unter kunstgeschichtlichen Aspekten betrachtet, repräsentiert die Worpsweder Gründergruppe „eine retrospektive Sicht, die in ihrem Geschichtsbewusstsein und in ihrem künstlerischen Ausdruck letztlich das Fazit von Entwicklungen der Landschaftsmalerei im 19. Jahrhundert darstellt" (Rödiger-Diruf 1998a: 16) und die sich von der modernen Kunst- und Naturauffassung der Fauves wie der Expressionisten deutlich abgrenzt. Allein Vogeler öffnet sich der neuen Kunstströmung des Jugendstils. Eine eigenständige Stellung nimmt Paula Modersohn-Becker ein, die es „immer wieder nach Paris als dem lebendigen Zentrum der aktuellen Moderne" zog. Ihre Kunst „markiert in herausragendem Maße (...) den Zwischenschritt zwischen einer heimatverbundenen Naturthematik und der offenen Auseinandersetzung mit den aktuellsten künstlerischen Entwicklungen der französischen Avantgarde" (Rödiger-Diruf 1998b: 62f.). Ihre künstlerische Radikalität in der Farb- und Formgestaltung machte sie zu einem Wegbereiter des deutschen Expressionismus. In Worpswede stießen ihre Arbeiten freilich auf Unverständnis und Ablehnung. „Am meisten zeigte sich noch Otto Modersohn beeindruckt. Mackensen lehnte ihre Bilder ab." (Brenken/Dressler 1988: 16) Erst nach ihrem frühen Tod wurde ihr Rang in der modernen Malerei anerkannt.

Worpswede hat seither viele Veränderungen erfahren. Sein äußeres Erscheinungsbild hat den dörflichen Charakter des frühen 20. Jahrhunderts längst verloren. Bis heute ist es ein populäres Kunstdorf geblieben, das nicht nur kunstinteressierte Touristen anzieht, sondern auch als Wohndomizil seinen Charme zu behaupten sucht. Auch wenn die Tradition gepflegt wird, hat es seinen Charakter freilich völlig verändert.

Die Brücke: Manifest-Gruppe als Arbeits- und Lebensgemeinschaft

Als eine kleine und homogene Gruppe expressionistischer Maler gehört die „Künstlergruppe Brücke", obwohl nur von kurzlebiger Dauer, zu den bekanntesten und stilbildenden Künstlergruppen der Neuzeit. Gemeinsam mit dem „Blauen Reiter" repräsentiert sie den deutschen Expressionismus par excellence. Ihm verdankt die deutsche Kunst den Aufbruch zur Moderne; alle nachfolgenden Strömungen und Ismen innerhalb der deutschen Kunst bauten auf diesen revolutionären Stil (Moeller 2005: 5).

Mitglieder und Gruppenstruktur. Während ihres achtjährigen Bestehens (1905-1913) gehörten der *Brücke* insgesamt ein Dutzend Mitglieder an, davon höchstens acht gleichzeitig (Hoffmann 2005: 44). Sie entstand im Juli 1905 aus dem Zusammenschluss von vier Architekturstudenten (Ernst Ludwig Kirchner, Fritz Bleyl, Erich Heckel, Karl Schmidt-Rottluff) der Technischen Hochschule in Dresden.[51] Den vier Gründungsmitgliedern schlossen sich ein Jahr später Emil Nolde, Max Pechstein und der Schweizer Cuno Amiet an. In den folgenden Jahren stießen noch zu ihnen der Finne Akseli Gallé-Kallela (1907), Otto Mueller (1910) und der Tscheche Bohumil Kubišta (1911). Die Einladungen zur Mitgliedschaft an Edvard Munch, den holländischen Bildhauer Lambertus Zijl und andere (unter ihnen Henri Matisse und Lyonel Feininger) blieben erfolglos. Nur kurzzeitig Mitglied waren der Holländer Kees von Dongen und der Hamburger Maler Franz Nölken, die 1908 beitraten, aber im gleichen Jahr die Gruppe wieder verließen; Nolde und Bleyl waren schon 1907 ausgetreten, Bleyl nach der Übernahme einer Lehrtätigkeit an der Privatbauschule in Freiberg. Der nur anderthalb Jahre der Gruppe angehörende Nolde war mehr als ein Dutzend Jahre älter als die Gründermitglieder und empfand als „versponnener Einzelgänger" das „schöpferische Bemühen der anderen als zu gleichförmig, um sich bei seiner ausgeprägten Egozentrik längere Zeit dafür erwärmen zu können" (Jähner 2005: 83). Die Verbindung zwischen deutschen und ausländischen Mitgliedern verlief hauptsächlich über den Briefwechsel (Hoffmann 2005: 46). Heckel „war der stille Mittelpunkt der Gruppe, als Geschäftsführer regelte er die organisatorischen Fragen, er hielt die Gruppe zusammen und pflegte zu jedem der einzelnen Mitglieder ein ganz persönliches, enges Verhältnis" (Remm 2005: 49). Ähnlich wie im Georgekreis existierten Freundespaare als konstituierende Keimzellen der Gruppe (Kirchner/Bleyl – Heckel/Schmidt-Rottluff – Kirchner/Pechstein). Insbesondere Kirchner dokumentiert in

---

51 Alle vier hatten als Schüler ausgeprägt künstlerische Neigungen und zeichnerische Talente entwickelt, waren aber von ihren Vätern zum Ingenieurstudium gedrängt worden. Während Kirchner und Bleyl ihr Architekturstudium noch im Jahr der Gruppengründung abschlossen, brachen Heckel und Schmidt-Rottluff ihr später (1904 bzw. 1905) begonnenes Studium vorzeitig ab.

3. Ausgewählte Künstlergruppen

seinen Bildern mit spezifischen Gruppensituationen, welche Bedeutung die Freundschaft für ihn hatte (ebd.: 48).

Die Gruppe kannte weder Satzung noch Vorstand; geregelt war nur der Beitrag von zuerst 12, später 14 Mark sowie 10 Prozent der durch die Gruppe bewirkten Verkäufe. Einer Idee von Nolde folgend, konnten der Gruppe ab 1906 auch Nichtkünstler beitreten, wie in einem Kunstverein, der ja auch Künstler und Laien organisiert. Für einen Jahresbeitrag von zunächst 12, später 25 Mark erhielten die Passivmitglieder eine Mitgliedskarte in Form eines jährlich wechselnden Holzschnittes, einen Jahresbericht und eine Jahresmappe mit drei bis vier Originalgraphiken. Für dieses „europaweite Netz von Sammlern und Freunden" (Hoffmann 2005: 46) wurden insgesamt sieben Jahresmappen zusammengestellt. Das letzte bekannte Mitgliederverzeichnis von 1910 führt 68 Mitglieder auf, allesamt aus dem Bildungsbürgertum, unter ihnen so prominente wie Harry Graf Kessler. Von den Beiträgen der aktiven und passiven Mitglieder finanzierte die Gruppe die laufenden Kosten der Geschäftsstelle, Organisation und Einrichtung von Ausstellungen, Druckkosten für Plakate und Graphikmappen, Transport- und Versicherungskosten, Werbung etc. Sie machte sich dadurch unabhängig von staatlicher oder mäzenatischer Kunstförderung.

Kunstideal, Vorbilder. Wie viele Avantgarden des frühen 20. Jahrhunderts strebten die *Brücke*-Künstler eine Entgrenzung von Kunst und Leben an, verbunden mit einer Kritik an der etablierten Institution Kunst, ihrer Ausübung, Ausbildung und Vermittlung (Hoffmann 2005: 19). In bewusster Abwendung von der akademischen Tradition der Malerei suchten sie einen spontaneren Zugang zur Natur. Ihre künstlerischen Vorstellungen legten sie in einem knappen (von Kirchner verfassten und 1906 in Holz geschnittenen) Manifest nieder, das sich an „eine neue Generation der Schaffenden wie der Geniessenden"[52] wendet, „alle Jugend (...), die die Zukunft trägt", zusammenruft und die jeden als zugehörig betrachtet, „der unmittelbar und unverfälscht das wiedergiebt, was ihn zum Schaffen drängt". (Hoffmann 2005: 245) Jugend war die zeitgenössische Metapher für Wandel und Erneuerung. Über Genese und Bedeutung des symbolträchtigen Namen, den sich die Gruppe gab, existieren mehrere Varianten (vgl. Hoffmann 2005: 164ff.). Dresden mit seinen bedeutenden Brücken mag sinnlicher Anknüpfungspunkt, die Brücke als Archetypus – für Weg in die Zukunft, Aufbruch von alten zu neuen Ufern,

---

52 Kunstgenuss ist im zeitgenössischen Verständnis eine Steigerungsform des Kunstverstehens, wie eine von Hoffmann zitierte autoritative Quelle belegt: „wer Kunst geniessen will muß künstlerisch empfinden können, muß künstlerisches Gefühl haben!" (Hoffmann 2005: 194). Gustav Klimt zufolge zeichnen sich die Genießenden dadurch aus, dass sie „fähig sind, Geschaffenes fühlend nachzuerleben und zu würdigen" (ebd.: 196).

generell für Entgrenzung – könnte ebenfalls ein (bewusst oder unbewusst wirkendes) Motiv der Namensgebung gewesen sein. Heckels rückblickende Einschätzung: „Die Wurzel der *Brücke* war der Jugendstil" (zit. n. Dahlmanns 2005: 20), trifft insbesondere auf die Druckgraphik, den frühen Holzschnitt der Brücke zu. Aber während der Jugendstil „die Ästhetik seiner Formen aus der Natur (entlehnte), um sie in dekorativer Stilisierung zu eleganten Ornamenten zu führen" (ebd.: 21), stellte der Expressionismus der *Brücke*-Mitglieder das subjektive Erleben, „die spontane, unreflektierte Natürlichkeit" ins Zentrum der künstlerischen Gestaltung. Ihre Bildsprache entwickelte sich „von der Stilkunst zur Ausdruckskunst" (ebd.) im Dialog mit der internationalen Moderne. „Zu Beginn reflektieren die Werke der jungen Künstler ein Nebeneinander vieler Richtungen: Jugendstil, Symbolismus, Neoimpressionismus, Japanismus, die nervige Kunst des Wieners Gustav Klimt oder die ganz anders geartete Ausdrucksweise des Norwegers Edvard Munchs fanden Eingang in die frühen Stiläußerungen der ‚Brücke'." (Moeller 2005: 6f.) Zeitgenössische Dresdner Ausstellungen machten ihnen zwischen 1905 und 1910 Bilder van Goghs, Seurats, Signacs, Gauguins, Matisses, Munchs und Klimts zugänglich. Pechstein hatte bei seinem mehrmonatigen Paris-Besuch 1908 persönlichen Kontakt zu den Fauves. Hatten in ihrer Frühzeit die *Brücke*-Künstler den dynamischen Pinselduktus van Goghs und den Pointillismus der Neoimpressionisten übernommen, dann vollzogen sie spätestens ab 1910 einen „stilistischen Wandel hin zu einer aus einzelnen geschlossenen Flächen aufgebauten Kompositionsweise" (Arnold 2005: 27), die eher Matisse und Gauguin abgeschaut war. Seit 1910 finden wir überdies Zeugnisse einer „intensiven Auseinandersetzung mit der Kunst Afrikas und der Südsee" (Moeller 2005: 15). Die Neueröffnung des Dresdner Museums für Völkerkunde 1910 lud zur Auseinandersetzung mit der außereuropäischen Kunst und Kultur ein. Neben der stilistischen Adaption primitiver Kunst sind es auch die neuen Sujets des Fremden und Exotischen, die in Bildern Heckels, Kirchners und Pechsteins auftauchen.

Gruppenzusammenhalt und Arbeitsweise. Während der *Blaue Reiter* in München eher den Charakter eines Debattierklubs und einer Ausstellungsgemeinschaft hatte, arbeiteten die *Brücke*-Künstler enger zusammen sowohl in gemeinsamen Ateliers wie anlässlich gemeinschaftlicher Sommeraufenthalten. Das gemeinsame Arbeiten erfolgte zunächst in den Studentenwohnungen von Kirchner und Bleyl, später im Atelier von Heckel, der sich einen Laden im Dresdner Arbeiterviertel Friedrichstadt gemietet hatte, wo man sich täglich traf. Heckel, Kirchner und Schmidt-Rottluff wohnten in enger Nachbarschaft nahebei. Dieses und spätere Ateliers dienten nicht nur als künstlerische Wirkstätte, sondern war vitaler Raum antibürgerlicher, bohèmehafter Lebensweise. „Das ausgelebte Eros war mit Grund-

3. Ausgewählte Künstlergruppen

lage der angestrebten natürlichen Gemeinschaft." (Hoffmann 2005: 84) In einem Stammbuch mit dem Titel „Odi profanum" (dt. *ich hasse das Gemeine*) „zeichneten und schrieben die einzelnen nebeneinander ihre Ideen nieder und verglichen dadurch ihre Eigenart. So wuchsen sie ganz von selbst zu einer Gruppe zusammen" (Kirchner in: Chronik von 1913; zit. n. Hoffmann 2005: 168).

Der gemeinsame Arbeitsstil zielte auf die unmittelbare und unverfälschte Darstellung von Natur und Leben. „Es wurde stets vor dem Motiv gemalt, schnell und ‚zupackend' (Heckel)" (Hoffmann 2005: 223). Typisch für ihren spontanen Malprozess waren die sogenannten „Viertelstundenakte". Bei diesen wechselten die Amateurmodelle alle 10 bis 15 Minuten die Stellung und die Künstler die Plätze. Die Modelle sollten sich nicht in akademischen Posen, sondern in unbefangener Natürlichkeit präsentieren und wurden intuitiv und skizzenhaft erfasst. Das Gesehene sollte gleichsam automatisch vom Auge in die Hand fließen. Insbesondere die neunjährige Tochter einer Zirkusfamilie, Fränzi, wurde gern und viel portraitiert.

Die spontane Arbeitsweise vor dem Motiv fand auch außerhalb des Ateliers in der Natur statt. Die Hinwendung der *Brücke*-Künstler zur Landschaftsdarstellung in unmittelbarer Naturanschauung war eine Konsequenz ihrer Kunstanschauung. Im Gegensatz zu den Impressionisten malten sie nicht nur Skizzen und Aquarelle, sondern auch Arbeiten in Öl direkt vor der Natur. Nicht selten nahmen sie ihre Modelle mit in die Natur. Das Aktmalen in der freien Natur verband sich mit dem Interesse an der Darstellung bewegter Körper. „Akt und Landschaft verschmolzen zu einem Motiv." (Hoffmann 2005: 223) In den Jahren 1909 bis 1911 weilten Heckel, Kirchner, Pechstein (ab 1910 auch Mueller) zu gemeinschaftlichen Mal- und Badeaufenthalten zusammen mit Freundinnen und den Modellen Fränzi und Marcella (zwei Artistentöchtern) an den Moritzburger Teichen bei Dresden. In seinen Erinnerungen hielt Pechstein fest: „(...) zogen wir Malersleute frühmorgens mit unseren Geräten schwer bepackt los, hinter uns die Modelle mit Taschen voller Fressalien und Getränke. Wir lebten in absoluter Harmonie, arbeiteten und badeten" (zit. n. Hüneke 2005: 101). In dieser Zeit tritt als Ergebnis des gemeinsamen Arbeitens der reife, unverkennbare *Brücke*-Stil mit seinen reinen Farben und dem Komplementärkontrast, dem „Gleichklang in Motivwahl und Gestaltung" (Jähner 2005: 93) besonders stark hervor. Anders als beim *Blauen Reiter* finden wir bei ihr keine Entwicklung zur Ungegenständlichkeit und Falschfarbigkeit; bei allem Wilden, Schreienden und Aggressiven blieb die motivische Gegenständlichkeit grundsätzlich erhalten.

Zu gemeinsamen Arbeitsaufenthalten hatten sich schon zuvor Heckel und Schmidt-Rottluff an der Nordseeküste aufgehalten. In ihrem Streben nach dem Ursprünglichen und Elementaren suchten sie ab 1907 bis 1910 (Schmidt-Rottluff bis

1912) zu längeren Aufenthalten immer wieder die abgeschiedene Marschlandschaft des Dangaster Moores und das Fischerdorf Dangast auf. In lebendiger Anschauung künstlerisch noch unverbrauchter Landschaftsformen arbeiteten auch Kirchner und Pechstein im Sommer 1907 zusammen in den südlich von Dresden gelegenen Orten Goppeln und Golberohde. Heckel (als Geschäftsführer) fühlte sich von allen *Brücke*-Unternehmungen angezogen und inspiriert, er reiste mal hier, mal dorthin. Demgegenüber hielt sich Nolde, bis auf die kollektiven Ausstellungen, von den gemeinsamen Aktivitäten der Gruppe fern.

Gemeinsame Ausstellungen. Angesichts der engen Kooperation und der Herausbildung eines (kollektiven) *Brücke*-Stils war es nur konsequent, dass die Künstler ihre Werke gemeinsam ausstellten. Schließlich war die Veranstaltung von Ausstellungen gewissermaßen der „Dreh- und Angelpunkt ihrer Arbeitsgemeinschaft" (Hoffmann 2005: 100). „In den acht Jahres ihres Bestehens organisierten die Mitglieder 25 eigene Ausstellungen, von denen die Hälfte auf Wanderschaft ging" (ebd.: 225). Unter ihrem Namen präsentierte sich die Gruppe zum ersten Mal mit Aquarellen, Zeichnungen und Holzschnitten im November 1905 in Leipzig. Ab 1906 fanden bis 1910 jährliche Ausstellungen in Dresden statt (1906: Lampenfabrik Seifert; 1907–1909: Kunstsalon Richter; 1910: Galerie Arnold). In den drei Berliner Jahren wurden Bilder der *Brücke*-Künstler häufig in Sammelausstellungen wie der der „Neuen Secession" oder in Ausstellungen der einzelnen Künstler gezeigt, aber nur einmal präsentierten sie sich gemeinsam in einer selbstorganisierten Ausstellung. Neben den Ausstellungen am Wohnort beschickten die Künstler zahlreiche Wanderausstellungen, die dank des Zusammenschlusses der Kunstvereine zu überregionalen Dachverbänden jeweils in mehreren deutschen Städten gezeigt werden konnten. „In kurzen Etappen, aber bis zu sieben Stationen hintereinander reihend, reiste die ‚Brücke'-Kunst von Nord nach Süd, von West nach Ost." (Hoffmann 2005: 110) Durch die Separierung von Graphik- und Gemälde-Kollektionen „reisten bis zu drei Kollektionen gleichzeitig durchs Land" (ebd.: 111).

Übersiedlung nach Berlin. Ende 1911 zogen die Gruppengründer Heckel, Kirchner und Schmidt-Rottluff nach Berlin, wo sie auf eine vielgestaltige Kunstszene trafen. Pechstein und Mueller wohnten bereits dort. Die Wohnquartiere der Künstler lagen nahe beieinander; die größte Entfernung ihrer Ateliers betrug nur zwei Kilometer (Jähner 2005: 61). Sie besuchten sich häufig gegenseitig und feierten gemeinsam in ihren phantasiereich ausgestalteten Wohnateliers. Der Existenzkampf hielt sie zunächst weiter zusammen. Nachdem 1910 ihre Bilder von der Jury der Sezession abgelehnt worden waren, traten sie (noch in Dresden) der neugegründeten „Neuen Sezession" bei und nahmen in Berlin „nun entschlossen inmitten einer Phalanx von Gleichgesinnten den Kampf um ihre Anerkennung auf"

3. Ausgewählte Künstlergruppen

(Jähner 2005: 60). Kirchner und Pechstein eröffneten im Dezember 1911 eine private Kunstschule, das MUIM[53]-Institut, der jedoch wenig Erfolg beschieden war, so dass sie sie schon ein Jahr später wieder schlossen. Ihre Bilder nahmen die vielfältigen Eindrücke des großstädtischen Lebens auf, besonders stark präsent in Kirchners Berliner Straßenszenen, doch reagierte jeder anders auf die Großstadt. In den Berliner Jahren setzte eine neue Stilentwicklung ein; Motive und Darstellungsweise änderte sich bei jedem der Künstler auf individuelle Weise. Zum Ausgleich der urbanen Hektik suchten sie weiterhin die Begegnung mit der Natur in den regelmäßigen Sommeraufenthalten an der Ostseeküste. Die lebendige literarische Szene Berlins bot ihnen die Verbindung von Literatur und Kunst. Vielfältige Kontakte ergaben sich zur expressionistischen Dichtung, etwa durch Herwarth Waldens Zeitschrift „Der Sturm", die ausgewählte Druckgrafik der *Brücke* publizierte; auch Franz Pfemferts „Die Aktion" brachte ihre Holzschnitte und Zeichnungen.

Aber mit dem Erfolg machte sich auch der Verbrauch an Gemeinsamkeiten in einem Prozess allmählicher Gruppenauflösung bemerkbar; jeder begann seine eigenen Wege zu gehen. Auch fanden die Künstler unterschiedliche Sammler und Galeristen. Unstimmigkeiten in der Neuen Sezession führten 1912 zum Austritt der Gruppe und zu ihrem Beschluss, fortan nur noch gemeinsam als *Brücke* aufzutreten. Keines der Mitglieder sollte mehr in einer anderen Gruppe einzeln ausstellen. An ihre Tradition in Dresden anknüpfend, konnten sie noch im gleichen Jahr in der Galerie Fritz Gurlitt eine große Gruppenausstellung veranstalten. Die gemeinsame Beteiligung an der Sonderbundausstellung 1912 in Köln zeigt sie noch einmal auf dem Höhepunkt ihrer Popularität. Wenig später kam es zum Zerwürfnis mit Pechstein, der unter Bruch des Gruppenbeschlusses sich allein an der Sezession-Ausstellung beteiligt hatte. Letzter Anlass zur Auflösung der Gruppe waren schließlich die Auseinandersetzungen über die 1913 von Kirchner verfasste „Chronik der Künstlergruppe Brücke" (als Teil der Jahresmappe sollte sie an die passiven Mitglieder verteilt werden). Die Kritik seiner Kollegen an dem subjektiven, die Persönlichkeit Kirchners herausstellenden Bericht veranlasste Kirchner zum Austritt aus der Gruppe, deren restliche Mitglieder wenig später die Auflösung beschlossen. Aber „das, was sich die ‚Brücke' 1905 als Ziel gesetzt hatte, nämlich eine neue Kunst zu schaffen, war erreicht worden. Auf der Basis des gemeinsam Erreichten konnten sich die einzelnen Mitglieder nun frei und ungebunden weiterentwickeln und ihren persönlichen Weg als Künstler beschreiten." (Remm 2005: 32)

Epilog. Nach der Auflösung suchte Heckel Kontakt zum Georgekreis. Nolde nahm 1913 als Gast an einer Expedition nach Neuguinea teil, Pechstein reiste 1914,

---

53 Abkürzung für „Moderner Unterricht in Malerei".

auf den Spuren Gauguins, zu den Palau-Inseln. Doch beide, Nolde wie Pechstein, wurden vom Ersten Weltkrieg überrascht und zur vorzeitigen Heimkehr gezwungen. Kirchner, der sich mit wachsendem Abstand als verkannter geistiger Führer der *Brücke* sah, übersiedelte 1917 nach Davos und gründete 1925 mit Schweizer Künstlern die „Künstlergruppe Rot-Blau". Die Werke aller *Brücke*-Künstler wurden von den Nazis als „entartet" diffamiert und aus den Museen entfernt.

Bloomsbury: künstlerische Lebensgemeinschaft und exemplarischer Freundschaftskreis

Verglichen mit den anderen hier vorgestellten Künstlergruppen hat die Bloomsbury-Gruppe einen völlig anderen Charakter. Als eine eng vernetzte und mobile Gemeinschaft von englischen Künstlern und Wissenschaftlern im ersten Drittel des 20. Jahrhunderts war sie eine Mischung aus Freundeskreis, unkonventionellem Salon und libertärer Kommune. Es gibt von ihr kein Manifest, keine Proklamation für eine neue Kunstrichtung oder einen neuen Stil, vielmehr praktizierte sie in lebensgemeinschaftlicher Gesellung eine dem viktorianischen Normenkanon, Lebensstil und Geschmack zuwiderlaufende Art zu leben, zu denken und künstlerisch zu arbeiten. Damit leistete sie nach Ansicht kompetenter Beobachter einen entscheidenden Beitrag zur Modernisierung der englischen Kultur (u.a. auf den Gebieten der Literatur, Kunst, Kultur- und Wirtschaftswissenschaft, Sexualnormen, Frauenemanzipation).

Der Kreis und sein zentrales Personal. Den Kreis hielt ein „kompliziertes Beziehungsgeflecht zusammen, das fortwährend in Bewegung war, aber stets verbunden blieb, verwoben durch Blutsbande, Freundschaft und Ehen, durch Orte und Leidenschaften" (Todd 2002: 80f.). Die Mitglieder der Gruppe „lebten und liebten innerhalb eines nur scheinbaren lockeren Arrangements, tatsächlich aber in einem recht engmaschigen Netz von Beziehungen, das auch eine Reihe von Dreierbeziehungen zuließ" (ebd.: 17f.). Während ihrer Treffen schuf die Gruppe den Rahmen für Diskussionen, gemeinsame Lektüre, Ausstellungen und private Veranstaltungen. Ihren Kern bildeten die beiden Schwestern Vanessa Bell (geb. Stephen), eine Malerin, und die jüngere Virginia Woolf (geb. Stephen), eine Schriftstellerin. Clive Bell, der 1907 Vanessa geheiratet hatte, nannte beide rückblickend „das Herz des Ganzen" (Frick-Gerke 2003: 56). Dem weiteren Kreis rechnet Pamela Todd über 60 Künstler, Wissenschaftler und Politiker zu (Todd 2002: 7-10).

Die Gruppe traf sich regelmäßig in mehreren Häusern im Londoner Stadtteil Bloomsbury. Zunächst war es das Haus am Gordon Square 48, das die beiden Stephen-Schwestern mit ihren Brüdern Thoby und Adrian im Jahre 1904, nach dem Tod beider Elternteile, bezogen. Hier kamen an Donnerstagabenden nach dem

3. Ausgewählte Künstlergruppen

Dinner Thobys Studienfreunde aus Cambridge (zugleich Mitglieder der exklusiven Cambridger Bruderschaft der „Apostles") zu unkonventionellen Abendgesellschaften zusammen, um über Literatur und Philosophie zu debattieren. Sie fanden sich ab etwa zehn Uhr ein und blieben in anregender Konversation bis gegen zwei oder drei Uhr morgens. Nach der Heirat Vanessas mit dem Kunstkritiker Clive Bell (1907) blieb das Paar in diesem Haus, während Virginia und Adrian ein anderes Haus in Fitzroy Square 29 bezogen; der ältere Bruder Thoby war 1906 nach einer Griechenlandreise an Typhus gestorben. Der Donnerstag-Jour fixe fand nun in dem neuen Haus statt, während Vanessa und Clive den „Bloomsberries" ihr Haus für einen Freitagsclub öffneten, dessen Zentrum die Malerei wurde; gemeinsam besuchte und organisierte man Ausstellungen und behauptete sich in der Londoner Kunstszene. Auch gingen die Freunde gemeinsam auf Reisen, „nach Griechenland, in die Türkei, später immer wieder nach Spanien, Frankreich und auch – meist auf Museumstour – nach Deutschland" (Frick-Gerke 2003: 10). „Die wöchentlichen oder halbwöchentlichen Zusammenkünfte bedeuteten eine ungemeine Bereicherung für alle, die daran teilnahmen." (Wiggershaus 1987: 24) Insbesondere den Frauen, denen die Universitäten verschlossen waren, boten die offenen Diskussionen im Freundeskreis anregende Erfahrungen. Virginia genoss den Ausbruch aus dem eingeengten Leben der viktorianischen Ära und fühlte sich hier verstanden (ebd.: 26, 118). Für Prüderie und Puritanismus gab es in der Bloomsbury-Gruppe keinen Platz; die Sexualität fand hier ihre verbale und praktische Befreiung; sah sie doch in der „individuellen Liebe" und nicht in der „Institution der Ehe" die Voraussetzung für intime Beziehungen (ebd.: 25).

Zu dieser Zeit stieß auch die Kunstförderin Lady Ottoline Morrel zu ihnen, die mit ihrem Mann, einem Parlamentsabgeordneten der liberalen Partei, Philip Morrel, in ihrem eleganten Haus am Bedford Square 44 einen literarisch-künstlerischen Salon pflegte und nach ihrer Bekanntschaft mit der Bloomsbury-Gruppe diese regelmäßig zu Partys einlud. Sie war für ihren exaltierten Lebenswandel bekannt und umgab sich mit Schriftstellern und Künstlern. Die Zusammenkünfte in ihrem Haus hatten einen anderen Charakter als die in den beiden Häusern der Stephen-Schwestern. Gepflegte Unterhaltung, Lesungen und Ausstellungen standen dort im Vordergrund, während auf ihren Partys „getratscht, Kammermusik gehört oder getanzt" wurde und es „wild, aufregend und lustvoll" zugehen konnte (Todd 2002: 38ff.).

Eine neue Qualität erhielt das Zusammenleben des Bloomsbury-Kreises 1911, als Virginia und ihr Bruder Adrian das Haus in Brunswick Square 38 mieteten und es gemeinsam mit Freunden bewohnten. Als Mitbewohner zogen ein: der Ökonom Maynard Keynes mit seinem Freund, dem Maler Duncan Grant, und

Leonard Woolf, ein nach sechsjährigem Staatsdienst aus Ceylon zurückgekehrter, angehender Schriftsteller, der zu den besten Freunden Thobys gehört hatte. Keynes nutzte die Wohnung als *pied-a-terre*, die Hälfte seiner Zeit verbrachte er in seinem Cambridger College. Virginia und Adrian teilten sich mit ihnen, übrigens alle männlichen Geschlechts, Miete und Unterhaltskosten, zu denen auch die Löhne für Köchin und Hausmädchen zählten. „Selbstverständlich galt dieses frühe Kommuneexperiment in der damaligen Zeit als ausgesprochen anstößig" (Todd 2002: 42). Das Haus wurde von vielen Besuchern frequentiert, und zu „allen möglichen Tag- und Nachtstunden" fanden Feste statt, wie sich Vanessa in ihren „Notes on Bloomsbury" erinnerte. An Sommerabenden traf man sich im stillen, an einen Friedhof grenzenden Garten, sonst in einem der Räume, die Duncan Grant ausgemalt hatte (ebd.: 44).

Zu den frühen und engsten Freunden der beiden Schwestern gehörte Lytton Strachey, ein seit den Studienzeiten am Cambridger Trinity College mit Thoby und Leonard Woolf befreundeter Biograph, Kritiker und Essayist, der für den „Spectator" Buch- und Theaterkritiken schrieb. Seine offene Sprache in puncto Sexualität und seine obszönen Gedichte begeisterten nicht nur Vanessa. In Verleugnung seiner Homosexualität hatte er Virginia 1909 einen Heiratsantrag gemacht, den er aber schon am nächsten Tag zurückzog. Vor ihrer Ehe mit Leonard Woolf sah sie in ihm „den einzigen Kandidaten, der für sie in Frage käme" (Frick-Gerke 2003: 61). Wenngleich Virginia „nicht ohne Eifersucht auf seinen frühen Ruhm blickte und obwohl er ein sehr schwieriger Mensch war, wurde die innige Freundschaft zwischen ihnen nie in Frage gestellt" (Wiggershaus 1987: 120). Er war für sie „der perfekte Freund", bekannte sie 1912 einer Freundin, „aber eigentlich ist er eher eine Freundin" (Frick-Gerke 2003: 61). Mit der Malerin Dora Carrington und ihrem Mann Ralph Partridge ging er 1917 eine komplizierte, für die „Bloomsberries" aber nicht ungewöhnliche Dreierbeziehung ein.

Etwas später, Anfang 1910, war der Kunstkritiker und Maler Roger Fry zur Gruppe gestoßen. Er wurde durch Vanessa und Clive Bell, der ihn aus Cambridge kannte, in den Freitagsclub eingeführt und beeindruckte gleich bei seinem ersten Auftritt die Anwesenden. Ihm war es zuzuschreiben, „dass Bloomsbury in den folgenden Jahren Frankreich für sich entdeckte – Kunst und Küche und einen intellektuellen Lebensstil, der vergleichsweise frei von Heuchelei war" (Frick-Gerke 2003: 75). Als leidenschaftlicher Bewunderer der modernen französischen Kunst organisierte er 1910 und 1912 in London zwei Ausstellungen der französischen „Postimpressionisten", ein von ihm geprägter Begriff. Das Londoner Kunstpublikum und auch die Kunstkritik wussten es ihm nicht zu danken, sie reagierten mit Unverständnis, Spott und Hohn auf Gauguin, van Gogh, Cezanne, Matisse und

3. Ausgewählte Künstlergruppen

die Fauves. Für den Bloomsbury-Kreis wurde Fry, der als Künstlerpersönlichkeit Theorie und Praxis miteinander vereinte, zu einem großen Anreger. Vanessa, die in einer zeitweiligen Liaison mit ihm gelebt hatte, regte nach seinem Tod (1934) Virginia dazu an, über ihn eine Biographie zu schreiben. Sie erschien 1940 in der eigenen Hogarth Press.[54]

Eher an der Peripherie des Kreises bewegte sich der Romancier und Kritiker E. M. Forster. Seit der Cambridger Studienzeit gehörte auch er zu engen Freunden der Stephens. Er war gern gesehener Gast in den Sommerhäusern der beiden Schwestern. Mit Virginia Woolf verband ihn gegenseitige Achtung und Zuneigung; Virginia war seine Beurteilung ihrer Werke eminent wichtig (Wiggershaus 1987: 129).

Künstlerwerkstatt Omega, Hogarth Press, Buchhandlung Birrel & Garnett. Inspiriert von der französischen Moderne wollte Fry auf die Bildung eines neuen Geschmacks Einfluss nehmen. 1913 gründete er die Künstlerwerkstatt *Omega* am Fitzroy Square 33, die anspruchsvoll gestaltete Möbel, kühn gemusterte Teppiche, Tapeten und Vorhänge, bemalte Lampenschirme, allerlei Keramiken und Spielzeug herstellte. Die meist jungen Maler und Bildhauer arbeiteten dort höchstens drei halbe Tage in der Woche, um ihre wahre Berufung nicht zu vernachlässigen. Auch Vanessa Bell und Duncan Grant arbeiteten zeitweilig in der Werkstätte. Die besten Kunden waren die eigenen Freunde; Lady Ottoline war Stammkundin. „Die Atmosphäre in den Ateliers glich den Arbeiten, die dort herstellt wurden. Sie war spielerisch und spontan, kühn. witzig und professionell." (Todd 2002: 86)

Ein anderes Zentrum künstlerischer Produktion wurde die *Hogarth Press*, gegründet von Virginia und Leonard Woolf. Namensgeber war ihr unweit von London, in Richmond gelegenes Privathaus – Hogarth House –, in das sie sich 1915 nach ihrer Heirat (1912) zurückgezogen hatten, obwohl sie immer noch auf Partys und Dinners in Bloomsbury auftauchten. Leonard hatte aus einer Laune heraus eine Druckerpresse erworben. Außer ihren beiden ersten Romanen wurden alle weiteren Bücher von Virginia und die von Leonard sowie die Bücher vieler Freunde von dem Kleinverlag Hogarth Press publiziert. Die Verleger pflegten einen ausgesprochen modernen Geschmack. Sie waren die ersten, die englischsprachige Werke von Sigmund Freud verlegten; auch T. S. Eliot vertraute ihnen die Publikation seines avantgardistischen Gedichtbandes „The Waste Land" an. Das Angebot von James Joyce, seinen Roman „Ullyses" zu drucken, wurde ernsthaft erwogen, aber schließlich wegen Vorbehalte Virginias abgelehnt. 1924 siedelte der Verlag über an den Tavistock Square 52, das den Woolfs nicht nur als Verlagsgebäude, sondern auch als neues Wohnhaus bis 1939, dem Beginn der Bombardierung Londons, diente.

---

54   Virginia Woolf: „Roger Fry: A Biography".

Zu erwähnen ist schließlich die von dem Romancier David Garnett und seinem Freund Francis Birrel in den Jahren 1919 bis 1924 unweit vom Gordon Square geführte Buchhandlung *Birrel & Garnett*. Sie handelte mit antiquarischen und ausländischen Büchern und war ein beliebter Treffpunkt für die „Bloomsberries", die hier ihre Bücher kauften; zeitweise waren sie die einzigen Kunden.

Stadt und Land. Viele Mitglieder der Bloomsbury Gruppe hatten schon früh zwei Standorte, einen in der Stadt und einen auf dem Lande. Virginia hatte nacheinander drei Häuser auf dem Lande in Sussex bewohnt, die ihr als friedlicher Gegenpol zum hektischen Leben in London dienen sollten. Als erstes mietete sie 1911 Little Talland House. Das verließ sie bald wieder, um nahebei in das Aseham House zu ziehen (1912-1919). Nachdem ihr dort gekündigt worden war, erwarb sie mit Leonard das dritte Sommerhaus, Monk's House, auf einer Versteigerung für 700 Pfund. „Zwischen den Kriegen hatten die meisten Mitglieder der Bloomsbury-Gruppe Wohnungen in der Stadt und gleichzeitig auf dem Land, oft, indem sie sich gegenseitig ein, zwei Zimmer vermieteten" (Todd 2002: 70).

Zu einem der wichtigsten Treffpunkte auf dem Lande wurde die von Vanessa 1916 gemietete Charleston Farm in Sussex. Vanessa lebte hier in einer *ménage à trois* mit ihrem Geliebten Duncan Grant und dessen Geliebten David (Bunny) Garnett, die beide während des Ersten Weltkriegs – wie auch andere „Bloomsberries" – den Kriegsdienst verweigert hatten und bei einem benachbarten Bauern ihren Wehrersatzdienst leisten konnten. Der Malstil Duncan Grants und Vanessas glich sich während ihres langen Zusammenlebens so an, dass ihre Bilder kaum noch auseinander zu halten waren. In dem geräumigem Farmhaus traf sich „Old Bloomsbury" an den Wochenenden. Für Maynard Keynes war Charleston sein bevorzugtes Wochenendziel; auch die Sommermonate verbrachte er dort. Er gehörte quasi zur Familie. Hier schrieb er zwischen August und September 1919 das Buch „Die wirtschaftlichen Folgen des Friedensvertrages", das wegen seiner Kritik an den Deutschland auferlegten Reparationszahlungen großes Aufsehen erregte. Nur wenige Meilen von ihrem Sommerhaus (zuerst Aseham, später Monk's House) entfernt, besuchte Virginia Charleston Farm häufig mit dem Fahrrad. Beide Haushalte gaben gemeinsame Gesellschaften.

Keynes, der „gefeierte Star der britischen Homosexuellenszene" (Bell 1997: 120) heiratete 1925 die russische Ballerina Lydia Lopokova. Seine Heirat war nach Quentin Bells Urteil „wie so viele seiner Unternehmungen ein Riesenerfolg. Lydia war eine treue Ehefrau, und ihre Hingabe in seinen letzten Lebensjahren war heldenhaft" (ebd.: 129). Die Beziehungen zu den Bloomsbury-Freunden litten jedoch darunter. Da Lydia nicht zu ihnen passte, lehnten sie einen freundschaftli-

3. Ausgewählte Künstlergruppen

chen Verkehr mit ihr ab. Keynes pachtete für sie und sich ein Landhaus, das nur wenige hundert Meter von Charleston Farm entfernt war.

Resümee. Der Bloomsbury-Kreis bestand aus einer Gruppe kritischer Intellektueller, deren Aktivitäten in die Jahrzehnte von 1905 bis zum Zweiten Weltkrieg fielen. Sie gehörten der oberen englischen Mittelschicht an und hätten „nicht im Traum an ein Dasein ohne Dienerschaft gedacht" (Todd 2002: 104). Der „begüterte, intellektuelle Hintergrund war die Voraussetzung für ihre liberalen Ideen" (Frick-Gerke 2003: 75), die beeinflusst waren vom Cambridger Philosophen G. E. Moore, dessen "Principia Ethica" den Grundsatz lehrten, dass „persönliche Zuneigungen und ästhetische Freuden alle größten ‚und zwar bei weitem größten Güter mit sich bringen, die wir uns vorstellen können" (zit. n. Frick-Gerke 2003: 29). Die meisten hatten „eine progressive, wenn nicht revolutionäre Einstellung zu politischen, sittlichen, künstlerischen Problemen" (Wiggershaus 1987: 25). Sexuelle Tabus waren ihnen fremd, praktizierte Homo- und Bisexualität eher die Regel. Aus pazifistischer Gesinnung lehnten sie den Wehrdienst im Ersten Weltkrieg ab.[55] Die Frauenbewegung fand besonders bei Virginia Woolf eine positive Resonanz und aktive Unterstützung. Berühmt wurde ihr großer feministischer Essay „A Room of One's Own" (1929). Mit der Schriftstellerin Vita Sackville-West verband Virginia eine dreijährige Liebesbeziehung (1925-1928).

Der Bloomsbury-Kreis gab „bei Englands Weg in die Moderne (…) die Richtung an." (Frick-Gerke 2003: 9). Nach Quentin Bell, Sohn von Clive Bell und Biograph Virginia Woolfs, lassen sich die Ideen Bloomsburys an vier Veröffentlichungen aus den 1920er Jahren verdeutlichen: „The Economic Consequences of the Peace" (Keynes), „Civilisation" (Clive Bell), „Orlando und „A Room of One's Own" (Virginia Woolf) (Bell 2003: 133). Stephen Spender bescheinigte dem Kreis, dass er den „konstruktivsten und kreativsten Einfluss auf den englischen Geschmack zwischen den beiden Kriegen hatte" (zit. n. Frick-Gerke: 76). Süffisanter nannte das der marxistische Kulturkritiker Raymond Williams „Bloomsburys typische und immer gepflegte Mischung von nonkonformem Einfluss und einflussreichen Beziehungen" (zit. n. ebd.: 30).

---

55 Aufgrund der pazifistischen Grundhaltung der Gruppe ließ sich selbst Maynard Keynes, der im Finanzministerium beschäftigt war, als Kriegsdienstverweigerer registrieren.

V. Strategien im literarischen Feld.
Der George-Kreis und die Gruppe 47 im Vergleich

1. Wie man Schriftsteller wird

Darüber wie man Schriftsteller wird, gibt es wahrscheinlich mehr Legenden als valide Informationen – sicher wird man es nicht in der Weise, wie man Automechaniker, Ingenieur oder Arzt wird. Sicher ist auch: zum Schreiben kommt man durch das Lesen. Mögen sich Individuen eines Tages für die schriftstellerische Tätigkeit entscheiden wie andere zu einem Beruf – einen Ausbildungsberuf Schriftsteller gibt es jedoch ebenso wenig wie ausgewiesene Arbeitsstellen für Poeten oder Romanciers. Man kann den Lebensunterhalt als Versicherungsangestellter oder Sekretärin verdienen und nach Feierabend Erzählungen oder Romane schreiben und damit nach dem Tode als Schriftsteller oder Novellistin entdeckt und gewürdigt werden. Erst das lesende Publikum macht sie oder ihn zum Schriftsteller. Literatur, die nicht rezipiert wird, bleibt praktisch inexistent, verschriftlichte Tagträumerei. Freilich kann man auch über die Anerkennung durch die (bereits arrivierten) Kollegen zum Schriftsteller werden. Diese bilden dann das erste Publikum und zugleich die erste Konkurrenz. Jedenfalls findet der Schriftsteller seine Identität primär im *Modus der Anerkennung*, sei es durch das lesende Publikum, sei es durch die Kollegen, die seine Arbeiten als literarische zu Kenntnis nehmen.

In der höfischen Zeit gehörten Schriftsteller, wie Maler und Musiker, zum Gefolge eines Fürsten oder Bischofs, dessen Geschmackskanon sie teilten und dessen Repräsentationsbedürfnisse sie befriedigten. Prototypische Gestalt des Hofdichters und seines Loyalitätsdilemmas ist immer noch Goethes Tasso. Der heutige Königsweg zum Schriftsteller ist der zum anonymen Publikum. Schriftsteller, die erst noch zu sich selbst finden müssen und als solche noch nicht anerkannt sind, bedürfen zu ihrem Einstieg in die Literaturszene in der Regel spezifischer Medien und Vermittlungsagenturen wie Publikationsorgane und Verlage oder der besonderen Förderung durch „berühmte" Kollegen, Dichterkreise, literarische Salons und Schriftstellervereinigungen, die ihnen den Zugang zur literarischen Öffentlichkeit bahnen. Es sind, neben den Literaturproduzenten, diese Agenturen, Institutionen und Organisationen mit ihren verschiedenartigen Handlungsrollen, die das „Sozialsystem Literatur" (Schmidt 1989) oder – in Bourdieus (1999) Terminologie – das „literarische Feld" konstituieren.[56]

Wir wollen im folgenden die These explizieren, dass der moderne Schriftsteller sich wie Münchhausen am eigenen Schopf hochziehen muss und sein Publikum nur selbst erzeugen kann. Dies gelingt ihm am ehesten im Verbund mit Kollegen in ähnlicher Lage und/oder mit Unterstützung von Verlegern. Den Schulterschluss zwischen Verleger und angehendem Schriftsteller wie den Zusammenschluss zu Schriftstellerbünden und vor allem deren kollektives Vorgehen verstehen wir als *Strategien* im literarischen Feld.

Gruppenbildung unter Künstlern ist ein neuzeitliches Phänomen (wie im vorstehenden Kapitel dargelegt wurde). Als „Sozialität der Solitären" hat Hans-Peter Thurn (1997) die unter bildenden (wir fügen hinzu: literarischen und cineastischen) Künstlern zu beobachtende Assoziierungstendenz bezeichnet. Auch wenn ästhetisch-programmatische Zielsetzungen scheinbar im Vordergrund stehen, kompensieren die neuen Formen der Gemeinschaftlichkeit vor allem den Mangel an sozialer Abgesichertheit und gesellschaftlicher Integration von „autonomen" Künstlern vor Erreichen ihrer Voll-Professionalität. In ihrer manifesten Funktion begreifen Künstlergruppen sich meist als Avantgarde, während sie in ihren latenten Funktionen ein Substitut für jene fehlenden professionspolitischen Organisationen darstellen, über die andere bürgerliche Professionen die Eigenkontrolle des Berufszugangs durch Prüfungs- und Approbationsordnungen etc. ausüben.[57]

In diesem Kapitel werden zwei zu ihrer Zeit einflussreiche literarische Gruppierungen, der George-Kreis und die Gruppe 47, unter dem Gesichtspunkt verglichen, mit welchen unterschiedlichen Strategien solche informelle Gruppen „symbolische Gewinne" erwirtschaften, indem sie nicht nur *Anerkennung*, sondern auch *Dominanz* im literarischen Feld anstreben. Anders als der Literaturhistoriker, der zwei so verschiedenartige Gruppen mit derart heterogenen historischen Kontexten wohl nur mit erheblichen Skrupeln vergleichen würde, fühlt sich der Soziologe von Max Webers methodischem Vorgehen in „Wirtschaft und Gesellschaft" ermutigt, Strukturen und Institutionen unterschiedlicher Gesellschaften auch über die Zeiten hinweg zu vergleichen. Statt deren geistesgeschichtliche Horizonte mit der hermeneutischen Akribie des Philologen auszuleuchten, begnügt er sich mit rohen Skizzen ihrer kontextuellen Strukturmerkmale. Unsere Auswahl bezieht ihren Charme daraus, dass identische Gruppenziele (Anerkennung und Dominanz

---

56 Streng genommen ist ihm noch das rezipierende Publikum, der „passive" Teil der literarischen Öffentlichkeit, hinzuzurechnen.

57 Im Anschluss an Max Webers „sozialer Schließung" spricht Randall Collins (1987) von „professioneller Schließung", durch die sich eine Profession Erwerbschancen als exklusives Eigentum aneignet.

2. Literarisches Feld und „verkehrte Ökonomie"

im literarischen Feld) bei höchstmöglicher Divergenz des strategischen Vorgehens (Exklusivität vs. Öffentlichkeit) und in sehr verschieden strukturierten Feldern jeweils erfolgreich durchgesetzt werden. Unter dem Gesichtspunkt unserer Fragestellung wird zunächst Bourdieus Theoriekonzept des literarischen Feldes expliziert (2), sodann stellen wir in zwei skizzenhaften Aufrissen die beiden Gruppierungen vor (3 u. 4), bevor sie mit ihren charakteristischen Merkmalen und Strategien verglichen werden (5). Schließlich versuchen wir die Befunde unserer Analyse in einem Resümee zu verallgemeinern (6).

2. Literarisches Feld und „verkehrte Ökonomie"

Der von Pierre Bourdieu geprägte Begriff des „literarischen Feldes" ist in seinem Verständnis eines der Felder der kulturellen Produktionen (neben Malerei, Musik, Film, Wissenschaft etc.). Es bezeichnet eine relativ autonome, von besonderen Regeln durchwirkte Handlungssphäre vergesellschafteter Menschen mit spezifischen – zum Habitus verdichteten – Qualifikationen und Praktiken, die am Produkt Literatur beteiligt sind, also Autoren, Kritiker, Verleger. Institutionalisierung von Autonomie ist das Konstitutionsprinzip eines Feldes. Gemeinsam mit anderen Feldern (z.B. Wirtschaft, Administration, Bildung, Kunst, Religion) bildet das literarische den vertikal gegliederten sozialen Raum der Gesellschaft.[58] Es gibt die externe Hierarchie der Felder („sozialer Raum") und die interne Hierarchie jeden Feldes. Die Position eines Feldes ergibt sich aus der Bedeutung für die Gesellschaft und der von seinen Angehörigen durch den Einsatz von Machtressourcen errungenen und behaupteten Stellung im gesellschaftlichen Machtgefüge.[59] Die entscheidenden Machtressourcen sind ökonomisches, soziales, kulturelles und symbolisches Kapital – eine Familie von Kapitalien, die Bourdieu in produktiver Erweiterung des singulären Marxschen Kapitalbegriffs ins Leben gesetzt hat (vgl. Bourdieu 1983).[60] Kapital definiert er als „Instrument zur Aneignung von Chancen" (1993a: 119), mit denen spezifische Positionen erreicht oder Bedeutungen und Wertungen

---

58 Abgesehen von der vertikalen Gliederung liegt die Analogie zu Max Webers „Wertsphären" und Luhmanns gesellschaftlichen Teilsystemen nahe. Zu Parallelen und Unterschieden vgl. Kneer 2004; Bourdieu/Wacquant 2006: 134f.
59 Für dieses hat Bourdieu auch den Terminus „Feld der Macht" (1998: 48-52) eingeführt, das als übergreifendes Feld die hierarchische Positionierung der Klassen nach Volumen und Zusammensetzung ihres Kapitals in der Gesellschaft registriert.
60 Dem folgten später eine Vielzahl von Kapitalsorten, z.B. physisches, juristisches, militärisches, informationelles, politisches Kapital, die Bourdieu eher beiläufig, zum Teil als Unterarten des kulturellen und symbolischen Kapitals, einführte.

durchgesetzt werden können. Für die Analyse des literarischen Feldes ist der Begriff des *symbolischen* Kapitals von eminenter Bedeutung. Als Reflexionsform der drei anderen Kapitalsorten bezeichnet es den Ruf, das Prestige, die Berühmtheit, die jemand aufgrund der erworbenen Menge und Zusammensetzung der verschiedenen Kapitalsorten genießt. Es ist die „wahrgenommene und als legitim anerkannte Form der drei vorgenannten Kapitalien" (Bourdieu 1985: 11). Während die Verteilung von ökonomischem, sozialem und kulturellem Kapital unter Personen, Gruppen und Klassen in der Regel Gegenstand realer Kämpfe ist, resultiert die Verteilung symbolischen Kapitals aus symbolischen Kämpfen um die Bewertung von Leistungen insbesondere zwischen Klassenfraktionen innerhalb eines Feldes oder verschiedener Felder. Die Klasse, die genügend symbolisches Kapital akkumuliert hat, übt im Feld der künstlerischen Produktion Konsekrationsmacht aus, das heißt sie bestimmt über den legitimen Geschmack, über legitime Kunst.

Bourdieu klassifiziert die Schriftsteller und Künstler, die er der Sammelkategorie der Intellektuellen[61] zuordnet, als „beherrschte Fraktion der herrschenden Klasse" (Bourdieu 1992: 160), dominiert von den Inhabern der ökonomischen und politischen Macht. Was nichts anderes heißt, als dass das intellektuelle (auch: kulturelle, literarische, künstlerische) Feld im sozialen Raum dem ökonomischen und politischen Feld nachgeordnet ist. Symbolische Kämpfe der Schriftsteller gegen die Bourgeoisie (als herrschende Faktion der herrschenden Klasse) sind Kämpfe um die Position des literarischen Feldes im Machtgefüge der Gesellschaft („Feld der Macht"). Dabei geht es um Fragen der Unabhängigkeit der Literatur vom Markt und um den Zugriff der Schriftsteller auf kulturelle Institutionen wie Theater und (Zugang zu) Akademien.

In den einzelnen Feldern wiederum werden Gruppen- und Fraktionskämpfe um Macht und Einfluss nach feldspezifischen „Spielregeln" und Strategien ausgetragen. „Die Struktur des Feldes gibt den *Stand* der Machtverhältnisse zwischen den am Kampf beteiligten Akteuren oder Institutionen wieder bzw. (...) den *Stand* der Verteilung des spezifischen Kapitals, das im Verlauf früherer Kämpfe akkumuliert wurde und den Verlauf späterer Kämpfe bestimmt." (Bourdieu 1993b: 108; Hervorh. i.O.) Die „Alteingesessenen" verfolgen Konservierungsstrategien, die „Neulinge" Subversivstrategien (ebd.: 188). Selbstverständlich hat auch „das literarische Feld seine Herrschenden und seine Beherrschten, seine Konservato-

---

61 Den Intellektuellen definiert Bourdieu als „bi-dimensionales Wesen": er muss als Kulturproduzent „einer intellektuell autonomen, d.h. von religiösen, politischen, ökonomischen usf. Mächten unabhängigen Welt (einem Feld) angehören und deren besondere Gesetze akzeptieren; zum anderen muss er in eine politische Aktion, die in jedem Fall außerhalb des intellektuellen Feldes im engeren Sinne stattfindet, seine spezifische Kompetenz und Fähigkeit einbringen, die er innerhalb des intellektuellen Feldes erworben hat" (Bourdieu 1991: 42).

2. Literarisches Feld und „verkehrte Ökonomie"

ren und seine Avantgarden, seine subversiven Kämpfe und seine Reproduktionsmechanismen" (Bourdieu 1992: 155). In den symbolischen Kämpfen geht es einmal um die Definition der Zulassungsvoraussetzungen zum Feld, ein andermal um die Bewahrung oder Veränderung von Positionen im Feld. Typisch für den agonalen Charakter des literarischen (künstlerischen etc.) Feldes sind die symbolischen Kämpfe der Avantgarden, zum Beispiel legitime Kultur gegen populäre, abstrakte Künstler gegen realistische, Autorenfilmer gegen „Papas Kino". Macht im literarischen Feld manifestiert sich etwa darin: „zu publizieren oder die Publikation zu verweigern" (ebd.: 156); auch darin, dass ein anerkannter Autor sein Kapital durch lobende Rezension auf einen unbekannten Autor übertragen kann. Schließlich können Akteure ihre Macht bzw. ihr Kapital von einem Feld auf ein anderes Feld übertragen. Derartige Konvertierungsstrategien haben, je nach Art des Kapitals, freilich ihre Grenzen, sind indessen alltägliche Praxis. So kann beispielsweise das wirtschaftlich starke Unternehmen mit ökonomischem Kapital, etwa als Sponsor, Einfluss auf das kulturelle Feld (Ausstellungswesen, Theateraufführungen) nehmen; und der Nobelpreisträger für Literatur kann als Wahlkämpfer für eine Partei sein im literarischen Feld erworbenes kulturelles Kapital im politischen Feld zur Geltung bringen.

Unter der Fragestellung wie feldspezifische Macht aufgebaut, eingesetzt, erhalten, transformiert und konvertiert wird, hat Bourdieu (1999) die Ausdifferenzierung (Autonomisierung) des literarischen Feldes im Frankreich der zweiten Hälfte des 19. Jahrhunderts detailliert analysiert und dabei drei Phasen unterschieden: erstens die heroische Phase der Distanzierung der „autonomen" Literatur (mit Flaubert und Baudelaire als „Gesetzgeber") von der herrschenden bürgerlichen Kultur; zweitens die Phase des koexistierenden Dualismus von autonomem literarischen Feld der Bohème und der bürgerlichen Kultur des Massenpublikums; drittens die Phase der Eroberung einflussreicher Institutionen des etablierten Kulturbetriebs (Akademien, Theater, Verlage) durch die Bohème. Bourdieu argumentiert, dass in diesen Machtkämpfen der Bourgeoisie die Dominanz über das kulturelle Feld tendenziell entwunden werden konnte – nicht zuletzt deshalb, weil sich die Bohème von den beiden Institutionen der strukturellen Herrschaft des Bürgertums über die Künstler – *Markt* und *Salon* – unabhängig machte. Sie errang die Autonomie des literarischen und künstlerischen Feldes, indem sie ein eigenes Milieu gegenseitiger Unterstützung schuf, das es ihr erlaubte, sich vom ökonomischen Erfolg (Auflagenzahlen etc.) und von den Normen bürgerlicher Lebensführung freizumachen, um ausschließlich der Kunst zu dienen. Sie konnte über den Bourgeois nur triumphieren, indem sie ihn als Kunden abschaffte. Denn: „Heteronomie entsteht (...) mit der Nachfrage." (Bourdieu 1997: 40)

Nach Bourdieus Verständnis handelt es sich hierbei um eine Strategie im Machtkampf der Klassen und Klassenfraktionen. *Strategien* versteht er weder als regelhaft determinierte noch als rational kalkulierte, sondern als den „gekonnten praktischen Umgang mit der immanenten Logik eines Spiels" (Bourdieu 1992: 81ff); sie entspringen dem „sozialen Sinn" für das Spiel und die Einsätze innerhalb eines Feldes.

Die „Gesellschaft der Künstler", schreibt Bourdieu, „ist jedoch nicht nur das Labor, in dem jene ganz besondere Lebensweise entwickelt wird" (Bourdieu 1999: 99), sie wird auch zu ihrem eigenen Markt: Die Produzenten haben zunächst nur „ihre eigenen Konkurrenten als Kunden" (ebd.: 135); und die Leserschaft der vielen kleinen, nur kurzfristig existierenden Zeitschriften setzt sich „vor allem aus den Mitarbeitern und deren Freunden zusammen" (ebd.: 136). Aber immerhin erzeugt ihr konsequentes Vorgehen Aufmerksamkeit und Anerkennung außerhalb ihres Kreises – bei den nicht-avantgardistischen Kunstrichtungen und dem bürgerlichen Publikum.

Dies bringt Bourdieu zu einer bemerkenswerten Einsicht: Im literarischen Feld herrscht eine „verkehrte Ökonomie", das heißt symbolische Gewinne entstehen durch ökonomische Verluste. „Wer verliert, gewinnt." (Bourdieu 1999: 345). Dafür stehen insbesondere Baudelaire und Flaubert, die die Unabhängigkeit des Künstlers über alles stellten. Weil er eine zu weite Verbreitung seines Buches befürchtete, schlug Baudelaire die ihm von einem Verleger angebotenen günstigen finanziellen Bedingungen und besseren Vertriebswege für die Veröffentlichung seiner „Fleurs du Mal" aus und wählte stattdessen einen kleineren Verleger, der sich für die avantgardistische Dichtung einsetzte (ebd.: 113). Aus Flauberts Korrespondenz zitiert Bourdieu eindrucksvolle Belege seiner Verachtung gegenüber den für Geld schreibenden Literaten und seiner Geringschätzung des Publikums. So verkündete er stolz er in einem Brief „Wir sind Luxusarbeiter und keiner ist reich genug, uns zu bezahlen" (ebd.: 135) und bekennt in einem anderen, er würde „eher Aufseher in einem Internat werden, als vier Zeilen für Geld zu schreiben" (ebd.: 139). Öffentliche Ehrungen lehnte er mit dem Ausspruch „Ehren entehren" ab; und einem Kollegen warf er vor: „Haben Sie es nötig zum Publikum zu sprechen? Es ist unserer Vertraulichkeiten nicht würdig" (ebd.: 130f.).

Bei der Marktverweigerung handelt es sich, genau besehen, um eine „Zeitverschiebung zwischen Angebot und Nachfrage" (Bourdieu 1999: 135). Früher oder später werden symbolische Gewinne in ökonomische umtauschbar. Unmittelbarer Erfolg bleibt indessen suspekt. Künstler müssen warten können, bis die Avantgarde auch von anderen als ihren eigenen Anhängern wahrgenommen und gelesen wird; denn sie schreiben für ein Publikum, das sich zu ihren Werken erst noch „hochentwickeln" muss. Bourdieu spricht von langen, zukunftorientierten (und damit risikoreichen) Produktionszyklen (ebd.: 229). In der Zwischenzeit, bedarf es freilich, um sich vom Zwang des Gelderwerbs zu emanzipieren, des ererbten ökonomischen Kapitals und/oder der Einschränkung von Ansprüchen. Auf Flaubert traf beides zu: er erfreute sich seiner Pension und enthielt sich „einiger Annehmlichkeiten" (ebd.: 139) – und vermehrte so sein symbolisches Kapital.

Ohne der Theoriearchitektur Bourdieus in ihren Verästelungen zu folgen, wollen wir in den nachfolgenden Abschnitten einige seiner Zentralbegriffe für die Darstellung und Analyse zweier literarischer Gruppierungen nutzen. Als wichtig erscheinen dabei vor allem seine Einsichten in Struktur und Dynamik des literarischen Feldes als Austragungsort symbolischer Kämpfe um Definitions- und Legitimationsmacht zwischen Gruppen und Individuen mit ihren spezifischen Machtressourcen und Strategien, seine Erklärungen zum Wandel feldinterner Koalitions- und Hierarchiebildungen sowie seine Hinweise auf die kapitalbasierten Interaktionen zwischen literarischem und anderen Feldern insbesondere im Kampf um die Autonomie der Literatur.

3. Skizze des George-Kreises[62]

Die in der Literaturgeschichte geläufige Bezeichnung „George-Kreis"[63] steht für eine der langlebigsten literarischen Gruppierungen, die sich sowohl durch eine charismatische Führergestalt wie durch einen hochgradig exklusiven Charakter mit gleichzeitig epochaler Ausstrahlung auf ihre kulturelle und wissenschaftliche Umwelt auszeichnete. Die Bezeichnung hat freilich nur heuristischen Wert, da es mehrere George-Kreise gegeben hat. Zumindest zwei Kreise sind zu unterscheiden: erstens der lockere, gleichwohl exklusive Zusammenschluss gleichrangiger Autoren um die „Blätter für die Kunst" in den 1890er Jahren und zweitens der „ideelle Bund", ein innerer Kreis des charismatischen Meisters und seiner ihn adorierenden Jünger, nach der Jahrhundertwende. Folgen wir dem Strategie-Ver-

---

[62] Die literaturwissenschaftlichen Publikationen zum George-Kreis sind Legion. Ergiebige Bibliographien sind die von Landmann (1976) und die zeitlich anschließende der Stefan George Stiftung (2000). Von den Arbeiten, die den Kreis unter soziologischen Gesichtspunkten betrachten, sind hervorzuheben: die materialreiche Habilitationsschrift von Kolk (1998) sowie Breuer (1995); Fügen (1972 und 1974); Baumann (2000). Zum Verhältnis zeitgenössischer Soziologen zum George-Kreis vgl. Lepenies (1985: 311-356) sowie, speziell über Georg Simmel, Landmann (1984) und, speziell über Max Weber, Weiller (1994). Über die Publikations- und Medienpolitik Georges vgl. Bondi (1934); Klluncker (1974); Mettler (1979); Roos (2000); Blasberg (2000).

[63] Die Bezeichnung *Kreis* „wird summarisch, ohne spezifische soziologische Füllung auf Gruppen von Personen angewendet, die bestimmte Ähnlichkeiten oder Affinitäten aufweisen" (Kolk 1998: 115).

ständnis Bourdieus, dann können wir den frühen Kreis als vornehmlich im Dienste des Aufbaus von Konsekrationsmacht im literarischen Feld begreifen, während der spätere Kreis das akkumulierte soziale und symbolische Kapital in den Kampf um Einfluss und Dominanz in den benachbarten Feldern von Kultur, Wissenschaft und Politik investierte.

Blätter-Kreis

Der frühe Kreis gruppierte sich um die exklusive Zeitschrift „Blätter für die Kunst". Die 1892 gegründete (in insgesamt 12 lockeren Folgen mit jeweils fünf Heften à 32 Seiten im Privatdruck erscheinende und 1919 eingestellte) Zeitschrift mit einer bewusst bescheidenen Aufmachung, die sie bis zum Schluss beibehielt, lud zur Mitarbeit nur „ganz intime gefährten und gefährtinnen" ein (Klein an Hofmannsthal; BW G/H: 21)[64]. Als ihr Herausgeber fungierte Georges Schulfreund Carl August Klein. Das erste Heft mit einer Auflage von 100 Exemplaren verkündete auf dem Titelblatt: „Diese zeitschrift im verlag des herausgebers hat einen geschlossenen von den mitgliedern geladenen leserkreis" (Kluncker 1974: 21), eine Mitteilung übrigens, die kontrafaktisch bis zur letzten Folge beibehalten wurde (ebd.: 63). Sie lag allerdings nur in drei ausgewählten Buchhandlungen in Berlin, Wien und Paris aus, den Erscheinungsorten der ersten Privatdrucke von Georges Gedichtbänden (ebd.: 20). Der Vorrede zum ersten Heft zufolge war eines ihrer Ziele, „zerstreute noch unbekannte ähnlichgesinnte zu entdecken und anzuwerben" (George DB: 2166). Die Beiträger waren ihr erster Leserkreis, jeder Leser ihr potentieller Autor. Die Kosten des Drucks verteilten die Autoren unter sich.

Ganz im Geiste des *l'art pour l'art* Baudelaires, Verlaines und Mallarmés, deren Kunstverständnis den bilingual aufgewachsenen George stark beeinflusst hat,[65] stand die Zeitschrift im Dienst „einer kunst für die kunst"; und abhold aller „weltverbesserungen und allbeglückungsträumen" (George DB: 2165; Landmann 1965: 15), befeindete sie die sogenannte naturalistische Literatur ebenso wie an-

---

64 Für den Briefwechsel (BW) werden folgende Siglen verwendet:
   BW G/G: Stefan George – Friedrich Gundolf Briefwechsel. Hg. Robert Boehringer und Georg Peter Landmann. München 1962;
   BW G/H: Briefwechsel zwischen George und Hofmannsthal. 2. erg. Aufl. München 1953;
   BW G/W: Stefan George – Friedrich Wolters Briefwechsel 1904-1930. Hg. M. Philipp. Amsterdam 1998;
   BW W/G: Karl und Hanna Wolfskehl Briefwechsel mit Friedrich Gundolf. 2 Bde. Hg. Karlhans Kluncker. 2. Aufl. Amsterdam 1976.
65 Bereits als Einundzwanzigjähriger fand George während seines mehrmonatigen Parisaufenthalts Kontakt zu Verlaine und Zugang zu Mallarmés wöchentlichem Konversationskreis; Baudelaires „Les fleurs du mal" wurde von ihm übersetzt.

3. Skizze des George-Kreises

dere literarische Gegenwartsströmungen.[66] Sie setzte bewusst auf junge Autoren, literarische Novizen, die sie – als „unbefleckt" von Kämpfen und Karrieregeplänkel im literarischen Feld – an die „Blätter" binden wollte.[67] Ihr Leitbild ist der „geistige" Künstler als Antipode zum Literaten, welcher die Masse bedient (Kolk 1998: 104). „Die ‚heiligkeit' der Kunst erfordert den Verzicht auf ökonomisches Kalkül und den ‚bund mit beliebigen schreibmenschen'. (...) Die Ethik des wahren Künstlers verbietet ihm marktgängige Produktionsformen, die sich um öffentliche Anerkennung und kontinuierliche Präsenz in Publikationsorganen bemühen." (ebd.: 99) Die Parallele zu Baudelaires und Flauberts distanzierter Einstellung zu Markt und Publikum ist offensichtlich. Georges Idosynkrasie gegenüber dem Kommerziellen teilte offenbar auch sein Zeitgenosse Arnold Schönberg, der Gedichte und Zyklen von George vertont hatte und mit ihm den Anspruch am „autonomen Kunstwerk" vertrat. Er erfand nach mehreren Skandalen öffentlicher Aufführungen seiner Werke, das „Privat-Konzert", wodurch er sich von der Öffentlichkeit unabhängig machte und hierzu eigens einen „Verein für musikalische Privataufführungen" gründete (Steinert 1993: 71ff.).

Der sich um die Zeitschrift gruppierende Kreis bestand vor 1900 aus einer „Gruppe gleichaltriger Dichter und Künstler, die zum großen Teil unabhängig voneinander (...) ohne feste persönliche Bindung an George, doch nach dem Vorbild seiner Dichtung und Ästhetik, sich vor allem durch ein neues Stilideal verbunden fühlten" (Winkler 1972: 56) und im intim feierlichen Kreise seinen Lesungen lauschten – „Poesie als zelebriertes Sakrament" (Braungart 1997: 18). Sie bildete eine lockere literarische Gemeinschaft, mehr Netzwerk als Gruppe, in der freilich George als zentrale Instanz fungierte, der die eingehenden Beiträge bewertete, auch selbstherrlich in sie hineinredigierte, und neue Autoren rekrutierte, die durch persönliche Kontakte an die Zeitschrift gebunden wurden. Die halbinformelle Zeitschrift rangierte „zwischen Privatbrief und Publikation" mit dem „Charakter eines gruppenintern zirkulierenden Manifestes" (Kolk 1998: 49); ihre durchschnittliche Auflage lag bei 300 Exemplaren (Klunker 1974: 62).[68] Die Reihenfolge der Beiträge bestimmte jeweils George. Eröffnet wurden die einzelnen Hefte in der Regel mit George, gefolgt von Hugo von Hofmannsthal, Paul Gérardy und Karl Wolfskehl; den Abschluss vor den Novizen bildeten meist Übertragungen von George (vgl. das ausführliche Inhaltsverzeichnis in Kluncker 1974: 190-279). Die Mitar-

---

66 Zu den befreundeten Autoren zählten Hauptmann, Bahr, Dehmel, Borchardt, Schröder. „Zu den verpönten Gattungen gehörten die Erzählung, das soziale Drama und der Roman." (Lepenies 1985: 316)
67 „48% der *Blätter*-Autoren sind bei ihrer ersten Veröffentlichung in der Zeitschrift unter 25 Jahre alt." (Kolk 1998: 67 Fn.)
68 Ein Abonnentenverzeichnis von 1903 führt 151 Adressaten auf (Kluncker 1974: 62).

beiter traten noch wenig miteinander in Kontakt, standen aber in Verbindung und Bekanntschaft mit George. In dem sechs Jahre jüngeren Hofmannsthal sah George sein Alter ego.[69] Doch während dieser sich der besitzergreifenden Vereinnahmung schließlich entzog (und dafür den späteren Unmut des Kreises erntete), entwickelte sich zwischen George und Wolfskehl ein besonders inniges Verhältnis.

Ein engerer Kreis – die „Kosmische Runde" – bildete sich mit George, Ludwig Klages, Alfred Schuler, Karl Wolfskehl und anderen in München als Diskussionszirkel in Privatwohnungen mit dem gastlichen Mittelpunkt des Hauses von Wolfskehl. George nahm an den Treffen der Kosmiker teil, wenn immer er in München war. Die auf symmetrischer Kommunikation und sozialer Gleichrangigkeit der Teilnehmer basierende Kosmische Runde zerbrach am Streit zwischen George und Klages über die Qualität der „Blätter" und Fragen über die Rolle von Kunst und Künstlern.

Ein anderes enges Beziehungsnetz knüpfte George in Berlin, wo er jährlich mehrere Monate verbrachte und begehrter Gast in den Salons der Jahrhundertwende war.[70] Wiederholte Lesungen vor einem ausgewählten Kreis (mit einem Kontingent für Damen[71]) im Hause des Malerehepaars Reinhold und Sabine Lepsius und seines Verlegers Georg Bondi führten ihn mit Intellektuellen der Berliner Universität (unter ihnen Max Dessoir, Kurt Breysig und Georg Simmel) zusammen. Häufig verkehrte George auch im Haus der Simmels. Mit Nietzsche als dem „gemeinsamen Ahn" waren George und Simmel in „Freundschaft und gegenseitiger Befruchtung" (Landmann 1984: 147f.) verbunden. „Wie Nietzsche für das ‚individuelle Gesetz' den theoretischern Anstoß gab, so gab George Simmel von der menschlichen Seite her (...) dessen anschauliche Bestätigung" (ebd.: 150).

Es waren die befreundeten Geisteswissenschaftler, die in ihren Vorlesungen und mit Veröffentlichungen über George die Vermittlung zur kulturellen Öffentlichkeit herstellten.

Im Kolleg des Kunstphilosophen Dessoir trug George mehrmals seine Gedichte vor (Breuer 1995: 169). Simmel, der „vom Katheder herab Rodin und George" als die „grössten Künstler des Jahrhunderts" bezeichnete (Gundolf in BW G/G:

---

69 „o mein zwillingsbruder -", heißt es emphatisch in einem frühen Brief Georges an Hofmannsthal (BW G/H: 13)
70 Darin unterscheidet sich George und sein Kreis übrigens von der Pariser Bohème, die die bürgerlichen Salons strikt mied.
71 Simmel, der zu einem Vorleseabend bei Lepsius ein „Fräulein Kantorowicz" einführen möchte, bedauerte in einem Brief an George, dass ihm der Gastgeber mitgeteilt habe, „die Zahl der zugelassenen Damen" sei schon erreicht; gleichwohl erhielt er die Erlaubnis, einen weiteren Herrn – es handelte sich um Rilke – einzuführen (vgl. Simmel 2005: 269f.).

3. Skizze des George-Kreises 149

180), schrieb drei Aufsätze über ihn.[72] Im ersten, einer „kunstphilosophischen Betrachtung", verglich er George mit dem späten Goethe (Simmel 1992: 290). Die Aufzählung seiner bisher erschienenen Gedichtzyklen verband er mit dem Hinweis auf die exklusive Publikationsstrategie: „Alle sind nur in ganz wenigen Exemplaren gedruckt und im Buchhandel kaum erhältlich. Die von George und seinen Anhängern seit einigen Jahren herausgegebene Zeitschrift ‚Blätter für die Kunst' ist zwar auch nur für einen geladenen Leserkreis gedruckt, doch sind einzelne Hefte hier und da käuflich." (ebd.: 287)

Der ostentative Gestus der Exklusivität und die elitäre Distanzierung von „jenen abgeschmackten befleckenden (sogenannten modernen) zeitschriften" (Klein in einem Brief an Hofmannsthal; BW G/H: 21) sind die strategisch gewählten Mittel, die Distinktion nach außen und Verbundenheit nach innen erzeugen. Der Briefwechsel Georges (und seines Beauftragten Klein) mit Hofmannsthal legt das strategische Kalkül offen: George strebt die Verdopplung des symbolischen Kapitals an. Der Wiener Dichter, als ebenbürtiges und bereits berühmtes Talent umworben, soll von den „halb-dichtern" und „reimköchen" getrennt und als eine der „beiden hauptstützen" in den „streng exclusiven charakter der sache" (Klein; BW G/H: 21) eingebunden werden, nicht ohne seine Veröffentlichungen in anderen Publikationsorganen zu mißbilligen.[73] Hofmannsthals Wunsch, ihn „als gelegentlichen Mitarbeiter" und „neutralen Bestandteil des wohlwollenden Publicums" (ebd.: 69) anzusehen, replizierte Klein mit den harschen Worten: „es ist durch den charakter der gründung keinem mitarbeiter verstattet nur insofern es ihm angenehm dünkt mitzuwirken" (ebd: 69). Nachdem Hofmannsthal die erbetene „unzweifelhafte stellungnahme" (ebd.: 70) nicht geliefert hat, avisierte Klein dem nun bereits als „früheren Mitarbeiter" adressierten einige Monate später eine „parteilose notiz" (ebd.: 70) in den „Blättern" über den Verzicht auf seine Mitarbeit. Doch dazu kam es nicht. Trotz seiner Vorhaltungen[74] ließ George Hofmannsthals gelegentliche Mitarbeit zu; er blieb ständig bemüht, von Hofmannsthal nur irgend etwas zur Veröffentlichung zu erhalten.[75] Zu einer der zahlreichen Irritationen Hof-

---

72 „Stefan George. Eine kunstphilosophische Betrachtung" (Die Zukunft, 1898); „Stefan George" (Die Neue Rundschau, 1901); „Der Siebente Ring" (Münchner Neueste Nachrichten, 1909).
73 „Sie besonders möchte ich noch darum bitten sich recht rege zu beteiligen und Ihre kräfte nicht den ganz wertlosen veröffentlichungen zu leihen" (George; BW G/H: 81).
74 Etwa derart: „... ersuche ich um das eine keinen von den berufs-schreibern in Ihre beratung zu ziehen besonders keinen von den schwachsinnigen Berliner halb-dichtern" (BW G/H: 111). Noch krasser der Tadel Kleins: „wir konnten es keinem mitglied unseres kreises verwehren in den bezahlenden grossen tageblättern zu ihrem lebensunterhalt zu schreiben, wol aber in so niedrigen konglomeraten wie Moderner Musenalmanach und tiefer stehenden sich zu verewigen." (ebd.: 71)
75 Gegenüber Gundolf macht Wolfskehl geltend: „Neben George aber gibt es Hofmannsthal und das andere bis zum Lechter- und Laienliebling Rilke n'existe pas" (BW W/G:II: 239).

mannsthals führte der Versuch, ihn zu instrumentalisieren. Von Klein gebeten, „in einem anderen öffentlichen Blatt unser Unternehmen zu besprechen", antwortete Hofmannsthal befremdet: „Wozu? warum dann nicht gleich meine Sachen wo anders unter Fremden abdrucken lassen? dann habe ich offenbar das ganze Wesen der Gründung falsch verstanden?" (ebd.: 52f). Mit dialektischer Finesse antwortete Klein: „mein vorschlag sagt durchaus nichts gegen die prinzipien der Blätter die hauptsächlich *kunstwerke* die zu bedeutend sind um auf den grossen markt gebracht zu werden in sich vereinen", aber: „wenn über etwas nicht gesprochen wird so sieht es (selbst für intelligentere autoren) aus als ob es nicht wert wäre behandelt zu werden" (ebd: 54f.; Hervorh. i.O.). Als sich das Scheitern der Fusion beider Geister für das gemeinsame Projekt abzeichnete, hielt George seinem „Zwillingsbruder" schließlich resigniert vor: „Ich war des festen glaubens dass wir – Sie und ich – durch jahre in unsrem schrifttum eine sehr heilsame diktatur hätten üben können. dass es dazu nicht kam mach ich Sie allein verantwortlich. (...) mich schmerzte es Sie mit soundsovielen belanglosen menschen in der gleichen schlachtreihe zu sehen." (ebd.: 150f.)

Wie Hofmannsthals Zurückweichen vor Georges Vereinnahmung psychologisch auch immer zu deuten ist (vgl. dazu Breuer 1995: 128ff.), beider Vorstellungen über das Auftreten auf dem literarischen Markt waren jedenfalls divergierende. Hofmannsthal wollte seine Verbindungen zu den im Kreis wenig geschätzten Dichterkollegen (unter ihnen Rudolf Borchardt und Rudolf Alexander Schröder) nicht aufgeben und seine anderen Publikationsmöglichkeiten nicht aufs Spiel setzen, kurz: „seine abweichenden Strategien im literarischen Feld nicht denen der ‚Blätter'-Gruppe unterordnen" (Kolk 1998: 83). „Im Zerfall der Freundschaft Georges mit Hofmannsthal" – so Adorno in der ihm eigenen dialektischen Diktion – „setzt der Markt sich durch, in dessen Negation ihre Lyrik entspringt; die sich gegen die Erniedrigung durch Konkurrenz wehren, verlieren sich als Konkurrenten" (1977c: 220).

Wenn die Exklusivität der „Blätter" ohne Zweifel dem strategischen Interesse diente, die künstlerischen Ambitionen unter Umgehung des Marktes im literarischen Feld durchzusetzen, schloss dies nicht aus, sich um Rezensionen in anderen, vornehmlich in ausländischen Zeitschriften zu bemühen. Die zunehmende Resonanz der „Blätter" und der Lesungen Georges in der professionellen Literaturkritik ab Mitte der 1890er Jahre verdankte sich der Strategie, Exklusives bekannt zu machen, ohne dessen Zugänglichkeit zu erleichtern, um das Verlangen danach zu steigern. Der Kreis, der die Verlage mied, sah sich bald von Verlegern umworben. Es war Georg Bondi, der vor dem ebenfalls interessierten Mitbewerber Diederichs den Zuschlag erhielt (Bondi 1965: 9). Selbstverlag und öffentlicher

Verlag operierten ab 1898 parallel nebeneinander. Gegenüber Hofmannsthal erklärte George seinen Sinneswandel damit, er habe einen Teil seiner Privatdrucke „in verlag gegeben damit man sich nicht mehr über meine ‚unerhältlichkeit' beklagt" (BW G/H: 49). Die von Bondi herausgebrachten „Auslesen" und Wiederauflagen aus der „Blätter"-Produktion wurden einheitlich gekennzeichnet mit einer (von Georges Freund Melchior Lechter entworfenen) Verlagsvignette, die mit dem Namen „Blätter für die Kunst" auf den Selbstverlag verwies. Die Verklammerung beider Verlage erwies sich als eine geschickte Vermarktungsstrategie, da durch sie die „Blätter"-Publikationen immer bekannter wurden (Mettler 1979: 19).

Erfolg jedenfalls blieb dem als „Mann des exklusiven Privatdrucks" (Osterkamp 2005: 227) mit 100 bis 300 Exemplaren seiner Publikationen begonnenen Dichter in dem von ihm verachteten Literaturbetrieb nicht versagt: Von den erstmals ab 1899 auf dem öffentlichen Buchmarkt erschienenen Gedichtbänden wurden – wie ein Jahr nach Georges Tod sein Verleger Bondi schrieb – keiner mit weniger als 10.000 Exemplare gedruckt (ebd.).[76] Wenn am Ende seines Lebens die anfängliche „Marktverweigerung" in eine „Überproduktion" auf dem Lyrikmarkt umgeschlagen war, ist dies als ein durchschlagender Erfolg jener von Bourdieu skizzierten „verkehrten Ökonomie" zu werten. Ernten konnten Autor und Verleger ihn mit der Unterstützung eines „Interpretationskartells" (Blasberg 2000: 122) prominenter Kulturwissenschaftler (Breysig, Simmel, Gundolf, Kommerell), die die Rezeption von Georges Werk im intellektuellen Feld zu forcieren verstanden.

Ideeller Bund

George hatte ursprünglich einen Kreis von Gefährten gesucht, die sich von seinem Maß und seiner Forderung angesprochen und zu ihm hingezogen fühlen. Nachdem Hofmannsthal, Klages und andere Gleichaltrige sich von ihm abgewandt hatten und seine unermüdlichen Reisen durch die Länder Europas, „um gleichwertig vorbildliche Gefährten um sich zu scharen" (Winkler 1972: 63), mehr Enttäuschungen als Erfolge gezeitigt hatten, trat nach der Jahrhundertwende jene Wendung ein, die George gegenüber Hofmannsthal (in dem oben zitierten Brief) wie folgt charakterisierte: „Heute ist dies alles leichter zu vergessen da unsre bestrebungen doch zu einem guten ende geführt wurden und eine jugend hinter uns kommt voll vertrauen selbstzucht und glühendem schönheitswunsch" (BW G/H: 151).

---

76 Anzumerken ist hier, dass George nie von seiner schriftstellerischen Arbeit lebte. Er lehnte es geradezu ab, aus seinem künstlerischem Schaffen finanzielle Vorteile zu ziehen. Eine Rente aus dem elterlichen Betrieb und später auch Zuwendungen aus seinem größer werdendem Kreis ließen ihn ein von materiellen Dingen unabhängiges – im übrigen selbstgenügsames – Leben führen. Über ein Bankkonto, das ihm Bondi während der Inflationszeit angeraten hatte, verfügte er nur für kurze Zeit (Bondi 1965: 15).

Die Zäsur manifestierte sich nicht nur in einer Erneuerung der Mitarbeiter der „Blätter"; von den Beiträgern der neunziger Jahre blieb allein Wolfskehl der Zeitschrift verbunden. Ihr Fokus ist nicht mehr primär die „neue Kunst", sondern das „neue Leben". Der Beitritt neuer und jüngerer Freunde führte zu einer – von George gewollten und gelenkten – Umschichtung des Kreises. Die relativ soziale Gleichrangigkeit der Teilnehmer trat hinter Gruppenformen zurück mit „explizit propagierten Hierarchien" (Kolk 1998: 87). In der nach Rangordnungen organisierten Gefolgschaft bestimmte „der Wert des Einzelnen sich aus seiner Nähe zum Meister" (Schonauer 2000: 92). Die neuen Jünger wurden nach Prüfung ihrer Würdigkeit berufen und erwählt. Der „Staat", wie George den neuen Kreis zu bezeichnen pflegte, war reiner Männerbund. Waren einzelne Frauen noch zum Kreis der „Blätter" zugelassen, die (wie Gertrud Kantorowicz) darin publizieren durften (wenn auch unter männlichem Pseudonym), galten sie nunmehr als „bündezerstörerisch". Wie sein Biograph Robert Boehringer konstatierte, hat George „das Zölibat nicht förmlich gefordert – so etwas tat er nie – aber die Freunde wussten, dass er die Frau nicht in seinem Staate haben wollte und die Bindung der Familie als Hindernis empfand" (1967: 126f.). In der „Platonischen Akademie" konnten „Frauen, als Verkörperung der Verführung, (...) da nur stören" (Breuer 1995: 46f.).

Als erster, auf den das Wort „Jünger" voll zutrifft, ist Friedrich Gundolf zu nennen. Der neunzehnjährige, hochbegabte Jüngling, Sohn des Darmstädter Mathematikprofessors Gundelfinger, wurde nach der Aufnahme seines Studiums in München durch Wolfskehl zu George geführt. Von dessen männlicher Schönheit beeindruckt, machte George ihn (nach seiner Umbenennung in Gundolf) „zu seinem Vertrauten, der ihn auf Reisen begleitet, und einen Teil der Korrespondenz erledigt und gelegentlich auch andere, wichtigere Missionen des Dichters übernehmen darf" (Schonauer 2000: 92). Das Meister-Jünger-Verhältnis zwischen George und Gundolf bildete gleichsam den Nukleus des neuen Kreises um George.[77] Zur „Phänomenologie des Jüngers" schreibt Rainer Kolk (1998: 233ff.): Das zukünftige Mitglied der Gruppe unterwirft sich nicht den Maximen und internen Normen, sondern assimiliert sich ihnen, indem sie ihm – nach einem veritablen Konversionserlebnis – zu intrinsischen Motiven für eine grundlegend reorganisierte Lebensform werden. Charakteristisch für diesen ist „ein systematisierter Lebensstil, der sich ostentativ gegen Hedonismus und Subjektivismus sperrt" (Kolk 1998:

---

[77] Die Anreden in seinen Briefen an George, von denen kaum einer ohne die Versicherung der Ehrfurcht und Treue zum Meister auskommt, lauten: „Teuerster Meister", „Liebster Meister", auch „Mein teurer grosser goldner Meister" (s. BW G/G). Während Friedrich Wolters seine ersten Briefe noch mit „Hoher Meister" eröffnet, beschränkt er sich später grundsätzlich auf die schmucklosere, wenn auch kaum minder devote Anrede „Meister" (s. BW G/W). Im Schriftverkehr der Jünger untereinander wird häufig die Abkürzung „d. M." (für: der Meister) benutzt.

3. Skizze des George-Kreises

242), in affektkontrollierter Selbstbeherrschung die Bereitschaft zur unbedingten Leistung, zum Aushalten, zum Standhalten erzeugt und – nun vollends im soldatischen Vokabular – den Dienst, die Zucht, die Selbsthingabe und das Opfer feiert.[78]

Die Begegnung mit Max („Maximin") Kronberger, einem vierzehnjährigen Jüngling, in München wurde für George zum zentralen Erlebnis. Zweifellos homoerotisch grundiert, war diese Begegnung, der Aussage eines nahestehenden Zeitgenossen (Robert Boehringer) zufolge, „Mitte und Erfüllung von Georges Leben", vergleichbar der von Dante mit Beatrice (Schonauer 2000: 116). Der plötzliche Tod des Jünglings (1904) nach nur zweijähriger Bekanntschaft erschütterte George und stürzte ihn in eine tiefe Melancholie, aus der er die Apotheose Maximins als Stifter eines neuen Gemeinschaftsgeistes verkündete. Die Bände „Maximin. Ein Gedenkbuch" und „Der siebente Ring" (beide 1907) enthalten die Botschaften und Lehren, die den George-Kreis von nun an „als ideellen Bund und als hieratische Lebensgemeinschaft" (Winkler 1972: 64) erscheinen lassen.

George fühlte sich als Erzieher, Bildner und Lehrmeister einer neuen Jugend, als „Führer des geheimen und besseren Deutschland" (Schonauer 2000: 130). Seine Didaktik ist die des Vorbilds. Gemeinschaftsstiftend wurde das wechselweise Vorlesen und Vortragen in intimer Runde. Der Kreis verstand sich als eine „Inkarnation des georgischen Worts" (Braungart 2005: 16). Auch die „Blätter" veränderten ihren Charakter: Ab der achten Folge (1909) erschienen erstmals anonyme Beiträge, später blieben alle Beiträge, auch die Georges, ohne Verfasserangabe. Der Kreis trat nun als geschlossene Gruppe auf und machte den Komplex Meister-Jünger zum beherrschenden Thema (Kluncker 1974: 43). „Alles ist auf das eine Ziel gerichtet, die im Sinne der platonischen Akademie erzogene Elite, die ‚sohnschaft der erlosten', auserwählt mit ihm, das geistige Reich, den neuen Staat zu bauen." (Schonauer 2000: 135) Die entsprechenden Lehrtexte für das neue Gruppenverständnis und die Adoration des Meisters verfassten Gundolf („Gefolgschaft und Jüngertum", 1909) und Friedrich Wolters („Herrschaft und Dienst", 1909). Max Weber, der mit George um 1910 in Heidelberg persönlichen Kontakt hatte, ihn als Dichter hoch schätzte und dessen Charisma erkannte, zeigte mit Simmel wenig Verständnis dafür, „dass er ‚Prophet' werden möchte" (Weber 1994: 366); bedenklich fand er insbesondere sein Heraustreten aus dem „ästhetischen Kloster", um, „nach dem Vorbild so mancher anderer Asketen, die Welt, die er zuvor geflohen hat, zu erneuern und zu beherrschen" (ebd.: 561).[79]

---

78 In den Worten Gundolfs: „Wo sie die Notwendigkeit erkennen da löschen sie gern ihr Ich aus und freuen sich brennstoff zu sein für die höhere flamme." – „Sie sollen wissen dass sie nur stoff und mittel sind und sollen wieder opfern lernen." (Gundolf 1909; hier in: Landmann 1965: 80f.)
79 Obwohl die Differenzen zwischen Max Weber und dem George-Kreis unübersehbar waren, schätzten sich beide. Gundolf an George (21.11.1910): „Von allen Professoren scheinen mir die

Mit der Reorganisation zum emotional vergemeinschafteten Bund einer „primär künstlerisch charismatischen Jüngerschaft" (Weber 1964: 181) wurden die Beziehungen zu alten Freunden (namentlich Lepsius und Simmel) abgebrochen. Simmels Versuch, die Kunst soziologisch begrifflich zu fassen, wurde nun als Sakrileg empfunden (Weiller 1994: 76). Neue Anhänger und Bündnispartner erwuchsen dem Kreis aus jüngeren Gelehrten vornehmlich der Kulturwissenschaften. Auffallend ist die große Zahl jüngerer Universitätsprofessoren, die Georges Nähe suchte. Gestützt auf dieses neue Potential konnte der Kreis das Terrain der symbolischen Kämpfe auf die kulturellen und wissenschaftlichen Felder ausdehnen. Edith Weiller spricht von einer eigenen wissenschaftlichen Schule, die das künstlerische Erneuerungsbestreben aufnahm und in vielen Publikationen verbreitete (1994: 72). Nachdem das Signet der „Blätter" als exklusives Markenzeichen eingeführt war, nutzte man es offensiv als Label für alle Buchpublikationen des Kreises: für die „Jahrbücher für geistige Bewegung" (Selbstverlag), die „Werke der Wissenschaft aus dem Kreise der Blätter für die Kunst" (Bondi Verlag, Berlin), die „Werke der Schau und Forschung aus dem Kreise der Blätter für die Kunst" (Hirt Verlag, Breslau).

Mit dem neuen Organ, dem „Jahrbuch für geistige Bewegung" (1910 bis 1912), legten Gundolf und Wolters als offizielle Herausgeber und George als spiritus rector im Hintergrund, ein „Kompendium der Kulturkritik" vor, das die Ansichten des Kreises über Bereiche außerhalb der Kunst darlegte. Adressaten der insgesamt drei Jahrbücher waren neben dem exklusiven eigenen Kreis – dem sie zur „Selbstverständigung über wissenschaftliche Ziele, Verfahren und Darstellungsprinzipien" (Kolk 1998: 305) dienten – vornehmlich die kulturelle und wissenschaftliche Öffentlichkeit. Die Polemik richtete sich gegen die etablierte (Geistes-)Wissenschaft und hatte zur Referenz die Kunst. Unter dem bezeichnenden Titel „Richtlinien" setzte Wolters im ersten Jahrbuch der „Ordnenden Kraft" der analytisch-logischen Wissenschaften die „Schaffende Kraft" des schöpferischen Gestaltens entgegen und attackierte Rationalismus, System und Logik zugunsten von Leben, Schöpfung und Schau (vgl. Wolters in: Landmann 1965). Gundolf verfertigte ein „Bild Georges", das ihn als einen „finder und führer" feiert, dessen „gläubig umbildende gewalt" von der „formung eines verses bis zu der einer neuen jugend" reicht (Gundolf 1980: 137); der Dienst und Hingabe fordern kann, weil nur „das rückhaltlose opfer des eigenen wesens an die höhere wesenheit frei (macht)" (ebd.: 148).

Trotz beachtlicher Resonanz hielten selbst die Freunde mit ihrer Kritik nicht zurück. Georg Simmel, seine Frau und Sabine Lepsius quittierten das elitäre, an-

---

beiden Webers am meisten einen Schauer des tieferen Lebens verspürt zu haben, nicht nur wie Simmel als Wissen, sondern als Willen." (BW G/G: 213) tiliberale und antifeministische Gedankengut mit Irritation und „Entsetzen" (vgl. BW G/G: 229f.). Auch die Webers werteten die Auslassungen im Jahrbuch als „Bannstrahl gegen die ganze moderne Kultur" (Marianne Weber 1989: 469). Brüskierend empfanden sie insbesondere die programmatische Kampfansage der Herausgeber an „die 'moderne frau', die stückhafte, die fortschrittliche, die gottlos gewordene frau" und die Warnung vor einer „feminisierung von ganzen völkern" mit der Gefahr des „erlöschen aller tüchtigen kräftigen instinkte gegenüber den unkriegerischen, weiblichen, zersetzenden" (Jahrbuch 3: VI).

Die von George so genannten „Geistbücher" der Reihen enthielten zahlreiche Publikationen, die mit Darstellungen großer künstlerischer und historischer Persönlichkeiten (Goethe, Shakespeare, Caesar, Friedrich II, Napoleon, Nietzsche, Winckelmann, George) die Grundzüge einer „neuen Wissenschaft" explizierten, die der unanschaulichen, methodisch-systematischen Analyse das „lebendige Miterleben", die Gestaltung und Darstellung gegenüberstellten. Programmtisch bezog Erich von Kahler in seiner Schrift „Der Beruf der Wissenschaft (1920) Position gegen Max Webers Vortrag „Wissenschaft als Beruf" (Weiller 1994: 131ff.). Der Einfluss des George-Kreises auf die Kulturwissenschaften und die kulturell interessierte Öffentlichkeit war phänomenal. Kolk datiert die Phase der größten öffentlichen Resonanz zwischen 1918 und 1933 (1998: 542). In diese fiel auch die Verleihung des ersten Frankfurter Goethe-Preises 1927,[80] die George auf dem Höhepunkt der öffentlichen Anerkennung zeigte.

4. Skizze der Gruppe 47[81]

Bei der Gruppe 47 handelt es sich um eine Gruppierung von Schriftstellern (zu denen sich schon früh Kritiker und Verlagsleute gesellten), die durch ihre regelmäßigen Tagungen über einen Zeitraum von zwanzig Jahren wesentlich dazu beigetragen hat, im Nachkriegsdeutschland eine Öffentlichkeit für Literatur (wieder)

---

80 Er wurde George in absentia verliehen, „ohne dass er mit einem Wort dafür gedankt hätte" (Schonauer 1960: 161),
81 Die umfangreiche Literatur zur Gruppe 47 dokumentiert eine zwanzigseitige Bibliographie in Arnold (2004b). Neben den vielen Selbstzeugnissen von Beteiligten und ihren Kontrahenten (s. Almanach 1962; Ziermann 1966; Lettau 1967; Neunzig 1967; Akademie der Künste 1988) bietet das von Cofalla vorbildlich kommentierte Konvolut der Briefe von und an Hans Werner Richter (Richter 1997) instruktive Aufschlüsse über innere Struktur und internen Diskurs der Gruppe. Über Richters Rolle und Bedeutung vgl. insbesondere Embacher (1985) und Nickel (1994). Umstritten wegen seines polemischen „Urteilsjargons" ist Brieglebs Streitschrift (2003) über antisemitische Tendenzen in der Gruppe 47. Stärker unter soziologischen Gesichtspunkten stehen die Arbeiten von Kröll (1977, 1979; 1988); Cofalla (1998); Gilcher-Holtey (2004) sowie einige der Beiträge in Braese (1999) und Parkes/White (1999).

herzustellen. Für die jungen Schriftsteller zunächst den „einzigen Kommunikationspunkt" darstellend (Richter 1962: 12), gelang es ihr, „sich im literarischen Feld der Nachkriegszeit als einzig progressive Kraft zu profilieren" (Cofalla 1998: 16). Sie vermochte dies ohne formellen Gründungsakt und ohne jede Formalisierung von Mitgliedschaft und Gruppenstrukturen noch ohne ein explizites literarisches Programm. Viele erfolgreiche deutschsprachige Schriftsteller (Eich, Böll, Aichinger, Bachmann, Lenz, Walser, Enzensberger, Grass, Johnson, Rühmkorf, Kluge, Weiss, Fried – die meisten von ihnen Georg-Büchner-Preisträger) haben auf ihren Tagungen gelesen und gehörten zu ihren ständigen Teilnehmern. Sogar zwei spätere Nobelpreisträger für Literatur (Böll und Grass) gehörten ihr an. Keine andere literarische Gruppierung im Nachkriegsdeutschland hat je wieder so viele entscheidende Positionen im intellektuellen Feld besetzen und soviel symbolisches Kapital bewirtschaften können.

Den Ursprung verdankt die Gruppe, dem Selbstzeugnis Hans Werner Richters zufolge, „nicht Literaten (...), sondern politisch engagierten Publizisten mit literarischen Ambitionen" (Richter 1962: 8), die „in das Gebiet der Literatur verwiesen oder abgedrängt" wurden (ebd.: 11). Ihre Vorgeschichte begann mit der im Rahmen des *Re-education*-Programms für deutsche Kriegsgefangene in amerikanischen Lagern herausgegebenen Zeitschrift „Der Ruf" (1945/46) und der von Alfred Andersch und Hans Werner Richter im August 1946 in München gegründeten Nachfolgepublikation. Als ihnen von den Alliierten die Lizenz entzogen wurde, beschlossen die ehemaligen Herausgeber und Autoren eine rein literarische Zeitschrift („Der Skorpion") zu gründen. Zu diesem Zweck trafen sie sich im September 1947 am Bannwaldsee im Allgäu zu einer vorbereitenden Redaktionssitzung. Durch gemeinsame Lektüre und gegenseitige Kritik sollte die Zeitschrift vorbereitet werden. Hans Werner Richter, so einer der Teilnehmer: „auf selbstverständliche und sympathische Weise primus inter pares" (Friedrich 1962: 20), leitete die Diskussion.[82]

Die Tagung am Bannwaldsee gilt als das erste Treffen der Gruppe 47. Die dort vorherrschende Arbeits- und Diskussionsatmosphäre wirkte legendenbildend. „Traditionen und Riten, die später als charakteristisch für die Gruppe angesehen wurden, gehen auf dieses erste Treffen zurück: die unausgesprochene und nie bezweifelte Dominanz Hans Werner Richters, die demonstrative Nicht-Organisation, Härte und Offenheit der Kritik, das Verbot an den lesenden Autor, sich zu verteidigen." (Arnold 2004b: 67f.) Die Namensgebung der Gruppe stammt von Hans Ge-

---

[82] Trotz einer ausgearbeiteten Probenummer kam es nicht zur Veröffentlichung der geplanten Zeitschrift, weil nach Richters Aussage die Amerikaner die Lizenz verweigert hatten. Cofalla hat diese Version als „Richters Skorpion-Legende" bezeichnet und stattdessen „materielle Engpässe (...) infolge der Währungsreform" verantwortlich gemacht (1999: 72; 84 Fn. 6).

4. Skizze der Gruppe 47

org Brenner, einem Publizisten und Literaturkritiker aus dem Gründungkreis, und wurde von der zweiten Tagung an benutzt (Lehnert 1971: 31). Der Übergang von der politischen Publizistik zur literarischen Werkstatt ging einher mit einem „Verzicht auf ästhetisch-konzeptionelle Positionsbestimmungen und Richtungsvorgaben" (Kröll 1979: 70); allein die „helfende Kritik", nach handwerklichen Gesichtpunkten geübt, sollte ihr Leitbild sein. In den ersten Sitzungen bildete sich bereits jenes Selbstverständnis der Gruppe heraus, in dem sie sich als *literarische Werkstatt* spiegelte. Obgleich sie dies bis zu ihrer Auflösung zu sein beanspruchte, hat sich ihr Charakter im Laufe der Zeit beträchtlich verändert.

Friedhelm Kröll (1979) unterscheidet die folgenden vier Perioden in der Entwicklung der Gruppe 47: 1. Konstitutionsperiode 1947-49, 2. Aufstiegsperiode 1950-57, 3. Hochperiode 1958-63, 4. Spät- und Zerfallsperiode 1964-67.

Konstitution

1947-49. Die *Konstitutionsperiode* umfasst die ersten sechs Tagungen der Gruppe. In dieser „vor-öffentlichen Periode" fungierte sie als „intimitätsgeschützte literarische Werkstatt freundschaftlich verbundener Schriftsteller" (Kröll 1979: 26), die zwei Mal im Jahr zusammenkamen, um ihre Texte zu lesen und in kollegialer Kritik zu diskutieren – eine „gesprochene Halbjahres-Zeitschrift" (ebd.: 26) gewissermaßen. Von Anfang an wurden auch einzelne Verleger, Kritiker und Rundfunkleute eingeladen (vgl. Akademie der Künste 1988: 146).[83] Gleichwohl haben wir es soziologisch noch mit einer informellen Kleingruppe zu tun – einem Freundschaftsbund ohne Statuten, Mitgliederlisten und Manifeste –, deren Mitglieder, zumeist junge Heimkehrer aus Krieg und Gefangenschaft, eine tiefsitzende Ideologie- und Organisationsfeindschaft einte. Abgeneigt gegen die Diskussion theoretischer Texte, konzentrierten sich die Teilnehmer auf die Sprache und das Handwerkliche des Schreibens. Man wähnte sich am „Nullpunkt", einem Neubeginn der Literatur, voraussetzungslos und zukunftsoffen, doch mit einem unbedingten Gegenwartsbezug. Als „Kahlschlag-" und „Trümmerliteratur" wurde die Literatur jener frühen Phase bezeichnet. Thematische Bezüge lieferten „die Bewältigung des Kriegserlebnisses und die möglichst unmittelbare und ungebrochene Auseinandersetzung mit den vom Krieg hinterlassenen Trümmern" (Arnold 2004b: 96). Die „Erinnerungsarbeit" setzte bei den „mentalen Schäden der einfachen Soldaten an, nicht bei den Opfern des Nationalsozialismus" (Cofalla 1998: 24). Die strenge formale Reduktion schloss die Sprachreinigung („Sprachrodung") und die Ablehnung literarischer Traditionen ein – so die der Tendenzkunst der Weimarer Republik, der

---

83 An der ersten Tagung nahmen zwei „Berufskritiker" teil: Friedrich Minssen und Walter Maria Guggenheim.

Exilliteratur und schon gar die der „Kalligraphen" der „inneren Emigration" (Richter 1962: 8). Wenn es überhaupt eine gemeinsame literarisch-ästhetische Position gab, dann war es die eines neuen Realismus, der sich durch nüchterne „Bestandsaufnahme" und einen kargen Sprachstil auszeichnete mit Sympathien für Proletarier und Kleinbürger als literarische Figuren (Lehnert 1971: 47). Ästhetizismus und *poésie pure*, wie sie der George-Kreis vertreten hatte, lehnte sie dezidiert ab. Da die frühen Mitglieder der Gruppe mit wenigen Ausnahmen literarische Novizen waren, die ihren individuellen Sprachduktus erst noch finden mussten, trug die Gruppe insbesondere in ihren Anfangsjahren zur literarischen Sozialisation bei. Zu den frühen Tagungen kamen etwa zwanzig bis dreißig Teilnehmer.

Aufstieg

1950-57. Die *Aufstiegsperiode* umfasst einen siebenjährigen Zeitraum mit insgesamt zwölf Tagungen. Der Generation von Richter, Eich und Andersch folgte eine jüngere Generation der in den 1920er Jahren geborenen Autoren und Kritiker (Heißenbüttel, Höllerer, Jens, Bachmann, Walser, Kaiser, Enzensberger), die das Gruppenbild nachhaltig veränderte. Die Gruppe 47 erlebte einen Strukturwandel, „der ihre innere Verfassung ebenso wie ihren Gesamtstatus innerhalb des literarischen Marktes erheblich veränderte" (Kröll 1979: 35); sie mutierte von einer literarischen „Arbeitsgemeinschaft" zu einer öffentlichkeitsorientierten „Zirkulationsgemeinschaft" (ebd.: 35), zu einem „Organ der Sammlung, Sondierung und vor allem literarisch-ästhetischer *Legitimierung* junger deutscher Nachkriegsliteratur" (ebd.: 37; Hervorh. i.O.). Die anfangs geübte intime Publizität mit wenigen ausgewählten Kritikern, die zumeist selbst Gruppenmitglieder waren (Arnold 2004b: 194), wurde mit der immer großzügigeren Öffnung der Tagungen für Medienvertreter aufgegeben; die Gruppe „geriet in den Sog der von den Massenmedien und ihr selbst konstituierten Öffentlichkeit" (ebd.: 203). Zugleich Ursache und Folge dieser Entwicklung war die Tatsache, dass sich um die ehemalige Kleingruppe der Gründungsmitglieder eine fluktuierende Großgruppe von Autoren, Kritikern, Verlegern und Medienleuten anlagerte.

Den Strukturwandel der Gruppe zu einem zentralen literarischen Legitimations- und Zirkulationsorgan mit einem medienbewussten und strategisch planenden Organisator im Hintergrund[84] markierten insbesondere zwei Ereignisse: zum einen die Vergabe eines Gruppenpreises, zum anderen der Einzug der professionellen Kritik. 1950 wurde erstmalig ein Preis vergeben (an Günter Eich), der bis 1955 regelmäßig einmal jährlich vergeben wurde (1951: Heinrich Böll, 1952: Ilse

---

84 Über Richters strategisches Kalkül bei der Vorbereitung der Tagungen informiert seine umfangreiche Korrespondenz (vgl. Richter 1997).

4. Skizze der Gruppe 47

Aichinger, 1953: Ingeborg Bachmann, 1954: Adriaan Morrien, 1955: Martin Walser), danach in unregelmäßigen Intervallen. Vergeben wurde der Preis durch das Votum der versammelten Autoren (faktisch stimmten aber alle Anwesenden ab), die am Ende der Lesungen in geheimer Abstimmung den Preisträger bestimmten. Anfangs als eine Art Förderpreis und Schreibstipendium gedacht, wurde er mehr und mehr zum Qualitätssiegel für die literarische Öffentlichkeit. Einzug hielt auch die professionelle Literaturkritik. Eine Riege von „Hauskritikern" (Walter Höllerer, Walter Jens, Joachim Kaiser, Hans Mayer, Marcel Reich-Ranicki) drängte die „spontan-naturwüchsige Arbeitskritik durch den Modus ritualisierter, akademisierender Literaturkritik" zurück. Ihr gelang es schließlich, das Kritikverfahren „gleichsam oberhalb der Lesung als selbständige Darstellungsform zu institutionalisieren" (Kröll 1979: 41). Infolge dieser Veränderungen unterlag auch das Leseverhalten der Autoren einem Wandel. Nicht mehr problematische Texte, von deren kollegialer Kritik die Autoren sich Rat und Hilfe zur Bewältigung von Darstellungsproblemen erhofften, sondern wohlgefeilte, effektvolle „Paradestücke", von denen man annahm, dass sie bei der Kritik ankämen, kamen zur Auswahl. Wurde doch für Nachwuchsautoren die kritisch taxierte Lesung auf dem sogenannten „elektrischen Stuhl" immer mehr zu einer Schicksalsentscheidung über den Zugang zur literarischen Marktöffentlichkeit und damit für ihre berufliche Zukunft als Schriftsteller.

Sucht man nach den stilistischen und thematischen Anknüpfungspunkten in dieser Periode, dann stößt man auf ein pluralistisches Literaturprinzip. Wie die Preisträger Aichinger, Bachmann und Walser sowie die Lesung Paul Celans zeigen, gesellten sich zu den Neorealisten der ersten Stunde nun Autoren anderer literarischer Provenienz. „Ästhetische Feinsinnigkeit, melancholische Tönung und ästhetisch-sublimierte Ironie bestimmten zunehmend das literarische Erscheinungsbild" (Kröll 1979: 44f.) der Gruppe.

Hochperiode

1958-63. Eine neue Stufe in der Entwicklung der Gruppe, die *Hochperiode*, bedeutete ihr Aufstieg zu einer literarisch-kulturellen Institution von internationaler Geltung. Die in diese Periode fallenden sechs Tagungen begannen mit der Herbsttagung 1958, auf der, erstmals wieder seit 1955, ein Preis verliehen wurde. Ihn erhielt Günter Grass für die Lesung des ersten Kapitels aus der „Blechtrommel". Lesung und Preisvergabe gerieten zur Sensation; Grass wurde über Nacht zum literarischen Star. Mit dem Welterfolg der Blechtrommel überschritt die Gruppe den deutschsprachigen Literaturzusammenhang. „Wir haben Grass berühmt gemacht", konnte Richter später stolz verkünden. Ihn entdeckt und gekürt zu haben, steigerte das Renommee der Gruppe 47 ungemein. Junge deutsche Literatur war nun identisch mit der Gruppe 47. In seiner viel beachteten Schrift „Deutsche Literatur der Gegenwart" (1961) hob Walter Jens, selbst Gruppenmitglied, hervor, dass unter den repräsentativen Schriftstellern der Gegenwart sich viele, „unter den Zwanzig- bis Vierzigjährigen nahezu alle" (hier Jens 1964: 67) im Kreis der Gruppe 47 gefunden hätten.[85]

Stärker als zuvor drängten nun Autoren und Kritiker, Verleger und Lektoren auf die Tagungen. Richter geriet zunehmend in das Dilemma, bei seinen Einladungen zwischen alten Schriftstellerkollegen, ihm verbundenen Funk- und Fernsehredakteuren, einflussreichen Feuilletonchefs und ausländischen Gästen, die Gegeneinladungen erwarteten, auszuwählen und dabei die ihm von allen Seiten empfohlenen jungen, noch unbekannten Autoren nicht zu vergessen. Fast zwangsläufig wurden daher Tagungen als literarische Großveranstaltungen mit weit über hundert Teilnehmern zur Regel.

Die Gruppe 47 etablierte sich als *Literaturbörse*. Ihr Preis wurde zum Qualitätsausweis; die Kritik verteilte Talentzertifikate und fungierte als Vorlektorat für Verleger, die ihre Autoren zum Schaulaufen auf die Tagungen schickten, die zu Orten demonstrativer Publizität wurden. Die Angst vor dem Verriss wich der Devise „Dabeisein ist wichtiger". Die „wachsende Phalanx der Nur-Kritiker" (Arnold 2004a: 95) beherrschte zunehmend mit autoritativem Gestus die Diskussionen der Gruppe. Durch eine „Fülle von Netzwerken und Querverbindungen zwischen Funkstationen, Zeitschriften und Lektoraten" war die Gruppe 47 zu einem „Knotenpunkt literarisch-intellektueller Zirkulation" (Kröll 1979: 52) geworden. „Schon zur Halbzeit ihrer Geschichte" bestritt sie „fast exklusiv das ‚literarische Leben' der Bundesrepublik" (Arnold 2004b: 237). Den aus Anlass des 15. Jahrestages der Gruppe von Richter herausgegebenen „Almanach der Gruppe 47" (1962) mit einen repräsentativen Querschnitt der auf den Tagungen der Gruppe vorgetragenen Texte wertet Cofalla (1998: 69) als „gezielte Geschichtsschreibung". Ob gewollt oder nicht, die in dem Band neben Richter mit Texten vertretenen 47 Autoren zählten für die Öffentlichkeit fortan als „Mitglieder" jener Gruppe, die angeblich keine Mitglieder kannte.[86]

Mit ihrer Repräsentativität und Dominanz in der literarischen Öffentlichkeit wuchs der Medienrummel und wurden die Auftritte im Kulturbetrieb immer zahlreicher. Richter wurde zu einem gefragten Interviewpartner der Medien, zum multiplen Herausgeber und erhielt viele Einladungen zu Vorträgen über die Gruppe 47

---

85 In einem Brief an Richter verwies Jens auf die Absicht des Buches: „es hat die Bedeutung der Gruppe 47 für diese Literatur auch dem Letzten klar gemacht." (Richter 1997: 373)
86 Bereits im Vorfeld hatte Ingeborg Bachmann eine solche Fixierung und Zurechnung befürchtet (vgl. Richter 1997: 360f.).

aus dem In- und Ausland. Ab 1963 hatte er einen zweiten Wohnsitz in Berlin, wo er in Kooperation mit den Rundfunkanstalten NDR und SFB einen „politisch-literarischen Salon" einrichtete (vgl. Akademie der Künste 1988: 278; Richter 1997: 489f.). Der Erfolg und wachsende Einfluss stimulierte natürlich Kritik von außen. Waren es zunächst vorwiegend Kritiker und Schriftsteller aus dem konservativen Lager (Friedrich Sieburg, Hans Habe, Rudolf Krämer-Badoni, Wolf Jobst Siedler), dann gesellten sich zu ihnen später auch Kollegen von links (Karlheinz Deschner, Robert Neumann, Hans Erich Nossack), die in der Zeitschrift „Konkret" die Gruppe wegen ihrer Monopolstellung in der literarischen Öffentlichkeit heftig attackierten. Aber selbst noch diese Kontroversen fanden ihre literarische und mediale Vermarktung. Der Auftritt der Protagonisten, ihre wechselseitigen Polemiken wurden zum literarischen Ereignis und – wie konnte es anders kommen? – schließlich in einem Sammelband dokumentiert (Ziermann 1966).

Zerfall

1964-67. In ihrer *Spät- und Zerfallsperiode* wurde die Gruppe nur noch vom institutionellen Erfolg zusammengehalten. Die Animositäten zwischen den Gruppenmitgliedern und „internen Quengeleien"[87] nahmen zu; die mit ihnen auftretenden Dissoziierungstendenzen forderten Richter äußerste Integrationsanstrengungen ab (vgl. Richter 1997: 479).

Mit zwei spektakulären Tagungen im westlichen Ausland versorgte die Gruppe noch einmal deutsche und ausländische Feuilletons mit exzeptionellen Berichten und Schlagzeilen, bevor sie sich ebenso informell auflöste wie sie entstanden war. Die erste große Auslandstagung fand im schwedischen Sigtuna 1964 statt mit anschließenden öffentlichen Lesungen und Veranstaltungen in Stockholm unter dem plakativen Titel „Festwoche der Gruppe 47". Sehr zum Ärger Richters hielt der hyperrepräsentative Charakter viele der prominenten Altmitglieder von der Teilnahme ab (vgl. Richter 1997: 522f.).[88] Dass die Tagung dennoch zum großen Erfolg wurde, verdankte sie vornehmlich der „pontifikalen Kritik" (Kröll 1979: 69) der Starkritiker, die zum Erstaunen der ausländischen Medien ihre Wertungen und Ex-

---

87 So beschwerte sich etwa Richter über „Schüsse in den Rücken" mal von Enzensberger (Richter 1997: 408), mal von Walser (ebd.: 507), lamentierte über „Cliquenbildung um der eigenen Literatur-Karriere willen", hielt Enzensberger für „unseriös", dieser wiederum Richter für „nicht repräsentativ" (ebd.: 462); Grass wetterte gegen „Linksintellektuelle" und „Extremisten" in den eigenen Reihen (ebd.: 445, 464).

88 Böll ließ Richter wissen, dass ihm die „Auslandsbetriebsausflüge der Gruppe 47 (...), dieses zum Export-Artikel-Werden" gar nicht gefallen (Richter 1997: 595). Hildesheimer und Fried äußerten sich kritisch zur Amerika-Reise (vgl. Richter 1997: 586f., 607ff.).

ekutionen wie ein Hochamt zelebrierten.[89] Einen weiteren Höhepunkt „im schwindelerregenden Auftrieb" (ebd.: 63) markierte die zwei Jahre später im amerikanischen Princeton abgehaltene nächste Auslandstagung; sie offenbarte aber zugleich einen fortschreitenden „Prozess innerer Fraktionierung und Subgruppenbildung" (ebd.: 65). Die Dissoziation der Gruppe manifestierte sich nach einer ästhetischen und einer politischen Kontroverse grundsätzlicher Art. Der junge (24jährige) Peter Handke, nach seiner ersten Lesung in Princeton nicht gerade freundschaftlich aufgenommen, vertauschte wenig später geschickt die Rollen, indem er als Kritiker auftrat und mit einer Attacke gegen die literarische und kritische Praxis der Gruppe (sein Vorwurf: „Beschreibungsimpotenz" mit einer darauf eingestellten Kritik) eine Grundsatzdebatte auslöste, welche Richter immer hatte vermeiden wollen. Sie machte zwar eine Kluft zwischen den Alten und Jungen deutlich, blieb aber trotz teilweiser Zustimmung ohne Konsequenzen für das Tagungsritual und die Selbstfeier der Kritiker.[90] Als gravierender erwies sich die Verletzung der gruppenspezifischen Norm des politischen Quietismus durch Weiss, Enzensberger und Lettau: sie nahmen außerhalb der Lesungen an einer Veranstaltung gegen den Vietnam-Krieg teil und bezogen auch öffentlich Stellung gegen diesen Krieg, wofür sie von Richter und Grass zurechtgewiesen wurden, während Erich Fried sie verteidigte und Grass als „machthungristen Menschen in der Gruppe" kritisierte (vgl. Richter 1997: 607ff.).

Die letzte reguläre Tagung 1967 im Landgasthof Pulvermühle in Oberfranken, zu der etwa hundert Teilnehmer erschienen waren, von denen 25 lasen, sollte nach dem Spektakel in Princeton wieder in ruhigeren Bahnen verlaufen. Als aber eine Gruppe des Erlangener Sozialistischen Deutschen Studentenbundes auftauchte und die von ihr als „Papiertiger" apostrophierte Gruppe 47 provozierend zur politischen Parteinahme aufforderte, war es damit vorbei. Die Mehrheit empfand dies als Störung; einige (Fried, Hildesheimer, Lettau, Rühmkorf, Weiss, Walser) stellten sich dem Gespräch mit den Demonstranten; Lettau trug ihnen eine in der Nacht von einigen Schriftstellern verfasste Resolution gegen den Springer-Verlag vor (Gilcher-Holtey 2004). Nunmehr zerbröselte das bis dahin stillschweigende politische (letztlich sozialdemokratische) Selbstverständnis der Gruppe. Richter und Grass wollten sich nicht „vor den SDS-Karren spannen" lassen, während Enzensberger, Fried, Walser und andere sich offen mit der sich formierenden Protestbewegung

---

[89] Selbst Richter bedauerte diesen „Sieg der Kritik über die Literatur (Richter 1979: 157) und monierte nach der Tagung in Princeton das Tribunal der „Starkritiker als Scharfrichter" und stimmte Frieds Vorschlag zu, dass zukünftig auch die Kritiker vorlesen und sich der Kritik stellen sollten (Richter 1997: 617), was indessen nicht geschah.

[90] Über Handke wagte Richter die kühne Prognose: „er wird in ein paar Jahren vergessen sein" (Richter 1997: 603).

gegen große Koalition, Notstandsgesetze und das gesellschaftliche und kulturelle Establishment solidarisierten. Auch das literarische Selbstverständnis der Gruppe wurde nunmehr zunehmend in Frage gestellt – weniger durch die Attacke Handkes als die Skepsis, die Enzensberger und Walser gegen die autonome Rolle des Schriftstellers ins Feld führten (vgl. Gilcher-Holtey 2004: 221ff.). Insbesondere Enzensberger (1968) musste mit seinen Thesen zur politischen Harmlosigkeit und gesellschaftlichen Ohnmacht der Literatur das Selbstverständnis der Gruppe bis ins Mark getroffen haben. Die Fähigkeit der Gruppe, unterschiedliche Generationen, Strömungen und Fraktionen zu integrieren, war erschöpft. Ihre literarische Repräsentationsrolle, in die sie während des anderthalb Dekaden langen „belletristischen Zeitalters" hineingewachsen war, wurde ihr von verschiedenen Segmenten des literarischen und politischen Lebens streitig gemacht. Noch vor dem „Tod der Literatur" (Enzensberger 1968) verschied die Gruppe 47. „So wie die Gruppe 47 laut Hans Werner Richter ja nie gegründet worden, sondern bloß entstanden war, so löste sie sich auch auf: Es gab sie einfach deshalb nicht mehr, weil Hans Werner Richter keine Einladungskarten mehr verschickte." (Arnold 2004a: 130) Die späteren Erinnerungsveranstaltungen (Berlin 1972, Saalgau 1977, Prag 1990) sind als „Veteranentreffen" und „Begräbnisfeier" in die Annalen eingegangen.

5. Vergleich beider Gruppen

Den Vergleich der beiden Gruppen, ihrer Strategien und symbolischen Kämpfe wollen wir unter folgenden Aspekten vornehmen: (a) Charakter, Dauer und Zielsetzung der Gruppe, (b) Gemeinsamkeiten der Mitglieder, (c) Verhältnis zwischen Führung und Mitgliedern, (d) Spezifik der gewählten Strategien, (e) Positionenkonkurrenz im eigenen Feld, (f) Einflussnahme auf andere Felder.

a) Gruppencharakter und Zielsetzung

Vor dem Vergleich müssen wir zwischen dem frühen und späten George-Kreis differenzieren. Der frühe George-Kreis der 1890er Jahre, eher ein *exklusives Netzwerk* als eine Gruppe, stand unter der Zielsetzung, ein neues Kunstverständnisses im Sinne des europäischen „l'art pour l'art" durchzusetzen. Hierzu bediente er sich der elitär-exklusiven Zeitschrift „Blätter für die Kunst" als einem Sammelbecken für die an ähnlichen Kunstkonzeptionen Interessierten im In- und Ausland. Leser- und Autorenkreis waren potentiell identisch. Das neue Kunstideal hatte sein Vorbild in Georges Dichtung und Ästhetik. Diese blieben auch essentielle Bestandteile des späteren George-Kreises (nach der Jahrhundertwende bis 1933), wurden aber von der Lebensreform-Thematik überlagert. Nachdem die bedeutenderen

„Blätter"-Autoren (bis auf Wolfskehl) sich zurückgezogen hatten, verfolgte der Kreis als *charismatisch geführter Bund* und hieratischer Orden das Projekt einer ästhetisch-heroischen Lebensform, deren Zielbestimmung konkurrierenden Interpretationen unterlag. Verstand Gundolf den Kreis als „Refugium" einer neuen Bildungselite, die im „geistigen Dienst" auf die Welt einwirkt, dann begriff Wolters ihn als „Keimzelle" einer großen nationalen Bewegung (Groppe 2001). Der dem Kreis nahestehende Herman Schmalenbach (1922) hat – im Anschluss an Tönnies' Kategorien „Gesellschaft" und „Gemeinschaft" – die (sie ergänzende) Kategorie des „Bundes" eingeführt, unter Hervorhebung von Freundschaftsbeziehungen, Spontaneität und Begeisterung für eine Sache und einen Führer. Auf den Sektencharakter des Kreises haben Max Weber[91] und Max Scheler hingewiesen. Weber (in einem Brief an Dora Jellinek) erkannte darin „alle Merkmale der *Sekten*-Bildung" und „damit übrigens auch das spezifische Charisma einer solchen" (1994: 560; Hervorh. i.O.). Scheler verlieh ihr als zusätzliche Attribute die einer „erotisch-religiöse(n), hocharistokratische(n) gnostische(n) Sekte" (1960: 156). Verständlicherweise wiesen die Georgianer die Bezeichnung Sekte als einen Kampfbegriff der Gegner zurück; ihre Selbstbezeichnungen waren „Ring", „Bund" und – mit platonischen Konnotationen – „Staat" (Kolk 1998: 178). In der Weiterentwicklung des Gruppenkonzepts (Fuhse 2006) könnte man von einem personalen Netzwerk mit eingelagerten Kleingruppen sprechen; denn der Kreis verteilte sich dezentral auf verschiedene Universitätsstädte (München, Berlin, Heidelberg, Marburg). Die Untergruppen (in der Selbstbezeichnung: „Stämme"), die teilweise bis zur „offenen Feindschaft" (Landmann 1963: 158) miteinander rivalisierten, blieben verbunden durch die „herrscherliche Mitte"; Kolk spricht von „charismatischer Zentrierung" (1998: 256). Als „Umherwanderer ohne festen Wohnsitz"[92] (Schonauer 2000: 144), hielt George Kontakt zu ihnen; in seiner Abwesenheit agierten einzelne Mitglieder des engeren Rings stellvertretend für George, den „Stern des Bundes".

Stefan Breuer (1995) hat den George-Kreis als Ausdruck eines „ästhetischen Fundamentalismus" mit regressiven Tendenzen gegen westlichen Rationalismus und gesellschaftliche Differenzierung charakterisiert. Sozial predigte er die „Rück-

---

91 Sekte ist nach Weber „ein voluntaristischer Verband ausschließlich (der Idee nach) religiös-ethisch Qualifizierter, in den man freiwillig eintritt, wenn man freiwillig kraft religiöse(r) Bewährung Aufnahme findet" (Weber 1963: 211).

92 Abgesehen von seinen drei Studiensemestern an der Berliner Universität hielt sich George nie länger als einige Monate an einem Ort auf; bei seinen „Pilgerfahrten" wohnte er häufig bei Freunden und Bekannten. Die ihm sicheren Unterkünfte bei der Familie Wolfskehl in München, der Familie Lepsius in Berlin, bei den Landmanns in Basel und bei Thormaelen in Berlin nannte er seine „Pfalzen". Rückzugsmöglichkeit bot ihm zudem das Elternhaus in Bingen. Ab 1915 wohnte er über zehn Jahre lang zwischen September und Dezember bei seinem Verleger Bondi im Grunewald; dies wurde auch sein polizeilich gemeldeter Wohnsitz (Bondi 1965: 13).

5. Vergleich beider Gruppen

kehr zu einfachen, auf Interaktionen beruhenden Sozialsystemen", politisch-rechtlich setzte er „auf Meister-Jünger-Verhältnisse (...), also auf Verhältnisse der Hörigkeit, der Hierarchie, der Heteronomie" statt auf verfahrensförmige Regelungen (1995: 241). Als esoterischer Zirkel verkörperte er „Gegenstrukturen zu den bürgerlich-liberalen Assoziationsformen des 19. Jahrhunderts (...), die sich über freien Zutritt für Gleichgesinnte und öffentliche Wirksamkeit definierten" (Kolk in Wülfing u.a. 1998: 144). Dagegen hat Wolfgang Braungart Georges Projekt eines „ethisch-ästhetischen Lebensvollzugs" in die Nähe der Avantgarde seiner Zeit gerückt (2005: 7).

Kontrastierend dazu war die Gruppe 47 eine Autorengruppe ohne programmatische Plattform. Von einem ihrer Kollegen zu regelmäßigen Lesungen eingeladen, bildete sie anfangs einen „Zirkel auf postalischer Grundlage" (Kröll 1983: 335). Wie der häufige Hinweis auf die Heterogenität der gelesenen Texte belegt, bot sie dem literarischen Pluralismus ein Forum, der in der Spätphase indes zur Beliebigkeit ausartete. Auf ihren Tagungen sollte keine neue Literaturrichtung, kein bestimmter Stil propagiert und durchgesetzt, sondern literarischen Novizen kollegiale Schreibhilfe gewährt werden. Nach ihrem Selbstverständnis eine *Autorenwerkstatt*, mutierte sie indessen schon bald zur *Literaturbörse*. Dieser Strukturwandel verdankte sich der Nachkriegssituation Deutschlands ohne Hauptstadt und einer ausgelichteten, fragmentierten literarischen Öffentlichkeit (die vielbeschworene „Stunde Null"!). Zwar nicht die Hauptstadt, aber die literarische Öffentlichkeit konnte die Gruppe 47 gleichsam aus sich selbst herausspinnen und in wenigen Jahren dominieren.

Zur Selbstbeschreibung gehören – neben „Autorenwerkstatt" und „Zentralcafé einer Literatur ohne Hauptstadt" – das polemische, aber von Enzensberger positiv gewendete Stereotyp der „Clique" (Enzensberger 1962) sowie die immer wieder aufgetischte Legende von der „Gruppe, die keine Gruppe war" (vgl. dazu Kröll 1988), weil sie nur zu ein bis zwei Tagungen im Jahr zusammentrat.[93] In der Tat waren es nicht allein die 29 Tagungen zwischen 1947 (Bannwaldsee) und 1967 (Pulvermühle), die das literarische Leben Nachkriegsdeutschlands prägten, sondern mehr noch jenes darunter entstandene veritable Netzwerk zwischen einflussreichen Akteuren des literarischen Feldes (Schriftsteller, Kritiker, Lektoren, Redakteure) mit seinen zahlreichen Knotenpunkten in den belletristischen Verlagen und Medien.[94] Auf den Tagungen verdichtete sich dieses „vielgliedrige Netz"

---

93 Enzensberger spricht auch von einer „virtuellen" Gruppe (1962: 23).
94 Insbesondere mit den Periodika „Die Zeit" und „Der Spiegel" bildeten sich enge Affinitäten heraus. „Die Zeit" galt den Siebenundvierzigern als „unser Hausorgan", was der Feuilletonchef „beinahe wie einen Ehrentitel" empfand (vgl. Richter 1997: 396 u. 423). „Der Spiegel" hatte, neben seiner breiten Berichterstattung über die Gruppe seinen früheren schärfsten Kritiker, En-

in eine „face-to-face-Gruppe" (Kröll 1988: 131). Soziologisch ist die Gruppe 47 zugleich als Kleingruppe, Großgruppe und Netzwerk beschreibbar. Kleingruppe mit unter dreißig Teilnehmern war sie in den ersten Jahren. An sie lagerten sich allmählich weitere Segmente des Literatursystems an; Arnold ermittelte allein 198 (freilich fluktuierende) Gruppenmitglieder und 124 Gäste (2004b: 321ff.), von denen allerdings ein beträchtlicher Teil nur ein- oder zweimal die Tagungen besuchten. Als Kerngruppe der Veteranen, erweitert um später hinzustoßende prominente Autoren und Kritiker, blieb sie indes weiterhin das Aktivitätszentrum mit schätzungsweise 25 bis 35 Autoren (ebd.: 165) der nunmehr expandierenden Großgruppe (mit eingelagerten regionalen Subgruppen) im evolvierenden Feld der literarischen Öffentlichkeit als ihr gleichzeitiges Produkt und Substrat.

b) Soziale und ideologische Gemeinsamkeiten der Mitglieder

Auch unter dem Kriterium der Zusammengehörigkeit, dem „Wir-Gefühl" der Gruppenmitglieder, müssen wir wiederum die beiden zeitlichen Entwicklungsphasen des George-Kreises beachten. Im frühen George-Kreis begegneten sich gleichaltrige und gleichrangige Autoren, wenngleich schon hier George unbestrittene Autorität und *spiritus rector* war, der die Verbindung mit den ihm freundschaftlich verbundenen Autorenkreis herstellte und pflegte. Im späteren George-Kreis mit der Ausdifferenzierung zwischen Meister und Jüngern finden wir durchgängig jüngere Gruppenmitglieder mit einem hohen „Homogenitätsgrad nach Alter, Bildungsstand, persönlichen Interessen und (...) sozialer Herkunft" (Fügen 1974: 337). Es waren oft Studienanfänger aus dem mittleren Bildungsbürgertum kommend; mehr als die Hälfte absolvierte ein geisteswissenschaftliches Studium (ebd.: 342). Den nach der Trennung vom Elternhaus kulturell dislozierten Jugendlichen diente der Kreis tendenziell als Primärgemeinschaft,[95] die sie emotional auffing. Später, nach dem Ersten Weltkrieg, in der „dritten Generation", wurde das Freundespaar „zu einem tragenden Moment der Kreisideologie" (ebd.: 345). Existenzgrundlage der Jünger war häufig das elterliche bzw. geerbte Vermögen; sie waren, in Max Webers Worten, den Wirtschaftskämpfen Enthobene, „'wirtschaftlich Unabhängige' (also Rentner)" (1964: 181). In der gemeinsam geteilten Ideologie verknüpften sich mit der Vorstellung einer Wiederbelebung griechisch-mediterraner Kultur elitäre und antidemokratische Tendenzen, aber auch antipreußische Affekte.

---

zensberger, ab Frühjahr 1962 für eine monatliche Rezension unter Vertrag genommen. Unter den Rundfunkanstalten erwies sich der NWDR mit seinem damaligen Intendanten Ernst Schnabel als großzügiger Mäzen, der den noch unbekannten Autoren „geradezu fürstliche Honorare" zahlte (Gendolla/Leinecke 1997: 27). Als „Hausverlage" fungierten Suhrkamp, Rowohlt und Hanser.

95 Schon der Begriff „Bund" verweist auf den Charakter einer Primärgruppe.

5. Vergleich beider Gruppen

Die Gruppe 47 war für die (angehenden) Schriftsteller eine Sekundärgruppe. Obwohl in den Anfängen auf freundschaftlichen Beziehungen basierend, stand doch ihr Zweckcharakter im Vordergrund. Aber auch hier bestand, zumindest in den Anfängen, ein hoher Grad an Homogenität der Mitglieder. Die Gemeinsamkeiten beginnen mit dem jugendlichen Alter und der Herkunft aus dem Arbeiter- und kleinbürgerlichen Milieu (Arnold 2004b: 157) und setzen sich fort in gleichen Generationserfahrungen durch Nazismus, Krieg und Gefangenschaft. Als „Gemeinschaft von Obergefreiten" (Schwab-Felisch 1952) und besiegte „Heimkehrer" ohne „Schuldwissen" (Briegleb 1999) wurde die frühe Kerngruppe etwas despektierlich charakterisiert. Wenn diese Merkmale auch später zurücktraten, blieben doch einige ideologische Konstanten, denen die Gruppenmitglieder sich verpflichtet fühlten. Als „antifaschistisch und antiautoritär" mit dem Willen zur „demokratischen Elitenbildung" hat Richter (1962: 10f.) die gemeinsamen „ideellen Ausgangspunkte" benannt. Walter Jens zufolge bildete ein „emotionaler Antifaschismus und Gefühlssozialismus" den Konsens (Arnold 2004b: 158). Kröll hebt folgende ideologische Konstanten der Gruppengeschichte hervor: „In dreifacher Hinsicht war das Gruppendenken kontrapunktisch zugespitzt: gegen ‚Ideologie' als Form der Weltaufschlüsselung, gegen ‚Organisation' als Form der Wirklichkeitsordnung und gegen ‚Innerlichkeit' als Form des Wirklichkeitsverhältnisses." (1979: 71) Der politische Quietismus der Gruppe war ein rein formaler. Zwar blieben politische Erörterungen „vom offiziellen Teil (Lesungen und ad-hoc-Kritik) strikt getrennt" (Arnold 2004b: 272), aber nach den Lesungen kam es zumindest in Untergruppen zu politischen Debatten und Stellungnahmen (z.B. zu Algerien-Krieg, Spiegel-Affäre, Atomrüstung, Vietnam-Krieg). Kleinster gemeinsamer politischer Nenner der Gruppenmitglieder war die Antihaltung gegenüber den restaurativen Tendenzen der Adenauer-Ära und eine abgestufte Sympathie für die Sozialdemokratie. Dem entsprach die (konservative) Außensicht auf die Gruppe als eine Vereinigung „non-konformistischer" Autoren. Spätestens mit großer Koalition und Notstandsgesetzgebung traten jedoch politische Polarisierungen hervor. Sie sprengten, im Zusammenspiel mit dem Auseinanderdriften der literarischen Vorstellungen, schließlich den Gruppenzusammenhalt.

c) Verhältnis zwischen Führer und Mitgliedern

Charakteristisch für den informellen Charakter beider Gruppen ist die kaum oder nicht vorhandene Rollendifferenzierung mit Ausnahme der zwischen Führung und Mitgliedschaft.[96] Als polar gegensätzlich erscheinen die „Führer" der Gruppen: der

---

96 Von George hervorgehoben werden freilich noch die Rollen des „Kanzlers" Gundolf und der „Staatsstützen" in Gestalt der Jahrbuch-Herausgeber. In der Gruppe 47 bildete sich allmählich

George-Kreis mit seinem charismatischen Führer, die Gruppe 47 mit ihrem eher in die Rolle eines „Verwalters" geschlüpften Leiters. Viele Künstlergruppen scharen sich zwar häufig um eine führende Person, die aber *primus inter pares* bleibt. Im Zentrum des George-Kreises standen indes Person und Werk eines Dichters, der sein Leben so führte, „wie man einen Mythos aufbaut" (Lepenies 1985: 311), und schließlich als charismatischer Führer mit Gefolgschaft auftrat. Basierend auf einem Meister-Jünger-Verhältnis stand dem esoterischen und homoerotisch gestimmten Männerbund mit strengen Aufnahme- und Kommunikationsritualen George als Priesterdichter und ethischer Erzieher der Jugend vor. Die unangefochtene Führungsposition manifestierte sich darin, dass „der ,Meister' in Gespräch und Dichtung die obersten Normen" setzte sowie „über Aufnahme und Ausschluss, über die Ziele und Formen der Interaktion" entschied (Fügen 1974: 137). Jeder Kritik entzogen waren seine tadelnden oder lobenden Äußerungen über Gruppenmitglieder. Die nach Rangordnungen organisierte Gefolgschaft, die den einzelnen nach der Nähe zum „Meister" bewertete, nährte interne Rivalitäten zwischen den Gruppenmitgliedern um die Gunst des „Meisters". Ernsthafte Konflikte zwischen George und prominenten Mitgliedern (wie Klages, Gundolf, Kommerell) endeten mit deren Rückzug aus dem Kreis.

Der Zahl der Mitglieder nach hat der George-Kreis den Rahmen einer Kleingruppe nie überschritten. Für die vierzig Jahre seines Bestehens hat Hans Norbert Fügen insgesamt 85 Kreisangehörige gezählt. „Gleichzeitig gehörten dem Kreis (...) ungefähr 20 bis 40 Menschen an. In den ersten Jahren hielt sich die Zahl der durch regelmäßige Interaktion und Gruppensympathie Verbundenen zwischen 20 und 25 und erreichte zwischen 1910 und 1912 das Maximum (etwa 38). Später pendelte sich die Zahl bei ungefähr dreißig ein." (Fügen 1974: 341) Kluncker hat unter den insgesamt 53 Beiträgern der „Blätter" ungefähr 30 Kreis-Zugehörige ausgemacht (1974: 30).

Im Gegensatz zum George-Kreis wird die Gruppe 47 von einem gewieften „Netzwerker" (Sohn eines Fischers!) mit dem Habitus eines machtbewussten Administrators geleitet, der von Anfang an gruppenbildend dachte und handelte. Als Gründer und *spiritus rector* der Gruppe 47 opferte Hans Werner Richter, literarisch ein eher mittelmäßiger Autor, Joachim Kaiser zufolge seine Schriftstellerexistenz für die Gruppenexistenz (Arnold 2004b: 162). Mit seiner Rolle als *primus inter pares* wird er jedoch unterschätzt. Zwischen Richter und der Gruppe entwickelte sich ein symbiotisches Verhältnis. Er wurde „zur Informationsstelle, zum Schaltzentrum des informellen Gefüges" und „wusste immer mehr als das einzelne Mit-

---

eine nach Gruppenzugehörigkeit und literarischem Erfolg abgestufte Hierarchie mit den entsprechenden Subgruppen heraus. Einflussreichstes Mitglied neben Richter wurde Grass.

5. Vergleich beider Gruppen

glied. Dieser Informationsvorsprung hob ihn aus der Menge heraus und ließ ihn nahezu unentbehrlich werden" (ebd.). Er allein entschied, wer eingeladen wurde und wer lesen durfte.[97] Freilich wurde sein Einladungsmonopol insofern relativiert, als er sich später mit „bewährten Gewährsleuten" beriet, wer eingeladen werden soll. Teilnehmer der frühen Jahre und prominente Autoren wurden selbstverständlich ständig eingeladen.

Mit den in 1960er Jahren rapide zunehmenden, aber ungleich verteilten Zugewinnen an symbolischem und ökonomischem Kapital entstanden Rivalitäten zwischen Richter und dem engeren Kreis;[98] sie mündeten in ein „Machtspiel" mit unterschiedlichen Einsätzen. Während Böll, Hildesheimer, Andersch und Fried Askese gegenüber dem gefräßigen Medienmoloch empfahlen, verteidigte Richter seine pilzförmig wuchernden Beziehungen zu Medien, Verlagen und politischen Kreisen des In- und Auslandes als im Interesse der Gruppe liegend, welche er „sowieso" als einen „Klotz an meinem Bein" empfand (Richter 1997: 459). Im (scheinbaren oder tatsächlichen) Einverständnis mit Richter nutzten Grass und Höllerer ihn für ihre Zwecke „als Attrappe vor den Kulissen" (Briegleb 1999: 36). Mit nicht geringem strategischen Kalkül verfolgten Enzensberger und Walser, das Gruppenimage im Rücken, ihre eigenen publizistischen und politischen Interessen. Der „Großkritiker" Walter Jens hingegen fügte sich devot Richters (von dessen Frau übermittelter) Beschwerde über die diesem widerfahrene Schmach, nur einmal in dessen Schrift über die deutsche Gegenwartsliteratur genannt worden zu sein: Jens versprach für die Neuauflage eine ausgiebigere Würdigung (Richter 1997: 373).[99]

Mit untrüglichem Machtinstinkt verteidigte Richter sein Einladungsmonopol.[100] Ein Konflikt mit Walser zeigte ihn verwundbar. Unter der Überschrift „Sozialisieren wir die Gruppe 47" hatte Walser als Reaktion auf die wachsende Außenkritik 1964 einen Artikel in der „Zeit" veröffentlicht (vgl. Lettau 1967: 368-370), in dem

---

97 Selbst gegenüber einem „Altgedienten" wie Wolfgang Hildesheimer kokettierte er 1961, als es um die Verkleinerung des Teilnehmerkreises ging, mit seinem Einladungsmonopol: „Dass Du mir bei den Einladungen helfen wolltest, finde ich rührend. Hast Du mir dieses Angebot vielleicht mit dem Hintergedanken gemacht, dann auf jeden Fall eine Einladung zu bekommen? Trau... schau..." (Richter 1997: 361)
98 Im März 1962 schrieb Richter an Andersch: „Ach, wenn du wüsstest, wie sehr es mich ankotzt ... nicht nur die Politik, auch der Literaturbetrieb, dieses Sichaufplustern, diese Ichbezogenheit, dieser Streit um Erfolg und Eitelkeiten" (Richter 1997: 400); Ende 1963 beklagt er sich bei Walter Hilsbecher, einem Gruppenmitglied der ersten Stunde, dass „der Ruhm der Gruppe 47" auch „faule Früchte" trägt (ebd.: 492).
99 Spät und fast schon peinlich holt Jens mit seiner Laudatio zu Richters 70. Geburtstag in Saulgau 1978 vor den versammelten Freunden diese Würdigung nach: wortreich wie immer rühmt er die Erzählkunst und das „hohe artistische Geschick" des Romanciers (Jens 1979).
100 Auf Wagenbachs Einladungswünschen reagiert er schroff: „Ich bin keine Einladungsmaschine, (...) die Gruppe 47 ist eine höchst private Angelegenheit (...), die jeweilige Zusammensetzung der Gruppe ist meine Angelegenheit, wie alles andere auch!" (Richter 1997: 421)

er, den Vorwurf der kartellhaften Züge ernstnehmend, den Zugang für jedermann vorschlug sowie eine Jury, die bei übergroßem Andrang der Leselustigen auswählen sollte. Dies war nun ganz und gar nicht im Sinne Richters; er empfand Walsers Vorschlag als „Perfidie" und „Schuss in den Rücken".[101] Und auf einen Reformvorschlag von Erich Fried entgegnete er apodiktisch: „(...) es hängt allein von mir ab, ob es die Gruppe in den nächsten Jahren noch gibt oder nicht gibt. Ich brauche nur nicht mehr einzuladen, dann gibt es sie nicht mehr" (Richter 1997: 616).

d) Publikationsstrategien

Beim Vergleich der Publikationsstrategien beider Gruppierungen fällt sogleich deren Polarität ins Auge: der strengen *Exklusions- und Distinktionsstrategie* des George-Kreises steht eine gezielte *Inklusionsstrategie* der Gruppe 47 gegenüber. Hält sich der George-Kreis zunächst von allem fern, was nach Literaturbetrieb und literarischer Öffentlichkeit „riecht", nimmt die Gruppe 47 von Anfang an entscheidenden Einfluss auf die Strukturierung des literarischen Feldes; ja erst in ihrem Kräftefeld entsteht und entfaltet sich so etwas wie literarische Öffentlichkeit im Nachkriegsdeutschland.

Der George-Kreis hält, zumindest anfangs, Distanz zu allen Vermittlungsagenturen und Vertriebsapparaten des literarischen Feldes – unter Inkaufnahme mühseligster Praktiken der privaten Distribution. Die Beiträger zu ihren Publikationen sind deren erste Leserschaft. George meidet Presse und Öffentlichkeit, legt aber Wert darauf, die kunstverständige Elite zu erreichen. Nach der Umstrukturierung des Kreises wird in den „Blättern" 1904 verlautbart: „der kleine kreis ist zu einer geistigen und künstlerischen gesellschaft erweitert", aber der Gedanke einer „verbreitung der kunst in die massen" liege ihr dennoch fern, „zumal ihr einfluss auf das werdende dichtergeschlecht unverkennbar" sei (George DB: 2208). Einerseits lehnte der Kreis jede am Publikum orientierte Veröffentlichungspraxis strikt ab, andererseits feierten Gundolf, Wolfskehl, Wolters und andere in öffentlichen Journalen und Zeitschriften George als den „einsamen Neuerer" und „Klassiker der Gegenwart", vergleichbar mit Goethe, Hölderlin und Platen (Kolk 1998: 286).

Als schließlich George sein bisher in Privatdrucken eher verschlossenes Werk für Verlagsausgaben zugänglich machte, tat die „Zeitverschiebung zwischen Angebot und Nachfrage" (Bourdieu) ihre Wirkung. Mit einer ausgeklügelten Distinktionsstrategie wurde die Neugier der Öffentlichkeit noch gesteigert. So erhielten die öffentlichen Ausgaben das „Blätter"-Signet als exklusives Markenzeichen, die

---

101 Aus einem Brief an Carl Amery, dem er überdies wissen ließ: „Siebzehn Jahre lang habe ich Arbeit und viel kostbare Zeit in diese Sache hineingesteckt, und nun kommt ein Bodensee-Narr und will sie mit einem Federstrich liquidieren." (Richter 1997: 507)

5. Vergleich beider Gruppen

sie „als Derivationsform der kostbaren privaten erscheinen" ließen und „dadurch auch in der öffentlichen Fassung noch die Aura des Exklusiven" bewahrten (Mettler 1979: 40).[102] Hierzu trugen bei die „hauseigene" Orthographie (Kleinschreibung, fehlende Interpunktion bis auf den hochgestellten Punkt) und die der Handschrift des Meister angepassten Drucktypen („Stefan-George-Schrift") sowie das gemeinsame Ausstattungsmuster der Einzelveröffentlichungen unter Verwendung seltener (kostbarer oder bewusst schlichter) Materialien.[103] All dies „arbeitete der Illusion vor, die Leser hielten ein vollkommen markt- und technikfernes Produkt in Händen" (Blasberg 2000: 132). Die inszenierte Exklusivität wurde „geradezu zum Medium der Breitenwirkung" (Osterkamp 2005: 248).

Die Gruppe 47 hingegen inkludiert schon sehr früh wichtige Segmente des Literatursystems: Kritiker, Lektoren, Verleger, Redakteure, die zu den Tagungen eingeladen werden. Sie treffen durch Kritik, Vorlektorat und Berichterstattung bereits Vorentscheidungen über die zukünftige Buchproduktion, die sie dann später wiederum als Kritiker und Redakteure der literarischen Öffentlichkeit vorstellen. Zum konstitutiven Bestand der Gruppe gehörte die „Hauskritik", die früh eine gruppenexterne Repräsentanz gewann, so dass die „publizistische Selbstkommentierung innerhalb der gruppenübergreifenden literarischen Öffentlichkeit" (Kröll 1979: 54) zur rekursiven Praxis wurde. Insbesondere die Starkritiker gefielen sich in ihrer Doppelrolle als Subjekt und Objekt der externen Berichterstattung. Die Strategie der segmentären Inklusion verdichtete sich im Laufe der Zeit zu einer *kartellierten Verbundwirtschaft.*[104] Immer neue Autoren, selbst Autorengruppen, und Literaturproduzenten wurden eingeladen und assimiliert; gleichwohl brauchte man als junger Autor schon starke Fürsprecher.[105]

---

102 In der Vorrede zur 2. Auflage von „Hymnen – Pilgerfahrten – Algabal" (1899) heißt es beispielsweise, dass sie „fast ganz in der form worin man sie früher liebgewann" erscheint, weil „heute da (...) bei uns vielerorten ein neues schönheitsverlangen erwacht" der Verfasser glaubt, „den wachsenden wünschen nachgeben und auf den schutz seiner abgeschlossenheit verzichten zu dürfen" (George DB: 118).

103 Während der Zusammenarbeit mit Melchior Lechter gestaltete dieser Georges Gedichtbände zu „kostbaren Bild-Ornament-Schrift-Artefakten" (Blasberg 2000: 131), während die „Blätter für die Kunst" ihre schlichte Ausstattung und Schrifttype aus Kontinuitätsgründen unverändert beibehielten.

104 Im Extremfall zu studieren an den Aktivitäten des „Hauskritikers", Autors und Multi-Literaturprofessors Walter Höllerer. Dem „Erfinder des Literaturbetriebs" gelang es in Berlin, mit Personalunionen in akademischen Ämtern, eng geknüpften Verbindungen zwischen literarischen Institutionen, Kultursenat, Print- und Funkmedien sowie mit subventionierten Dichter-Schulungen und fragwürdigen Literaturpreis-Verleihungen die literarische Verbundwirtschaft in steile Höhen zu führen (vgl. Neumann in: Ziermann 1966: 87ff. und Arnold 2004b: 243ff.).

105 Kritisch weist Fried Richter auf junge Lyriker hin, die in einer von Peter Hamm herausgegebenen Anthologie („Aussichten") „bessere Sachen geschrieben haben (...), als das meiste, das bei uns vorgelesen wurde" (Richter 1997: 610).

Bourdieus „verkehrte Ökonomie" beherrschte die Gruppe nur in den Anfangsjahren, als (wie Richters Korrespondenz ausweist) Klagen über Geldmangel und gegenseitiges „Anpumpen" die Regel und die Aufbringung der Reisekosten zu den Tagungen ein Problem waren, als der moderat dotierte Preis der Gruppe noch der finanziellen Unterstützung des Autors diente. Aber aus dem „verlorenen Haufen", der sich häufig mit journalistischen Gelegenheitsarbeiten durchgeschlagen hatte, war schon Mitte der sechziger Jahre ein „Club von Millionären" geworden (so Nicolaus Sombart nach Besuch der Tagung 1965, zit. n. Cofalla 1998: 77). „Bis in die Mitte der Fünfziger Jahre brauchte die Gruppe die Verleger, seither brauchen die Verleger die Gruppe" (Lettau 1967: 14). Überdies schätzten neben Richter auch andere Gruppenmitglieder das „schnelle Geld", das mit Funkfeatures, Taschenbüchern und Herausgeberschaften zu machen war.

Die kontrastierenden Publikationsstrategien beider Gruppen finden eine plausible Erklärung im Vergleich mit der von Bourdieu geschilderten Situation der Pariser Bohème. Deren Strategie war darauf gerichtet, sich von der Bourgeoisie, die das literarische Feld beherrschte, unabhängig zu machen, indem sie für ihre Produkte ihr eigenes Publikum schuf. In einer ähnlichen Situation befand sich George, der das literarische Feld dominiert sah von Literaturkonzepten, welche er verabscheute. Den Weg zum Erfolg wies ihm die Strategie strengster Exklusivität. Die Gruppe 47 hingegen operierte in der komfortablen Lage eines allenfalls rudimentär vorhandenen literarischen Marktes. Nach kurzer Inkubationszeit schuf sie jene literarische Öffentlichkeit, mit deren expandierender Nachfrage ihre Produktion kaum Schritt halten konnte.

e) Gegner und Feinde; Positionenkonkurrenz

Mit der programmatischen Ausrichtung auf ein neues Kunstideal hatte sich der George-Kreis gegen zeitgenössische Literaturströmungen in Position gebracht. Die „Blätter" polemisierten gleichermaßen gegen die Vertreter „klassizistischer, neuromantischer und naturalistischer Literaturkonzepte" (Kolk 1998: 125), und die „Jahrbücher" priesen George als „den wichtigste(n) mann des gegenwärtigen Deutschland" (Gundolf 1980: 123). Die Einflussnahme des Kreises auf das literarische Feld war erheblich, aber eine eindeutige Dominanz konnte er nicht erzielen. Sie wäre möglich gewesen, wenn Hofmannsthal sich nicht der „heilsamen diktatur" mit George über das deutsche Schrifttum verweigert hätte, zumal mit ihm, dank seiner dramatischen Begabung, die Beschränkung des Kreises auf Lyrik hätte überschritten werden können.[106] Bereits 1902 haderte George mit Hofmannsthal,

---

106 Borchardt hat später (1930) dem Jüngling Hofmannsthal das Verdienst zugewiesen, durch „den Entschluß eines Knaben zu seelischem Widerstand", den „machthungrigen keltischen Gewalt-

5. Vergleich beider Gruppen

der sich über die Beiträge der anderen Autoren in den „Blättern" despektierlich geäußert hatte, unter Verweis auf zwei Kreise, dem seinigen und dem Hofmannsthalschen (BW G/H: 158ff.). Trotz aller Differenzen schätzten George und Hofmannsthal sich gegenseitig immer als ebenbürtige Dichter. Umso schmerzhafter war es für George, dass Hofmannsthal mit Rudolf Borchardt und Rudolf Alexander Schröder einen – wenn auch weniger gleichgestimmten[107] – literarischen Gegenpol bildete.

Mit den Zeitschriften „Pan" (1895-1900) und „Die Insel" (1899-1902) waren den „Blättern" Konkurrenzorgane erwachsen. Als Mitherausgeber der „Insel" gewann Schröder Hofmannsthal und Borchardt als renommierte Mitarbeiter. In dieser Zeitschrift rezensierte Schröder 1900 den vom George-Kreis herausgegebenen Band „Deutsche Dichtung" mit heftigen Attacken gegen den Kreis. Das vom Inselverlag vertriebene und von Schröder, Borchardt und Hofmannsthal verfasste Jahrbuch „Hesperus" (1909) feuerte ebenfalls volle Breitseiten gegen die Georgianer; so etwa Borchardt mit seiner langen Besprechung von Georges Gedichtband „Der siebente Ring" (Borchardt 1957: 258-294), die vom George-Kreis als Frontalangriff aufgenommen wurde. Schließlich druckten die „Süddeutschen Monatshefte" Schröders vernichtende Kritik eines „Blätter"-Auswahlbandes (1909) und Borchardts schäumende, vor sexuellen Anspielungen nicht haltmachende Polemik „Intermezzo" (1910) (Borchardt 1957: 435-468), die selbst Max Weber wegen ihrer „objektiven Unanständigkeit" empörte (Weber 1994: 697f.).

Die Polemiken bestritten Schröder und Borchardt; Hofmannsthal hielt sich zurück; zwar kritisierte er gegenüber Borchardt Georges „schroff egocentrisches Verhalten" (BW B/H: 126), hegte aber, wie Borchardt nach seinem Tod schrieb, eine „fast rasende Abneigung (...), als Haupt eines Konkurrenz-Konventikels" (Borchardt 1957: 145) gegen George ausgespielt zu werden. Nichtsdestoweniger feierten ihn die beiden als „Begründer einer neuen Klassik" und stellten ihn der „historisch" gewordenen Gestalt Georges (ebd.: 292) gegenüber: „Die Zukunft ist in Hofmannsthal" (ebd.: 285). Gegen diese Infragestellung von Georges literarischer Zentralposition machten die „Jahrbücher" mobil. So verweis Gundolf höhnisch auf „den heutigen Hofmannsthal der dialekt-komödien und operetten-texte", den Borchardt „der deutschen jugend als meister und vorbild zu preisen" wohl nicht mehr frivol genug sei (Gundolf 1910, hier 1980: 139).

Letztlich beanspruchten beide Kreise die geistige Führerschaft, aber der George-Kreis verfügte offensichtlich über das größere Organisationskapital. In einem

---

menschen" George gehindert zu haben, „die deutsche Poesie des Jahrhunderts zu prägen, das heißt zu ersticken" (Borchardt 1957: 143f.).

107 Zum Bedauern Borchardts ohne „Georges festes Commando über seine wie immer klägliche Truppe" (BW B/H: 113).

Brief an Schröder klagt Borchardt neidvoll, dass „ausser George in Deutschland keiner, auch wir nicht, die Kraft besitzt, festen Nucleus zu bilden" (zit. n. Kolk 1998: 309). Während die Georgianer in „fast alle wesentlichen Organe", „in Verlag nach Verlag" (ebd.) eindringen, finden die von Georges Antipoden immer neu erwogenen Publikationsprojekte aufgrund der internen Spannungen zwischen den dreien keine oder nur eine kurzfristige Realisierung (Breuer 1995: 156f.).

Die Gruppe 47 hatte während ihres phänomenalen Aufstiegs als selbstgewählte Gegner nur die von ihr als „Kalligraphen" apostrophierten Schönschreiber der Vergangenheit (wie Hans Carossa und Ernst Wiechert) sowie die inneren Emigranten, doch von diesen ging kein Widerstand aus. „Die Beschränkung auf ‚junge Autoren' schützte die Gruppe intern vor der Konkurrenz etablierter Kollegen." (Cofalla 1998: 19) Ältere genehme Schriftsteller wurden als *Gäste* eingeladen (z.B. Walter Hasenklever, Erich Kästner, Hermann Kesten, Wolfgang Koeppen, Walter Mehring, Günther Weisenborn). Mit den aus der Emigration zurückgekehrten Schriftstellern tat sich die Gruppe besonders schwer; Cofalla konstatiert eine „affektiv geladene Ablehnung" (1998: 20) der als bedrohliche Konkurrenten wahrgenommenen Exilautoren. Die wenigen, die auf ihren Tagungen lasen (etwa Walter Mehring, Albert Vigoleis Thelen und Paul Celan), lösten Irritation und Unverständnis aus. Selbst Peter Weiss und Erich Fried stießen als Exilanten bei Grass und Richter auf Vorbehalte.[108] Zwar versuchten die Parteigänger der – vom „Spiegel" als „Deutschlands literarische Metropole" apostrophierten – Gruppe deren Dominanz im literarischen Feld gegen externe Kritiker weiterhin zu bagatellisieren, aber der entstandene Machtkomplex war nicht mehr zu kaschieren. Erst nachdem der Gruppe die literarische Meinungsführerschaft nahezu problemlos zugewachsen war, rüsteten die Gegner zum Kampf im literarischen Feld. Solange dieser Kampf von der konservativen Seite (Günter Blöcker, Friedrich Sieburg, Hans Habe, Rudolf Krämer-Badoni) und zudem noch mit pauschalisierenden Vorwürfen gegen eine konspirative Clique (Hans Habe: „Clique as clique can", Die Zeit vom 26.10.1962) geführt wurde, vermochte er noch die Gruppe zusammenzuschmieden.[109] Problematischer für den Gruppenzusammenhalt wurde indessen der Angriff von links durch die „Konkret"-Autoren (Neuman, Nossack,

---

108 In einem Brief an Jens klagt Richter über die vielen Einladungswünsche zur Tagung in Saulgau 1963: „Nun aber will auch ich die ‚goldene Emigranten-Horde der goldenen zwanziger Jahre' dorthin, von Kurt Wolf bis zu dem von Dir vorgeschlagenen Erich Fried. Sind das nicht alle Herren über die siebzig? Mach ich mit solchen Einladungen nicht alles kaputt?" (Richter 1997: 473). Weiss wurde in Princeton von Grass und Richter in einem persönlichen Gespräch zurecht gewiesen, „er dürfe sich kein Urteil über Deutschland erlauben, da er ‚draußen gewesen' sei" (Cofalla 1998: 25).

109 Während etwa Andersch sich über „die Sieburgs und Konsorten" verachtungsvoll ausließ (Richter 1997: 399), erkannte Richter klug, dass die „Freund-Feindschaft" mit Sieburg dem Ruhm der

Dechner), weil dieser die bereits bestehenden internen Spannungen und Spaltungen der Gruppe vertiefte und zu ihrem Ende beitrug.

f) Einflussnahme auf andere Felder

Dem Bourdieuschen Konzepts der Kapitalkonversion zufolge hat der George-Kreis spätestens mit seiner Wende zur Kulturkritik ab der 5. Folge der „Blätter" (1901) und vollends mit den „Jahrbüchern" sein im literarischen Feld erworbenes symbolisches Kapital in den Feldern der Wissenschaft und Politik erfolgreich einzusetzen verstanden. George hat die Wortführer der „Jahrbücher" als „Staatsstützen" bezeichnet, „durch deren wissenschaftliches Werk er sich die Podien der wichtigen Universitäten zu erobern suchte, um auch so die Bildung der Jugend entscheidend zu beeinflussen" (Winkler 1972: 70). Die publizistischen Strategien der Selbstpräsentation und Selbstbehauptung gegen die Polemiken der Gegner im literarischen Feld fanden auch im wissenschaftlichen Feld ihre Anwendung. Das Eigene lobend, rezensierten Kreis-Angehörige eifrig historische und philologische Bücher anderer Kreis-Angehöriger (vgl. Kolk 1998: 416ff.). Jedenfalls gelang es, die akademische Welt zunehmend in Georges Bann zu ziehen. Gottfried Benn schien es „eines der rätselhaftesten Phänomene", dass die Geisteswissenschaften ihm geradezu „verfielen (...), sie fielen ihm zu" (1989: 104). Schon früh rezipierten Vertreter kulturwissenschaftlicher Disziplinen aufmerksam die Lyrik Georges. „Durch das *Erlebnis* der Dichtung Georges näherten Gundolf, Kantorowicz und Kommerell die Wissenschaftssprache der Poesie an" (Baumann 2000: 67; Hervorh. i.O.). Während der 1920er Jahre erhöhte sich die Präsenz des Kreises in der kulturellen Öffentlichkeit erheblich. Doch vergeblich suchte der preußische Kultusminister, die „Geistige Bewegung" für das kulturelle Leben des Staates zu gewinnen (Winkler 1972: 88). Und wenn George gegenüber dem Werben der Jugendbewegung auf Distanz ging, steigerte dies nur noch seinen Ruf als Erzieher und Führer der Jugend, die ihm mit idealistischer Begeisterung und Ehrfurcht huldigte. Auch hier bewährte sich die dosierte Mischung aus Exklusivität und öffentlichem Wirken. Mit Unbehagen vermerkte Max Scheler, dass die „Geisteshaltung" des Kreises sich „auf allen möglichen Gebieten des Lebens, der Philosophie und auf dem Boden der Wissenschaften ausgewirkt hat" (Scheler 1960: 156f.) und „dass hier die Selbständigkeit der positiven Fachwissenschaften und ihrer Methodik prinzipiell in Frage gestellt wird; ja dass diese durch eine ganz personal gebundene gnostische Metaphysik der ‚Ideenschau' geradezu verdrängt werden sollen" (ebd.: 157).

Gruppe eher dienlich als abträglich war; freimütig äußerte er gegenüber Leonhardt: „Wir brauchen seine Gegnerschaft (...). Wieviel hat er dazu beigetragen uns groß zu machen." (ebd.: 379)

Die Gruppe 47, zeitweise nahezu identisch mit der literarischen Öffentlichkeit, gewann zunehmend auch Einfluss auf das kulturelle, geisteswissenschaftliche und politische Leben Deutschlands. Sie fand Eingang in den Brockhaus und in germanistische Seminare, ihre Auslandreisen wurden zu kulturpolitischen Ereignissen, prominente Autoren (Böll, Bachmann, Enzensberger, Heißenbüttel) erhielten Poetikdozenturen. Richter setzte ohne Skrupel das Prestige der Gruppe für seinen politisch-literarischen Salon ein,[110] gründete mit Hans-Jochen Vogel den Grünwalder Kreis mit dem Ziel, die Schriftsteller gegen Restauration und Militarismus zu mobilisieren, und übernahm die Leitung des „Komitees gegen Atomrüstung". Angesichts der Mauer und des Vietnamkrieges erschienen ihm und anderen Gruppenmitgliedern die Beschränkung auf eine „nur literarische Gruppe ein unerträgliches Greuel"[111] (Richter 1997: 368, ähnlich auch Fried s. ebd.: 607f.).

Zumindest ein Teil ihrer Mitglieder begriff sich als politische Intellektuelle in der Tradition Sartres, die zu vielen Streitfragen der Republik, insbesondere zu den restaurativen Tendenzen („CDU-Staat"), Stellung bezogen (vgl. Arnold 2004b: 272ff.). Dem symbolischen Kapital der Gruppe 47 war es zu verdanken, dass ihre politischen Verlautbarungen in der Öffentlichkeit meist nachhaltiger als ihre literarischen Gehör fanden. Allerdings gab es auch die Warnung Walsers vor dem „sinnlosen Verschleiß des Gruppen-Titels auf politischem Feld" (Richter 1997: 465). Auch wenn ihre Stellungnahmen und Wahlinitiativen für die SPD und insbesondere für Willy Brandt hinter dem Format der Sartreschen Einmischung deutlich zurückblieben, meldeten sich die politischen Gegner mit heftigen Gegenattacken zu Wort. Die schärfste (und unsachlichste) Polemik leistete sich übrigens der nordrhein-westfälische Innenminister Dufhues 1963, als er die Gruppe als „geheime Reichschrifttumskammer" apostrophierte. Später musste sich der „gute Mensch von Köln", Heinrich Böll, gar von der Springer-Presse als „Terroristenfreund" beschimpfen lassen. Durch die mit Großer Koalition und außerparlamentarischer Opposition forcierte Ausdifferenzierung des linken Spektrums im politischen Feld zerbröselte schließlich der Zusammenhalt der Gruppe 47, die danach als politischer Akteur ausfiel. Nach Richters Urteil übernahmen ihre Funktion zwei mit der Gruppe prominent gewordene Schriftsteller – Böll und Grass –, die sich öffentlich „zu allem" äußern, „zur Wahl, zum Kirchentag (ganz gleich welchem), zur Erobe-

---

110 Ledig-Rowohlt unterbreitet er den Vorschlag, die frei werdende Grasssche Wohnung in Berlin zu übernehmen, um dort einen „Rowohlt-Gruppe 47-Richter-Salon" einzurichten, „den allein das Haus Rowohlt finanziert, und der unter meiner Obhut steht" (Richter 1997: 476).
111 Um so verwunderlicher klingt sein nach 30 Jahren rückblickend formuliertes Diktum: „Die ‚Gruppe 47' hatte es nur mit der Literatur zu tun. Alles andere, was in den vielen Jahren geschrieben wurde, ist Unsinn." (Richter 1979: 176)

rung des Mondes" (wie er im Juni 1969 an Hildesheimer resigniert und verärgert schrieb; vgl. Richter 1997: 696).

6. Resümee

Professionelle Schriftstellerei ist ein solitäres Metier. Es gibt keine vorgezeichneten Wege, wie man dazu kommt noch wie man damit reüssiert. Für einen Autor ist es lebenswichtig, sein lesendes Publikum und damit seinen Platz im literarischen Feld zu finden. Von den vielfältigen Passagen zum anerkannten Schriftsteller hat sich die Gruppenbildung als ein Medium der Sozialisation literarischer Novizen als eine der erfolgreichsten erwiesen. Zwei einflussreiche literarische Gruppierungen unter dem Gesichtspunkt ihrer Strategien im literarischen Feld vergleichend zu untersuchen, hatten wir uns als Aufgabe gestellt. Die Ergebnisse verallgemeinernd, können wir abschließend folgendes festhalten:

1. Der erste grundlegende strategische Akt ist die Bildung der Gruppe selbst. Da Schriftsteller innerhalb eines dichten Konkurrenzfeldes agieren, bietet der Zusammenschluss mit Gleichgesinnten und Gleichaltrigen zwei Vorteile: erstens wird die Binnenkonkurrenz auf dem literarischen Markt aufgehoben, zweitens verschafft der gemeinsame Auftritt einen Vorteil gegenüber den auf individueller Basis operierenden Außenkonkurrenten. Freilich beseitigt die Aufhebung der Binnenkonkurrenz keineswegs die Rivalitäten zwischen den Gruppenmitgliedern; im Gegenteil, der enge Verbund und die abgeforderte Solidarität fördern eher noch die agonalen Tendenzen. Gedämpft werden sie zunächst durch die Tatsache, dass die meist juvenilen Mitglieder sich in der Übergangsphase in eine noch unbekannte Berufspraxis befinden.

2. Anders als bürgerliche Vereine rekrutieren Künstlergruppen ihre Mitglieder (zumindest in der Konstitutionsphase) diskriminierend; nicht jeder Gleichgesinnte wird aufgenommen; Distinktion verlangt Exklusivität. Nur kleine Gruppen können jene geballte Homogenität erreichen, die sie benötigen, um mit kollektiven spektakulären Aktionen – etwa die Proklamierung unkonventioneller Standards und Ziele – die Schwelle der öffentlichen Aufmerksamkeit zu überschreiten (wenngleich ihnen zunächst nur die Aufmerksamkeit ihrer eigenen Konkurrenten sicher ist) und im literarischen Feld zu reüssieren.

3. Konkurrierende Richtungen im literarischen Feld sind umso eher in die Defensive zu drängen, wenn der innovative Impetus der Newcomer den Nerv des Zeitgeistes trifft und den gesellschaftlichen Wandel kritisch reflektiert – selbst

oder gerade „im stärksten Kontrast zur Epoche" (Borchardt über George; s. Borchardt 1980: 88).

4. Gruppen stehen generell unter dem „Primat der Binnenorientierung" (Neidhardt 1983: 26) durch Grenzziehung gegenüber der Umwelt. Ihr Distinktionsinteresse wirkt stabilisierend nach innen und zugleich behauptend gegenüber Konkurrenten im literarischen Feld. Mit seinem Zugriff auf die ganze Person setzt das „hochgradige Ineinandergreifen von Kunst und Leben", das „hochemotionale Mit- und Gegeneinander" (Thurn 1997: 100f.) allerdings Potentiale für Intragruppenkonflikte frei. Was dem literarischen Novizen noch zumutbar erschien, mutet dem Arrivierten als zwanghafte Solidarisierung an. Mit professioneller Sicherheit und individuellem Erfolg schwindet die Befürchtung, das Verlassen der Gruppe könne existenzbedrohend sein.

5. Neben der Gruppenbildung ist das weitere strategische Instrumentarium mannigfach kontingent. Bei den untersuchten Gruppen bewegt es sich auf der Scheidelinie von Exklusion/Inklusion. Beide Gruppen konnten sich, zumindest für eine längere Dauer, mit diametral entgegengesetzten Strategien – der halbprivaten Publikationsstrategie des George-Kreises einerseits, der segmentären Inklusion der Gruppe 47 andererseits – in ihrem Feld erfolgreich positionieren. Basiert die erste Strategie auf der *Umgehung*, dann die zweite auf der *Kontrolle* des literarischen Marktes. Aber indem der George-Kreis seine Produktion von der Nachfrage löst, bringt er den Markt nur zum Schein zum Verschwinden: es findet vielmehr eine Zeitverschiebung zwischen Angebot und Nachfrage statt. Anders die Gruppe 47: Mit den Aufbau einer kartellierten Verbundwirtschaft bringt sie zwar den Markt unter ihre Kontrolle, indem sie tendenziell alle relevanten Institutionen und Agenturen des Literatursystems inkludiert, ohne indessen das Aufleben der externen Konkurrenz, zum Beispiel durch die nachwachsende Generation, auf Dauer verhindern zu können.

6. Den in symbolischen Verteilungskämpfen involvierten Gruppen verhelfen beide Strategien zu herrschenden Positionen im literarischen Feld. Und mit Hilfe der feldspezifischen Macht können sie auch auf anderen Feldern – insbesondere die der Kultur, Wissenschaft und Politik – beachtlichen Einfluss ausüben, was ihre Machtposition im eigenen Feld rekursiv zu stabilisieren vermag.

7. Künstlergruppen haben einen Lebenszyklus; die Kurve ihres Erfolges verläuft invers zu der ihrer Dissoziation. Interne Kräfte des Gruppenzerfalls sind aufbrechende Konkurrenz bei Erfolgen einzelner sowie virulente Autoritätskonflikte zwischen Präzeptoren und „einfachen" Mitgliedern. Gruppen implodieren aufgrund dieser Antagonismen oder verlieren ihre Funktion mit wachsender Akzeptanz durch die Außenwelt. Äußere Ereignisse können ihr

6. Resümee

Ende beschleunigen oder bekräftigen, wie das des George-Kreises durch den Nationalsozialismus oder das der Gruppe 47 durch die Disjunktion von parlamentarischer und außerparlamentarischer Opposition (APO). Wenn die Gruppe zerfällt, hat sie nicht selten ihr Ziel erreicht – das manifeste: die artistische Dominanz im literarischen bzw. künstlerischen Feld, wie das latente: den materiellen Erfolg.

VI. Zwischen Kritik und Affirmation oder Die kommerzielle Subversion

> *Kunst kann nur von der Absage kommen. Nur vom Aufschrei,*
> *nicht von der Beruhigung. Die Kunst, zum Troste gerufen,*
> *verlässt mit einen Fluch das Sterbezimmer der Menschheit.*
> *Sie geht durch Hoffnungsloses zur Erfüllung.*
>
> Karl Kraus[112]

Kunst galt in der Moderne, ja schon seit der Romantik, als das schlechthin Andere, als Gegenwelt und Refugium. Hier das „Schöne, Gute, Wahre", dort der „hündische Kommerz" (Friedrich Engels) und das „System der Bedürfnisse" (Hegel). Breit ist das Spektrum der ästhetischen Schriften, die die Kluft zwischen realer Welt und der Welt des schönen Scheins thematisieren. Um es an einschlägigen Namen festzumachen – es reicht von Friedrich Schiller bis zu Theodor W. Adorno.

1. Transzendierende Kritik versus affirmative Kultur

Mit der Spielmetapher begründete Friedrich Schiller für die Kunst eine eigene Sphäre, in der sinnliche und intellektuelle Momente harmonisch sich vereinen und im Menschen den Spieltrieb wecken. Das Spiel bildet für Schiller den Kontrast zur Arbeit, die, im Dienste der Bedürfnisbefriedigung, unter dem Signum der Notwendigkeit steht. Die moderne Gesellschaft diagnostiziert Schiller als eine durch Arbeitsteilung und Spezialisierung geprägte, die ungeheure Fortschritte auf den Gebieten der Technik, Wissenschaft und Gewerbe gemacht habe und dabei reicher und komplexer geworden sei; gleichzeitig habe sie den einzelnen in der Entfaltung seiner Anlagen und Kräfte verarmen lassen. „Ewig nur an ein einzelnes kleines Bruchstück des Ganzen gefesselt, bildet sich der Mensch selbst nur als Bruchstück aus, ewig nur das eintönige Geräusch des Rades, das er antreibt, im Ohre, entwickelt er nie die Harmonie seines Wesens, und anstatt die Menschheit in seiner Natur auszuprägen, wird er nur zum Abdruck seines Geschäfts." (Schiller [1795] 2004: 584) Erlösung aus dieser Welt der zweckrationalen Strukturen und fragmentarischen individuellen Existenzen bietet Schiller zufolge das zweckfreie Spiel: „um es endlich auf einmal herauszusagen, der Mensch spielt nur, wo er in voller Bedeutung des Worts Mensch ist, und er ist nur da ganz Mensch,

---

112 „Beim Wort genommen" (Kraus 1955: 338).

wo er spielt" (ebd.: 618). Gegenstand des Spiels ist das Schöne; in ihm versöhnen sich Sinnlichkeit und Vernunft, Natur und Freiheit. Kunst und Spiel verbindet das Selbstzweckhafte, also das, was die Autonomie der Kunst ausmacht. Herbert Marcuse hat diesen Gedanken aufgegriffen und, mit psychoanalytischen Kategorien, das Spiel in seiner Versöhnung von Lust- und Realitätsprinzip, „jenseits von Bedürfnis und äußerem Zwang", als Wahrzeichen einer nicht-repressiven Kultur identifiziert (Marcuse 1957: 181ff.).

In einer anderen Weise hat Theodor W. Adorno die Kunst als eine autonome Sphäre emphatisch dem gesellschaftlichen Zwangs- und Verblendungszusammenhang entgegengestellt. „Kunst hat inmitten herrschender Utilität wirklich etwas von Utopie als das Andere, vom Getriebe des Produktions- und Reproduktionsprozesses der Gesellschaft Ausgenommenes, dem Realitätsprinzip nicht Unterworfene" (Adorno 1996a: 461). In der „unnützen und zerbrechlichen Schönheit" der Kunst, die vom Banne des Begriffs befreit ist, sah Adorno „den Protest gegen eine verhärtete und verdinglichte Gesellschaft" (Adorno 1990c: 53). Sein Diktum „In jedem genuinen Kunstwerk taucht etwas auf, was es nicht gibt" (1996a: 127) verweist auf ein Glücksversprechen (Stendhals *promesse du bonheur*), das als „Totalnegation der gegebenen Wirklichkeit" (Kaiser 1974: 165) gelesen werden kann. Aber da es nur schöner Schein ist, nur als Erscheinung existiert, die der eschatologischen Erfüllung harrt, ist Kunst auch „das Versprechen des Glücks, das gebrochen wird" (Adorno 1996a: 205). Kunst fordert nicht die „Anstrengung des Begriffs" (Hegel), sondern die Anstrengung im Sehen, Hören und Wahrnehmen.

Im Hinblick auf die gesellschaftliche Funktion formuliert Adorno scheinbar paradox: „Soweit von Kunstwerken eine gesellschaftliche Funktion sich prädizieren lässt, ist es ihre Funktionslosigkeit"; sie sind „die Statthalter der nicht länger vom Tausch verunstalteten Dinge, des nicht durch den Profit und das falsche Bedürfnis der entwürdigten Menschheit Zugerichteten" (Adorno 1996a: 336f.). Das Gesellschaftliche an der Kunst sah Adorno in ihrer „immanenten Bewegung gegen die Gesellschaft", nicht in ihrer „manifesten Stellungnahme" (ebd.), etwa im Protest gegen gesellschaftliches Unrecht. Nicht der Stoff, sondern Form und Struktur des Kunstwerkes allein seien für ihren gesellschaftlichen Wahrheitsgehalt, der Wahrheit des Besonderen im Besonderen, verantwortlich.

Wiederum anders sahen die um die Wende zum 20. Jahrhundert entstandenen künstlerischen Avantgarden das Verhältnis von Kunst und Leben (von Beyme 2005; Bürger 1974). Ihr Bestreben war, die Abgehobenheit der Kunst von der Lebenspraxis aufzuheben und deren Entzweiung zu beenden. Sie postulierten die Versöhnung von Kunst und Leben, und zwar dadurch, dass das Leben nach ästhetischen Gesichtspunkten gestaltet, das heißt die Praxis ästhetisch und die Kunst

1. Transzendierende Kritik versus affirmative Kultur

praktisch werden sollte (Bürger 1974: 66ff.). In den Bemühungen von Bauhaus, Werkbund und russischen Avantgardisten, die Gebrauchsgegenstände des Alltags künstlerisch zu gestalten, zeigte sich eine Konsequenz aus diesem Einheitspostulat von Kunst und Leben, eine andere in der demonstrativen Absonderung von Künstlergruppen in Artistenkolonien oder in großstädtischer Bohème, um unter Missachtung bürgerlicher Verhaltensnormen und in Distanz zu den verachteten Spießern ihr Leben nach ästhetischen Idealen zu gestalten. Ohne Zweifel implizierte auch das Kunstverständnis der Avantgardisten eine radikale Kritik an der vorherrschenden Lebenspraxis durch die Kunst. Gleichwohl waren ihre Bemühungen um eine unvermittelte Ästhetisierung des Lebens ein widersprüchliches Unterfangen, weil eine Kunst, „die nicht mehr von der Lebenspraxis abgesondert ist, sondern vollständig in dieser aufgeht, (...) mit der Distanz zur Lebenspraxis auch die Fähigkeit diese zu kritisieren" verliert (ebd.: 68).

Der Kunst – darin stimmen die referierten Positionen überein – wurde das Potenzial einer *transzendierenden Kritik* zugeschrieben, sei es im Medium des „Scheins" oder in der lebensreformerischen Praxis, so wie sie etwa die Avantgardisten kurz nach der Oktoberrevolution angestrebt hatten. Allein durch ihre Existenz, dies ist die verallgemeinernde Schlussfolgerung, kritisiert die Kunst die vorfindbare Lebenspraxis oder sucht sie nach ihrem Logos zu verändern.

Eine scharfe Abgrenzung zur authentischen Kunst markierte Adorno mit dem in der „Dialektik der Aufklärung" geprägten Begriff der „Kulturindustrie", den er als analytisches Konzept einer affirmativen Kultur entwarf. Hinzuweisen ist hier auf die Doppeldeutigkeit des Begriffs der affirmativen Kultur. Wie im ersten Kapitel dargestellt, hatte Herbert Marcuse in jedem authentischen Kunstwerk eine Evokation von „Anklage, Rebellion, Hoffnung" erkannt und das Affirmative nicht im Kunstwerk, sondern in der „falschen Versöhnung" von Individuum und Gesellschaft gesehen, die darin bestehe, dass durch die Abspaltung eines autonomen Bereichs der Gesellschaft die Menschen das Glück nur als Schein erfahren dürfen.

Radikal anders versteht Adorno den affirmativen Charakter der Kulturindustrie. Sie ist ihm zufolge als ein expansiver kapitalistischer Gewerbezweig vorzustellen: „Die gesamte Praxis der Kulturindustrie überträgt das Profitmotiv blank auf die geistigen Gebilde" (Adorno 1977b: 338). Der Bezug zur Industrie ergibt sich aus deren Standardisierung. Nach Adornos Auskunft ersetzte dieser Begriff den zunächst von ihm und Horkheimer verwandten Terminus „Massenkultur", „um von vornherein die Deutung auszuschalten, (...) dass es sich um etwas wie spontan aus den Massen aufsteigende Kultur handele" (ebd.: 337). In falscher Versöhnung beseitige die Kulturindustrie die Differenz zwischen Kunst und Leben, indem sie jene dem „falschen Leben" angleiche. Ihre Produkte (wie zum Beispiel Fernsehunterhaltung, Boulevardtheater, Hollywoodfilm, Musical, Popmusik, Eventkultur) trügen allesamt den Stempel der massenkulturellen Ware, die nach Kriterien von Nachfrage und Bedürfnis für den Markt erzeugt und verwertet wird. Die negativen Attribute, die Adorno der Kulturindustrie zuweist, lauten: „Massenbetrug", „Schematismus der Produktion", „Reproduktion des Immergleichen". Kulturindustrie dient der Verwaltung der Freizeit und der Manipulation durch das Amusement der Konsumenten. Mit ihr wird das Dasein „lückenlos geschlossen". Sie spiegelt die Welt, so wie sie ist, wider – eine reine Verdopplung, die eine die gesellschaftlichen Verhältnisse verbrämende Ideologie überflüssig mache.

Die Kulturindustrie wurde zum renditeträchtigen Investitionsfeld des anlagesuchenden Kapitals. Ihrem Warencharakter entsprechen Standardisierung und Serienproduktion. Keine ihrer Sparten wälzt so gewaltige Kapitalsummen um wie die Filmproduktionen aus Hollywood. Auch Musicals und populäre Schlager- und Rockmusik sind zu sprudelnden Quellen von Kapitalerträgen geworden. Der Systemcharakter zeigt sich unter anderem darin, dass aus Musicals Filme hervorgehen und umgekehrt Filme in Musicals umgesetzt werden, mit den üblichen, in den zugehörigen Shops angebotenen Accessoires, Publikationen und Souvenirs.

Adornos böser Blick fiel auch schon auf die allmähliche Transformation des Reichs des „Schönen, Guten, Wahren" in das der „schönen guten Waren" und konstatiert als Tendenz: die Kulturindustrie „zwingt die jahrtausendelang getrennten Bereiche hoher und niederer Kunst zusammen." (1977b: 337)

Der Kunsthistoriker Martin Damus spricht von einer „affirmativen Verwirklichung der Träume der Avantgarden" (2000: 284ff.), der Verschmelzung von Kunst und Leben, der zufolge es nichts mehr gibt, was nicht Kunst sein könne. Was Marcel Duchamp Jahrzehnte zuvor in ironischer Absicht mit seinen „Readymades" vorgeführt hatte, bauten Andy Warhol und seine Nachfolger zum System aus: jedweder Gegenstand und jegliches Tun wurde zur Kunst erklärt. Wenn Damus schreibt, dass der Kunstbetrieb als Kulturindustrie agiere (ebd.: 393), dann beschreibt er zwar eine reale Tendenz, formuliert aber seine Befunde zu apodiktisch; denn auch die weiterhin existente authentische Kunst (z.B. das Werk von Beuys) verfällt seinem Verdikt (s. dazu weiter unten).

2. Markt und Kommerz

Das Eindringen des Kommerz in die Sphäre der Künste ist kein völlig neues Phänomen, wohl aber deren progressive Unterhöhlung durch die Kulturindustrie. Immer schon war das Verhältnis von Kunst und Markt ein prekäres, wurde Kunst gegen Geld getauscht. Nachdem der Hofkünstler und Hoflieferant seine adligen und

2. Markt und Kommerz

klerikalen Auftraggeber verloren hatte, musste er sich auf einen freien Kunstmarkt einstellen und den Lebensunterhalt durch Verkauf seiner Produkte an anonyme Abnehmer bestreiten. Während in der italienischen Renaissance das Mäzenaten- und Auftraggebertum weiterhin vorherrschend blieb, entstand in den Niederlande mit der Auflösung der ständischen Gesellschaft im „Goldenen Zeitalter" des 17. Jahrhunderts erstmals ein freier Markt für bildende Kunst. Die Künstler lösten sich aus den ständischen Handwerkergilden und gründeten eigene, nach Lukas, dem Schutzheiligen der Maler, benannte Gilden, die ihre Kunden in den wohlhabenden Schichten von Kaufleuten, Händlern und Handwerksmeistern fanden (North 1992; Wegener 1999). Damit entstand – ebenfalls erstmals in der europäischen Kunstgeschichte – eine die Mittelschichten erfassende Nachfrage nach Kunstwerken (North 1992: 159).

Nicht wenige Künstler betrieben den Handel mit ihren eigenen Werken als Unternehmer. Beispielhaft dafür kann Rembrandt gelten, wie Svetlana Alpers in ihrer Untersuchung „Rembrandt als Unternehmer" (1989) gezeigt hat. Rembrandt hat den Kunstmarkt als materielle Grundlage künstlerischer Freiheit begrüßt, weil er ein Ende sowohl der einengenden Vorschriften der Handwerkerzünfte als auch des Patronagesystems mit der Abhängigkeit des Künstlers von seinen Auftraggebern bedeutete. „Als Kopf eines großen Atelierbetriebes verstand er sich als ein freies Individuum, das auf Auftraggeber und Gönner nicht angewiesen war" (Alpers 1989: 198) und gegenüber seinen Porträtkunden nicht bereit war, „irgendwelche Konzessionen zu machen" (ebd.: 199). Auch die traditionellen Bewertungsmaßstäbe, welche die Bezahlung nach der verausgabten Zeit und der naturähnlichen Vollendung vorsahen, lehnte Rembrandt für sich ab. Bei seiner eigenwilligen Malweise wollte er das Urteil, wann ein Bild vollendet sei, niemand anderem überlassen (ebd.: 241). Die Organisation seines Ateliers entsprach dem Herkommen: ein Meister, umgeben von Schülern und Gesellen, „von denen jeder am Ende auf eigene Kappe Gemälde produzierte" (ebd.: 243). Es war Rubens, der eine moderne arbeitsteilige Atelierorganisation einführte, mit Gehilfen, die auf bestimme Fähigkeiten – Landschaft- oder Tierdarstellungen – spezialisiert waren, und einem Meister, der für Retuschen und das Finish verantwortlich war.

Wenn in neuerer Zeit auch Kunsthistoriker die „kunsthistorisch lange tabuierte Frage nach der Bedeutung des Geldes in der Kunst" aufgriffen, weil der „schöne Traum von der marktfernen Kunst" sich nicht halten ließ (Grasskamp 1998: 21f.), dann ist jedoch darauf hinzuweisen, dass die Kunstgeschichte voller Beispiele großer, authentischer Künstler ist, die sich zwar des Kunstmarktes bedienten (wie sollten sie anders überleben?), ohne durch Konzessionen an den Markt sich dem Geschmack ihrer Kundschaft anzupassen. Generell stellt North für die frühen Niederlande fest, dass zwar durch den Kunstmarkt die Sujets von religiösen zu weltlichen Themen wechselten und die Historien- von der Landschafts-, Stillleben- und Genremalerei abgelöst wurde, ohne dass aber ein direkter Einfluss der Ökonomie auf die Kunst (etwa wie zu malen sei) nachzuweisen ist (North 1992: 158), wie ja auch das Beispiel Rembrandt zeigte. Wenn Kunstwerke als Ware auch zu Markte getragen werden, dann ist dies für Adorno die Konsequenz ihrer „Teilhabe an den Produktionsverhältnissen" (1996a: 351); wichtig bleibt indessen die Differenz, dass Kunstwerke zwar wie Waren gehandelt, aber nicht wie Waren hergestellt werden – im Gegensatz zu den Erzeugnissen der Kulturindustrie, deren Produktion bereits primär unter Gesichtspunkten der Marktgängigkeit und schnellen Verkäuflichkeit erfolgt. Zwar ist die Zeit vorbei, da der ökonomische Erfolg eines Künstlers seiner Glaubwürdigkeit im Wege stand, aber der Vorwurf, seine Produktion „nach dem Markt auszurichten", wird unter Künstlern auch heute noch als ehrenrührig empfunden. Selbst ein Megastar des Kunstmarktes, wie der Fotograf Andreas Gursky, lehnte es noch 2007 in einem Spiegel-Gespräch kategorisch ab, über die Auktionsrekorde seiner Bilder zu sprechen. Lieber ließ er sich über Inhalte seiner Fotos und über Caravaggios Lichtführung aus, die er, wie ihm bei einer Caravaggio-Schau aufgefallen sei, unbewusst in ähnlicher Art eingesetzt habe wie der Barockmaler (Der Spiegel vom 22.1.2007, H. 4/2007: „Fotos dürfen lügen"). Inwieweit ihm die künstlerische Referenz wichtiger ist als das ökonomische Reputationsbarometer, sei dahingestellt, aber gerade unter markterfolgreichen Künstlern fand Isabelle Graw nicht selten eine ausgeprägte „marktphobische" Abwehr (Graw 2008: 52). Gurskys Weigerung, über den kommerziellen Erfolg überhaupt nur zu reden, zeigt, wie stark das Tabu über den Markterfolg nachwirkt.

Der Kunstmarkt als Umschlagplatz des großen Kapitals

Das Eindringen umfangreicher liquider Mittel in den Kunstmarkt mit seinen Kunstmessen, weltweit operierenden Galerien, Auktionshäusern und Kunstfonds bedeutete einen qualitativen Umschlag ins rein Kommerzielle. Die Investition in Kunst setzte sich nach dem Zweiten Weltkrieg mit einer erheblichen Dynamik und Brisanz durch. Vorbehalte gegenüber dem Markt wurden unter den unmittelbar mit der Produktion von Kunst Befassten (Galeristen, Kritiker, Künstler) nach und nach abgebaut, auch wenn weiterhin das „Herunterspielen von ökonomischen Ambitionen zum guten Ton in einem Geschäft (gehört), (...) das von dem Glauben an die Unbezahlbarkeit seiner Ware lebt" (Graw 2008: 232). Noch in den 1970er und 1980er Jahren wurde der Markt „als notgedrungenes Mittel zum Zweck der leider unvermeidlichen finanziellen Transaktionen" betrachtet; „spätestens zu Beginn des neuen Jahrtausends ist er zu einem Zweck an sich aufgestiegen" (ebd.: 60).

2. Markt und Kommerz

Kunstwerke wurden zu Anlage- und Spekulationsobjekten, die auf den Auktionen in New York und London nicht selten zweistellige Millionensummen erzielten (s. Übersicht 10).

Übersicht 10: Die teuersten Kunstwerke der Welt (Auktionsergebnisse)

Künstler / Titel	Preis (incl. Taxe)	erzielt am
1. Picasso: Nackte, grüne Blätter und Büste	106,4 Mio. $	4.5.2010
2. Giacometti: Schreitender Mann I	104,3 Mio. $	3.2.2010
3. Picasso: Junge mit Pfeife	104,2 Mio. $	5.5.2004
4. Picasso: Dora Maar mit Katze	95,2 Mio. $	3.5.2006
5. Klimt: Portrait of Adele Bloch-Bauer II	87,9 Mio. $	9.11.2006
6. Bacon: Triptych, 1976	86,3 Mio. $	14.5.2008
7. Van Gogh: Porträt des Dr. Gachet	82,5 Mio. $	15.5.1990
8. Renoir: Au Moulin de la Galette	78,1 Mio. $	17.5.1990
9. Rubens: Das Massaker der Unschuldigen	76,7 Mio. $	10.7.2002
10. Rothko: White Center (Yellow, Pink and Lavender on Rose)	72,8 Mio. $	15.5.2007

Quelle: Eigene Recherche

An diesem Art-Monopoly beteiligen sich alte und neue Akteure des zusammenwachsenden Kunst- und Finanzmarktes: Galeristen, Händler und Sammler ebenso wie Kunstfonds, Art-Investmentbanker und Vermögensverwaltungen. Mit Investmentrubriken zur Kunst informieren einschlägige Wirtschaftsmagazine neue Käuferschichten, die neben Firmen und Immobilien nun auch Kunstwerke ihrem Portfolio hinzufügen möchten.

Unter den wichtigsten Akteuren des Kunstmarkts ist zuvorderst das Duopol der weltweit führenden Auktionshäuser Christie's und Sotheby's zu nennen. Der mittlere Jahresumsatz der letzten fünf Jahre beläuft sich für jedes Haus auf über 4 Milliarden US-Dollar, wobei Christie's gewöhnlich eine Nasenlänge vor Sotheby's liegt (s. Übersicht 11).

Übersicht 11: Jahresumsätze der großen Auktionshäuser, 2005-2009

Jahr	Christie's	Sotheby's
	Mrd. $	Mrd. $
2005	3,2	2,6
2006	4,7	3,7
2007	6,3	6,1
2008	5,1	5,3
2009	3,3	2,8

Quelle: Eigene Recherche

Beide Häuser bestehen seit Mitte des 18. Jahrhunderts. Christie's wird als Privatunternehmen der Familie des französischen Unternehmers und Kunstsammlers François Pinault mit 53 Niederlassungen in 30 Ländern geführt, Sotheby's ist eine börsennotierte amerikanische Aktiengesellschaft mit 90 Niederlassungen in 36 Ländern. Den beiden Auktionshäusern folgen mit weitem Abstand der Auktionator Phillips de Pury & Company (seit 2010 von der Mercury Group als russischem Mehrheitseigner geführt) und weitere 3.000 Auktionshäuser.

Die Kunst- und Antiquitätenmessen zählen ebenfalls zu den „global players" des Kunstmarktes. Die älteste unter ihnen ist die *Art Cologne,* unter dem Namen „Kölner Kunstmarkt" vom „Verein progressiver deutscher Kunsthändler" gegründet, fand sie 1967 erstmals mit 18 ausstellenden Galeristen im Kölner Gürzenich statt. 2010 zählte sie 230 Aussteller (incl. Kunstbuchverlage) und 60.000 Besucher. Die weltweit führende Kunstmesse ist die *Art Basel.* Sie wurde als Reaktion auf den Kölner Kunstmarkt, der nur ausgewählte Galerien zuließ, mit einem offenen Messekonzept ohne Teilnehmerbeschränkung erstmals 1970 veranstaltet. 2010 waren auf ihr mehr als 300 Galerien aus 36 Ländern vertreten und wurden 62.500 Besucher gezählt. Seit 2002 hat sie mit der *Art Basel Miami Beach* einen amerikanischen Ableger gegründet. Weitere Kunstmessen sind *The Armory Show,* die führende amerikanische Kunstmesse, die jährlich in New York stattfindet, *The European Fine Art Fair (TEFAF)* in Maastricht, sowie die auf aktuelle Kunst spezialisierte *Frieze Art Fair* in London und das *Art Forum Berlin.*

Im internationalen Dachverband der Weltkunsthändler – CINOA = Confédération Internationale des Négociants en Œuvres d'Art – haben sich rund 5.000 Kunsthändler als Mitglieder zusammengeschlossen.

2. Markt und Kommerz

In den beiden letzten Jahrzehnten hat Kunst auf dem Finanzmarkt den Status einer „alternativen Anlageklasse" erhalten, um das „Anlageportefeuille zu streuen" (Willette 2010: 85). Indizes orientieren über das Ranking der Spitzenkünstler in der Kunstwelt („Kunstkompass"[113]) und messen die Rendite für Anlagen in Meisterwerken („Mei Moses Fine Art Index"[114]). Eine Vielzahl aufgelegter Kunstfonds investiert in Kunst „as a worldwide asset class" (Fine Art Fund Homepage). Der erste Fonds dieser Art war der 2001 in London gegründete „Fine Art Fund" (Fondsvermögen 100 Mio. US-Dollar), der auch als Käufer auf Auktionen auftritt. Durch derartige Fondsaktivitäten sollen in den nächsten zehn Jahren 10 Mrd. US-Dollar in den Kunstmarkt fließen (Dossi 2007: 36). Auf die Beratung auf „Art Investment" haben sich neben Art Consultants auch Vermögensverwaltungen, wie das 2003 in London gegründete „Fine Art Wealth Management", spezialisiert. Rund um den Globus preisen diese Akteure die Vorteile des Kunstbesitzes an: „Kunst als Geldanlage, als Statussymbol, als Jagdtrophäe, als Lifestyleaccessoire, als Spekulationsobjekt. (...) Die Gebetsmühlen des Kunstmarketings haben dazu beigetragen, dass sich der Inhalt von Kunst in griffige Verkaufsformeln verflüchtigt hat" (ebd.: 141). Aber, wie Sam Keller, ehemaliger Direktor der Art Basel und heutiger Leiter der Fondation Beyeler, betont, ist die Verbindung von Kunst und Wirtschaft „meistens eine Heirat von Reichen mit Schönen, bei der selten Liebe im Spiel ist. Die Kunst will ihre Freiheit und die Wirtschaft ihren Nutzen" (Keller 2010: 76).

Literaturmarkt im Umbruch

Neben dem Markt für die bildende Kunst ist auch der Literaturmarkt zu einem Umschlagplatz für renditesuchende Investoren geworden. Schon seit geraumer Zeit beherrschen Großunternehmen und Mischkonzerne der Medienindustrie den Buchmarkt. Mittlerweile werden von vielen Verlagen die früher üblichen Umsatzrenditen von zwei bis fünf Prozent ebenso wenig akzeptiert wie Mindestauflagen

---

113 Der von dem Kunst- und Wirtschaftsjournalisten Willi Bongard erstmals 1970 erstellte „Kunstkompass" ist eine Art „Ruhmesbarometer" für Spitzenkünstler, deren Resonanz in der Kunstwelt bewertet wird nach (a) Einzelausstellungen in über 200 international bedeutenden Museen und Kunstinstituten, (b) Teilnahme an mehr als 120 wichtigen Gruppenausstellungen (z.B. Biennale in Venedig), (c) Rezensionen in renommierten Kunstmagazinen und (d) Ankäufen der wichtigen Museen. Veröffentlicht wurde er bis 2007 in der Zeitschrift „Capital", seit 2008 im „manager magazin".

114 Der nach den Namen der amerikanischen Wirtschaftsprofessoren Jiangping Mei und Michel Moses benannte Index misst die aus dem Wertzuwachs von klassischen Meisterwerken resultierenden jährlichen Erträge. Der Wertzuwachs wird aus der Differenz von früherem Verkaufspreis und späterem Wiederverkaufspreisen bei Christies's und Sotheby's ermittelt. Anfänglich fasste der Index etwa 9.000 wiederkehrende Auktionsverkäufe einzelner Gemälde zusammen; mittlerweile ist die Datenbasis auf 13.000 Vergleichspaaren wiederkehrender Verkaufsergebnisse angewachsen. Vgl. Mei/Moses 2002.

unter 1.000 Exemplaren oder Quersubventionierungen (Bestseller finanziert Lyrikband). Zweistellige Umsatzrenditen sind die Zielvorgabe, so erwartete der Bertelsmann-Konzern nach der Übernahme von Random House im Jahre 1998 eine zukünftige Rendite von 15 Prozent (Schiffrin 2001: 66). Mindestauflagen werden selbst im Rowohlt-Verlag mit 6.000 angesetzt (Wagenbach 2001: 120). Nach den heutigen Kriterien hätte ein Autor wie Franz Kafka mit seinen kleinen Auflagen zu Lebzeiten kaum eine Förderung gefunden (ebd.). Gefragt sind heute Bestseller-Autoren, deren Namen (gleichgültig ob Politiker, Film- oder Popstar) und/ oder Skandalthema bereits hohe Auflagen versprechen und die mit exorbitanten Vorschüssen gelockt werden.

Die Konzentration im deutschen Verlagswesen mit den zwei großen Verlagskomplexen, Bertelsmann und Holtzbrinck, nimmt den kleinen Verlagen die Luft zum Überleben, nur wenige wagemutige Verleger finden noch eine Nische. Bertelsmann ist nicht nur größte deutsche Verlagsgruppe, er ist auch größter Verleger englischsprachiger Bücher: jedes dritte Buch, das in den USA verkauft wird, kommt mittlerweile aus diesem Konzern (Schiffrin 2000: 66).

In ähnlicher Weise gefährdet wie die unabhängigen Verlage sind auch die unabhängigen Buchhandlungen durch die finanzstarken Buchkaufhäuser und -handelsketten (wie Deutsche Buchhandels GmbH, Thalia, Mayersche Buchhandlung etc.) sowie durch die Verbreitung des Online-Buchhandels (Amazon, Weltbild etc.) und der E-Books. Kleinere Buchhandlungen können auf Dauer nur mit einem spezialisierten Sortiment (wie die Buchhandlung Walther König) und qualifizierter Beratung überleben.

Der Krise des Verlagswesens ist besonders dramatisch in den USA zu beobachten. André Schiffrin, jahrzehntelang erfolgreicher Verleger des von Kurt Wolff gegründeten ehemaligen Exilverlags „Pantheon Books", erklärt den Niedergang der unabhängigen Verlagshäuser mit ihrer Übernahme durch große Mischkonzerne der Informations- und Unterhaltungsindustrie, die hier Renditen erwirtschaften wollten wie in anderen Branchen auch (Schiffrin 2001). War es in der Vergangenheit zuerst die Filmproduktion Hollywoods, die einer rigorosen Kapitalverwertung subsumiert wurde, ist es seit den 1990er Jahren das Verlagswesen, das die Produktion und Verbreitung von Kultur konsequent nach Vermarktungs- und Renditekriterien ausrichtet und folglich der autonomen literarischen Kunst das Wasser abgräbt.

Kunstmuseen im Visier der Sammler und Sponsoren

Selbst Kunstmuseen sind mittlerweile zu einem lukrativen Feld der Kapitalverwertung geworden, sei es als „Durchlauferhitzer des Marktes", sei es als originäre Quelle sprudelnder Renditen.

2. Markt und Kommerz

In ersteren Fall nutzen Sammler Museen für moderne Kunst als Institutionen zur „wertsteigernden Zwischenlagerung" ihrer Sammlerstücke, die sie als Dauerleihgaben gutgläubigen Museumsdirektoren anvertrauen. Aber die Dauerleihgabe ist „eine Gabe, die zwar Dauer verspricht, aber juristisch jederzeit wieder zurückgenommen werden darf und in der Kunstwelt eher ein Geschenk für den Schenkenden ist – denn im Museum steigt der Wert einer Leihgabe deutlich, so dass nach dem Ende der Leihfrist die Gabe teurer in die Arme des Gebers zurückkehrt" (Frankfurter Allgemeine Zeitung vom 8.7.2005, S. 35: „Die Jahre der wilden Sammelwut"). Die finanziell meist ausgetrockneten Museen verfügen kaum noch über einen Ankaufsetat, um zeitgenössische Kunst zu erwerben. Daher nehmen sie allzu gern Angebote potenter Sammler an, um hochkarätige Stücke wenigstens als Leihgabe zeigen zu können. Doch der Katzenjammer ist groß, wenn die Leihgeber (oder deren Erben) nach einer Inkubationszeit gezielter Wertsteigerung ihre Sammlungen wieder abziehen. Zwei Beispiele seien herausgegriffen: So haben 2005 sowohl der Bauunternehmer Hans Grothe den Museen in Duisburg und Bonn als auch der Immobilienmakler Dieter Bock dem Frankfurter Museum für Moderne Kunst ihre umfangreichen Sammlungen entzogen und mit erheblichem Wertzuwachs, den sie durch die Museumsplattform erzielt hatten, weiterverkauft. Der Fall Dieter Bock ist besonders pikant, weil dieser mit dem damaligen Museumsleiter Jean-Christophe Ammann vertraglich vereinbart hatte, dass mit Stiftergeld, aber im Namen des Museums, Kunstwerke angekauft werden sollten. Dadurch profitierte Bock von der Praxis, dass Künstler und Galerien ankaufenden Museen günstigere Konditionen einräumen als Sammlern.

Dass Museen auch als privatwirtschaftliche Unternehmen nach betriebswirtschaftlichen Rentabilitätskriterien geführt werden können, zeigt paradigmatisch das „Prinzip Guggenheim" (Hoffmann 1999). Das internationale Museumsimperium ist vom langjährigen Leiter Thomas Krens, einem ausgebildeten Maler und diplomierten Betriebswirt, aufgebaut worden. Nur scheinbar verkörperte er den Systemkonflikt zwischen Kunst und Wirtschaft; denn den Widerstreit „zweier Seelen" kannte der aggressive Vermarkter nicht. Analog zum Franchising-System lässt die Guggenheim-Stiftung von anderer Leute Geld Museen bauen, die nach einem „all inclusive"-Konzept mit Bildern und Objekten aus eigenen Sammlungen gefüllt werden (O-Ton Krens: „Die wertloseste Kunst ist die im Depot"), wofür ein Teil der Einnahmen aus Eintrittskarten, Katalogverkäufen und Nebenrechten kassiert wird. Die hegemoniale Museumspolitik mit einer „Verwertung von Museumsgütern als gewinnbringendes Kapital" (Hoffmann 1999: 7) verfährt nach der Devise: „Baue ein hochkarätiges Museum und ich leihe dir in Verbindung mit der eigenen Sammlung, die du einzurichten hast, hochkarätige Werke." (Ammann 1999: 32).

Amerikanische Museen sind meist private Institutionen, die eine regelrechte Kultur des Fundraising entwickelt haben. Die privaten Geldgeber, die sie mobilisieren, belohnt der Staat mit großzügigen Steuervergünstigungen. Aber auch die öffentlichen Museen in Deutschland halten aufgrund der engen Budgets Ausschau noch Sponsoren und neuen Partnerschaften mit privaten Geldgebern. Für große Ausstellungen reicht die staatliche Finanzierung allein nicht mehr.

Neue Unternehmensformen, wie *Joint Ventures* und als *Public-Private-Partnership* gegründete Stiftungen, sollen den üblicherweise staatlich subventionierten Museen privates Kapital zuführen. Ein Beispiel für Joint Ventures ist die 1997 gegründete „Deutsche Guggenheim Berlin" mit den Partnern Solomon R. Guggenheim Foundation und Deutsche Bank (Kopper 1999): Die Bank stellt am historischen Ort „Unter den Linden" die Ausstellungsräume zur Verfügung und kommt für die laufenden Kosten auf, die Guggenheim Foundation bestückt die Wände mit Kunstwerken aus ihren reichhaltigen Beständen; denn von den 6000 Bildern und Objekten im Besitz der Stiftung kann diese nur fünf Prozent in New York ausstellen. Auch hierfür kassiert die Foundation einen Teil der Einnahmen.

Ein Beispiel für eine neuartige Public-Private-Partnership ist die für das Düsseldorfer „museum kunst palast" von öffentlichen und privaten Partnern gewählte Organisationsform der Stiftung privaten Rechts. Die von der Landeshauptstadt Düsseldorf 1998 zunächst mit der VEBA (heute E.ON) gegründete Stiftung hat mit privaten und öffentlichen Mitteln ein repräsentatives Ausstellungsgebäude aus den 1920er Jahren umgebaut und in ihm einen modernen Ausstellungsbetrieb als Public-Private Partnership etabliert. Als Gegenleistung erhielt sie ein attraktives Grundstück, benachbart dem Museum. Die Mittel für die Unterhaltung des Museums (Jahresetat 2001: ca. 10 Mio. Euro) werden zum größten Teil von der Stadt Düsseldorf aufgebracht (8 Mio. Euro) und zum geringeren von den Stiftern, die dafür freilich als Sponsoren gebührend herausgestellt werden wollen. Die von einer amerikanischen Unternehmensberatung erarbeitete Organisationsstruktur (mit Generaldirektion, Marketing und Kommunikation, Ausstellungsmanagement) ähnelt durchaus der eines modernen Unternehmens, das sich am Markt bewähren muss. Der Museumsleiter Jean-Hubert Martin war nach sechsjähriger Amtszeit zurückgetreten und hatte ein Jahr später schwere Vorwürfe gegen den privaten Geldgeber erhoben, der sich mehrfach in die Programmgestaltung eingemischt und immer wieder auf publikumswirksame Ausstellungen gedrängt habe (Süddeutsche Zeitung vom 16./17.8.2008: „Keinen Sex und nichts aus Neuguinea"). In einem neuen Fünfjahresvertrag verpflichtete sich E.ON bis 2014 jährlich 1,1 Mio. Euro zur Grundfinanzierung des Hauses beizutragen. Daneben will E.ON nur noch von Fall zu Fall einzelne Ausstellungen fördern, die seinen Vorstellungen entgegenkommen.

2. Markt und Kommerz

Eine weitere Variante hat das Kölner Sammlerehepaar Udo und Annette Brandhorst in München durchgesetzt. Für die unbefristete Dauerleihgabe mehrerer hundert moderner und zeitgenössischer Kunstwerke an das Land Bayern hat es als Gegenleistung die Errichtung eines luxuriösen Museumsgebäudes für 48 Mio. Euro gefordert und erhalten. Das „Brandhorst Museum" dient ausschließlich der Präsentation seiner Sammlung, muss aber vom Staat aufwendig erhalten und betrieben werden. Die Süddeutsche Zeitung bringt es auf den Punkt: „Die Bayern zahlen eine Art Brandhorst-Steuer für ein Museum und für Kunstwerke, die dem steuereinziehenden Land nicht einmal gehören" (Süddeutsche Zeitung vom 29.7.2010, S. 18: „Bilderstreit"). Aufgrund seines Sammlungsprofils macht es zudem der „Pinakothek der Moderne" Konkurrenz, was für die zukünftige Entwicklung fürchten lässt, weil das Brandhorst Museums dank des hohen Stiftungskapitals über einen um ein Mehrfaches höheren Ankaufsetat verfügt.

Kultursponsoring ist ein relativ neues Betätigungsfeld vornehmlich großer Unternehmen im Rahmen ihrer „Public Relations"-Strategie. Gewöhnlich grenzen Unternehmen sich von ihren Konkurrenten ab durch den Produktnutzen und die Zusatzleistungen, die sie ihren Kunden bieten. Wenn diese zur Abgrenzung nicht ausreichen, suchen sie „verstärkt nach Kommunikationsinstrumenten, die Erlebnisnutzen und eine spezielle Zielgruppenansprache ermöglichen" (Bruhn 2010: 1). Sie benutzen „Ereignisse, die im Brennpunkt öffentlichen Interesses stehen, und folglich Resonanz in den Massenmedien finden" (ebd.: 3), um durch finanzielle Unterstützung ihren Namen damit in Verbindung zu bringen. Sie dient, mit anderen Worten, der Imagepflege durch „Imagetransfer" – im Glanze des Ereignisses soll auch das Unternehmen heller strahlen.

Neben dem Sportsponsoring, in das weiterhin die meisten Mittel fließen, ist in den letzten Jahrzehnten das Kultursponsoring aufgeblüht. Abzugrenzen ist es von Mäzenatentum und Kulturförderung. Diese entspringen altruistischen Motiven oder einer uneigennützigen gesellschaftlichen Verantwortung, während beim Kultursponsoring die Unternehmen das "symbolische Kapital" (Bourdieu) der Kunst und Kultur für ihre Kommunikationsstrategien instrumentalisieren. Sie fördern prestigeträchtige Projekte (z.B. große Sonderausstellungen, Festspiele, Musicals) um sich bei den Kunden positiv ins Gespräch zu bringen. „Die Assoziation mit einer Ausstellung soll eine Marke pushen, Produkte mit Ästhetik aufladen oder ihr auch nur eine Kulisse liefern". Für „experimentelle Shows" ist es hingegen „aussichtslos, einen Geldgeber zu finden" (Kunstsammlung Nordrhein-Westfalen 2004: 28).

Lukrativ ist Sponsoring insofern, als der Werbe- und Kommunikationseffekt erheblich ist – bei einem relativ geringen Anteil an den realen Kosten. Die Sponsoren profitieren davon, dass in Deutschland (anders als beispielsweise in den USA) die Grundausstattung der kulturellen Institutionen von Bund, Ländern und Kommunen finanziert wird. Wenn zum Beispiel ein Unternehmen die Versicherungs-, Transport- und einige andere zusätzliche Kosten für eine größere Ausstellung übernimmt, dann erscheint es in der Öffentlichkeit, als der spendable „Ermöglicher" dieses Events, ohne dass es für die weit höheren Kosten der Infrastruktur des Museums aufkommen muss. Grob gerechnet übernimmt das Sponsor-Unternehmen fünf Prozent der Gesamtkosten, wie sich aus der folgenden Gegenüberstellung ergibt: die Kulturförderung des Bundes und der Länder (einschl. Gemeinden) beläuft sich auf rund 8 Mrd. Euro jährlich, die Sponsorengelder auf 400 Mio. Euro (Höhne 2009: 172 und 229), das macht fünf Prozent der staatlichen Förderung aus. Berücksichtigt man die steuerliche Absetzbarkeit von gemeinnützigen Spenden, dann reduziert sich dieser Anteil noch weiter. Somit sind die Kultursponsoren allein für das „Sahnehäubchen" zuständig, das auf einem kostenträchtigen Unterbau aufsitzt, den letztlich die Steuerzahler finanzieren.

Im Dienste der Ökonomisierung

Mit der fortschreitenden Kommerzialisierung der Kultur und der Abkehr der staatlichen Kulturförderung vom einfachen Kameralistikprinzip dringen ökonomische Kosten-Nutzen-Kalküle manifest und expansiv in das Kunst- und Kulturleben ein. Die stattfindende Verschmelzung von Kunst und Ökonomie stößt kaum noch auf Widerspruch. Einerseits wird der Kultur ein erhöhter Stellenwert als Wirtschafts- und Standortfaktor eingeräumt, andererseits gerät sie unter den Zwang zur effizienten Mittelverwendung mit betriebswirtschaftlichen Vorgaben. An die Stelle von Kulturpflege tritt das Kulturmanagement (Höhne 2009: 34). Die Gründung des Kulturrats (1981) und des Fachverbandes des Kulturmanagements (2007) können als institutioneller Niederschlag der Tendenz zur effektiveren Steuerung von Kultur und Kulturförderung verstanden werden.

Neben diesen Ökonomisierungstendenzen forcierte der kultursoziologische Umbruch zur hedonistischen „Erlebnisgesellschaft" (Schulze 1992) mit ihrem distinktionsorientierten, „dekorativen Verbrauch der Künste" (Hoffmann 2006: 279) die Entwicklung völlig neuer Gewerbezweige und Berufe als „Dienstleister der Lustgesellschaft" (Hanno Rauterberg) sowie neuer Studiengänge an Hochschulen als auch eines neuen Denkens in den kulturellen Institutionen. Mit der Vergabe einer Honorarprofessur für die „Inszenierung von Lebenswelten" an eine vermögende Düsseldorfer Gesellschaftsdame dürfte die Wuppertaler Hochschule im rheinisch-akademischen Eventzirkus einstweilen den Vogel abgeschossen zu haben.

Ein mittlerweile als Kulturwirtschaft oder, nach angelsächsischem Vorbild, auch als Kreativwirtschaft (*creative industries*) bezeichneter expansiver Wirtschaftssek-

2. Markt und Kommerz 195

tor umfasst diejenigen „Kultur- bzw. Kreativunternehmen (...), welche vorwiegend erwerbswirtschaftlich orientiert sind und sich mit der Schaffung, Produktion, Verteilung und/oder medialen Erarbeitung von kulturellen/kreativen Gütern befassen" (Enquete-Kommission 2007: 340). Die „Initiative Kultur- und Kreativwirtschaft der Bundesregierung" rechnet diesem Wirtschaftsbereich 237.000 Unternehmen mit über 1 Million Erwerbstätigen zu (http://www.kultur-kreativ-wirtschaft.de/). Er fasst einen bunten Strauß kreativer Professionen, Gewerbe und Märkte zusammen, wie zum Beispiel freischaffende Künstler und Schriftsteller, Verlage, Kunsthandel, Film- und Musikindustrie, Rundfunk- und TV-Unternehmen, Werbegestaltung und Designwirtschaft, Nachrichten- und Architekturbüros. Unter volkswirtschaftlichen Gesichtspunkten betrachtet, hat er eine wachsende Bedeutung für die gesamtwirtschaftliche Entwicklung, Wertschöpfung und Beschäftigung von Arbeitskräften. Auf Organisationen in diesem Sektor (z.B. Verlage, Galerien) sind selbstverständlich auch die Künstler angewiesen; in ihrer Selbstständigkeit bedürfen sie ihrer als institutionelle Krücken auf den anonymen Märkten.

Betrachten wir unterhalb der volkswirtschaftlichen Ebene die neuen Gewerbezweige und neuen Berufe im Dienste der Kommerzialisierung der Kunst, dann ist zuvorderst das „Art Consulting & Marketing" für Sammler wie für Künstler zu nennen. Als Unternehmen oder Profession offerieren „Art Consultants" Sammlern und kunstinteressierten Unternehmen ihre Beratungsdienste bei Erwerb und Auswahl von Kunstwerken; sie besuchen zu diesem Zweck Ateliers und Kunstmessen und vermitteln den Kontakt zu Galerien und Auktionshäusern. Unter Bedingungen volatiler Kunstmärkte und vielfältiger Kunstrichtungen nehmen sie für ihre meist verunsicherten Kunden die Rolle eines Scouts ein, der sie durch schwer überschaubares Terrain mit häufig unseriösen Akteuren geleitet. Auf dem Buchmarkt übernehmen die Beratungsaufgaben sogenannte „Literaturagenten", die zwischen Autoren und Verlagen vermitteln und für Manuskripte die richtige „Anlage" suchen. Der „Sponsoren-Scout" ist der ins Denglische übersetzte „Fundraiser", für den die großen Museen eigene Stäbe eingerichtet haben.[115] Auch der „Artist Manager" ist ein neuer aparter Beruf, eine Art Fitness-Trainer, der Kunstschaffende für die Selbstvermarktung konditioniert, sofern diese es nicht schon im „Selbstmanagement" mit einem „Künstler-Business-Plan" selber tun. Andy Warhols Wahlspruch „Good business is the best art" nehmen Ratgeber beim Wort, indem sie Künstlern empfehlen, sich als Marke oder Kultfigur aufzubauen und sich eine „Corporate Identity" zu verschaffen (Weinhold 2005).

---

115 Allein das MOMA in New York arbeitet „mit einem Stab von 45 Fundraising-Profis" (Kunstsammlung Nordrhein-Westfalen 2004: 30).

Ein weiterer neuer Beruf ist der „Kulturwirt". Er kann als akademischer Titel im Rahmen eines neuen Studienganges Kulturwirtschaft an verschiedenen Universitäten und Fachhochschulen erworben werden. Das Studium ist interdisziplinär angelegt; die angebotene Kombination von geistes- und wirtschaftswissenschaftlichen Fächern wird verknüpft mit den Zielen einer internationalen Ausrichtung und hohen Wirtschaftskompetenz, für die das Fach „Kulturökonomie" (Bendixen 2001) bestens qualifiziert. Britische Universitäten bieten Master-Studiengänge in „Creative and Cultural Entrepreneurship" an und bilden aus für „Leadership in Creative and Cultural Industries".

Wirtschaftskompetenz wird, als neues Denken, mehr und mehr in den kulturellen Institutionen wie Theatern, Museen etc. nachgefragt. Ohne betriebswirtschaftliche Expertise können die Häuser unter den Zwängen von Etatkürzungen und vorgegebenen Selbstfinanzierungsquoten kaum noch verantwortlich verwaltet werden.

3. Pop Art und Business Artists

Eine schwierige Frage ist die nach der Qualität der heutigen Kunstproduktion. Betrachtet man die Pop Art als einen Kulminationspunkt zeitgenössischer Kunst, dann deutet Vieles auf eine zunehmende Tendenz zur Affirmation der Welt, wie sie ist, hin. Ihr Programm, nur noch abzubilden, was es gibt (und das womöglich überdimensioniert), steht im eklatanten Gegensatz zu der oben zitierten Aussage Adornos, dass in jedem Kunstwerk „etwas auftaucht, was es nicht gibt". Ihr Protagonist, Andy Warhol, wurde zur Reproduktionsinstanz für bereits millionenfach verbreitete Abbildungen: Ein-Dollar-Scheine,[116] Cola-Flaschen und Campbells Suppendosen reduplizierte er wie kommerzielle Werbeplakate im Siebdruck. Damit riss Warhol „alle Barrieren zwischen Kunst und Wirtschaft nieder und übernahm die Regeln der Industriegesellschaft, indem er sein Atelier als Factory bezeichnete und den Eindruck vermittelte, Kunst am Fließband zu produzieren und von seinem Mitarbeitern produzieren zu lassen" (Buchhart 2010: 42). Als ehemaliger Werbezeichner kannte er die Mechanismen der Publicity wie kein anderer. „Dem Bild des autonomen Künstlers, der seine Aufträge selbst bestimmt, setzte er das Bild eines Künstlers entgegen, der permanent zu Diensten steht." (Ursprung 2010: 24) Er bezeichnete sich selbst als „Business Artist" und porträtierte jeden, der bereit war, ihm 25.000 Dollar zu zahlen. Seine bevorzugten Sujets waren triviale Konsumartikel und Ikonen der Unterhaltungsindustrie (Marilyn Monroe, El-

---

116 Der Siebdruck auf Leinwand „200 One Dollar Bills" von 1962 erzielte 2009 bei Sotheby's 39 Mio. US-Dollar. (Frankfurter Allgemeine Zeitung vom 2.1.2010: „Die teuersten Kunstwerke in internationalen Auktionen 2009").

3. Pop Art und Business Artists

vis Presley). Mit provozierender Oberflächlichkeit bekannte er für seine Person: „Wer alles über Andy Warhol wissen will, braucht nur die Oberfläche anzusehen: die meiner Bilder und Filme und von mir, und das bin ich. Da ist nichts dahinter." (Sabin 1992: 84) Für Truman Capote war er eine „Sphinx ohne Geheimnis".

Bezeichnend für Warhol ist seine „Wiederholungsobsession", mit der bekannte und oft wiederholte Motive der Populärkultur nochmals wiederholt werden und diese Wiederholung von Bild zu Bild wiederholt wird. „In ähnlicher Weise funktionieren Warhols wiederholte Interviews, in denen er sich selbst als reine Oberfläche präsentiert. (...) Paradoxerweise resultierte aus diesem durch Wiederholung kompensierten Mangel letztlich Warhols Status als Star. Die Leere Warhols, die Unsicherheit um seine Glaubwürdigkeit, mutierte im Lauf der Zeit zum gewissen Etwas, das mehr an ihm war als er selbst, zum Geheimnis seines Erfolgs. Das Modell der Figur Warhol einmal in Gang gesetzt sicherte und festigte deren Stellung kontinuierlich. Je öfter Warhol die Frage nach seiner eigenen Leere wiederholte, umso berühmter und anerkannter wurde er als der, der seine eigene Leere thematisierte, eine Leere, die sich auf diese Weise zusehends füllte." (Michalka 1998)

Die Soziologin Nina Zahner hat in einer instruktiven Fallstudie Aufstieg und Karriere Warhols mit Bourdieuschen Begriffen dargestellt und analysiert. Sie zeigte, wie in einem Konsekrationsprozess die Pop Art zur Kunst „gemacht" wurde. Dabei übernahmen die Massenmedien mit ihrer Mittelschicht-Leserschaft eine initiierende Rolle als „die ersten Promotoren der neuen Kunst" (Zahner 2006: 226). Warhols frühe Präsenz in den Massenmedien war durch Kunstagenten – neu auftretende Akteure des Kunstfeldes – forciert worden. Dadurch fand er Zugang zu den absatzorientierten Galerien, welche ihrerseits einen neuen Sammlertypus bedienten: Kunstspekulanten, die, zu ökonomischem Kapital gelangt, Kunstwerke wie Aktien ansahen und deren Konsum- und Statusorientierung in den unmittelbar zugänglichen Werken der Pop Art ein geeignetes Investitionsobjekt fanden, da deren „der Konsum- und Massenkultur entnommenen Bilderwelten mit diesen Wertorientierungen kompatibel waren" (ebd.: 183). Museale Anerkennung und damit kunstfeldinternes Prestige gewann die Pop Art mit einer Gruppenausstellung im Guggenheim Museum bereits in den frühen 1960er Jahren (während das MOMA erst nach Warhols Tod seine Werke ausstellte). Die zunehmende Publicitywirkung und der ökonomische Erfolg öffneten Warhol schließlich die ihm zunächst verschlossen gebliebenen Pforten der Prestige-Galerien von Sidney Janis und Leo Castelli, die über hinreichendes symbolisches Kapital verfügten, um seine Arbeiten zur legitimen Kunst zu konsekrieren.

Ambivalent blieb hingegen die Kunstkritik. Die einen verwiesen auf den affirmativen, die anderen auf den subversiven Charakter seines Werkes. Während die etablierte, modernistische Kritik (Clement Greenberg, Harold Rosenberg, Herbert Read) die Pop Art als einen Teil der Kulturindustrie, als ein „Aufgehen der Kunst in einer kommerziellen, konsumistischen und medialen Alltagswelt" (Beaucamp 1999) denunzierte, feierte die neue, postmoderne Kunstkritik in Warhols Werken die Bejahung der amerikanischen Konsumkultur und die Aufhebung der Grenzziehung zwischen autonomer und trivialer Kunst. Eine dritte Position vertrat die gegenkulturelle Bewegung der Beatniks und der Studentenbewegung: sie wollte darin eine Kritik an der amerikanischen Überflussgesellschaft und einen ironischen Umgang mit den Stars des Schaugeschäfts sehen. Diese Position bezogen auch renommierte Galeristen und Kunstkritiker in Europa, wo insbesondere die in USA kaum ausgestellte „Death and Disaster"-Serie (Siebdrucke von Autounfällen, Selbstmorden und anderen Todesarten) Furore machte und Warhol als gesellschaftskritischer Underground-Künstler gefeiert wurde. Eine mit marxistischem Vokabular argumentierende Monographie rühmte gar Warhols „revolutionäre Ästhetik" (Crone/Wiegand 1972). Ob nun in seinen Bildern die kapitalistische Konsumwelt affirmativ oder ironisch-dekuvrierend dargestellt wird, blieb bis heute umstritten (Buchhart. 2010: 42). Die Verfasserin einer Monographie über Andy Warhol, Annette Spohn, konstatiert die „Teilung in zwei Lager: einerseits wird seine Kunst gelesen als Kritik an der Konsumgesellschaft der USA; andererseits bescheinigt man ihr ausschließlich affirmativen Gehalt" (Spohn 2008: 129). Nicht wenige seriöse Kunstkritiker schätzen Warhol als einen großen zeitgenössischen Künstler, wobei sie teilweise mit einer fragwürdigen Dialektik argumentieren: Wer derart die Konsumwelt lobpreise, vergötze sie nicht, sondern kritisiere sie. *More sophisticated:* Nach Boris Groys „verkörperte Andy Warhol eine perfekte Balance zwischen einer radikalen Revolte gegen die Konventionen und einer radikalen Anpassung an den real existierenden Massengeschmack" (Groys 2004: 112). Auch Isabelle Graw wertet ähnlich zwiespältig: Warhol habe die Erwartungen des Kunstmarktes zugleich bedient und unterlaufen; sie zeigt dies im Detail am Siebdruck „192 One-Dollar-Bills" (2008: 187f.). Ähnliches lässt sich von seinem japanischen Pendant, Keiichi Tanaami, behaupten, der zugleich Vorreiter der Pop Art in Japan und erster Art Director des japanischen „Playboy" war.

    Unmittelbare Zugänglichkeit des Werks ist ein wichtiges Attribut für den Markt kulturindustrieller Erzeugnisse. Ein gutes Kunstwerk „in einem schnelllebigen Markt" ist eines, „das sich beim ersten Hinsehen erschließt" (Dossi 2007: 46). Dass die meisten Werke Warhols zu ihrem Verständnis weder humanistischer Vorbildung noch besonderer Anstrengungen des Sehens, Wahrnehmens und Nachdenkens bedürfen, hätte er als Lob verstanden; erklärte er doch: „Der Pop-Künstler machte Bilder, die jeder, der den Broadway entlang ging, im Bruchteil einer

3. Pop Art und Business Artists

Sekunde erkennen konnte" (zit. n. Danto 1994b: 341). Überdies hat Warhol eine Spirale von Reproduktion und Imitation in Gang gesetzt, die sich weiterdreht zur repetitiven Aneignung des Immergleichen. So malt etwa Richard Pettibone Warhols Bilder von Reproduktionen der (Konsum-)Welt abermals ab und schleust seine perfekten Imitate in den Kunstbetrieb ein.[117] Prätentiös ausgeflaggt wird diese Praxis des originalgetreuen Kopierens von gefragten Meisterwerken als „Konzept der Aneignung" (*Appropriation*), das den Originalitäts-Anspruch der bewussten Verweigerung jeder Originalität erhebt. Der „Appropriation Art" haben sich mittlerweile eine Reihe bekannter Künstler (u.a. Cindy Shermann, Elaine Sturtevant) verschrieben, und Pettibone ist einer ihrer Väter.[118]

Zu einer neuen Spezies von Business Artists gehören der amerikanische Objektkünstler Jeff Koons und der Brite Damien Hirst. Der ehemalige Börsenmakler Jeff Koons, auch als „King of Kitsch" apostrophiert, findet für seine pornographischen Fotos (der Meister im Liebesakt mit seiner damaligen Frau und ehemaligen Pornodarstellerin Illona Staller) und seinen monumentalen Nippes (goldene Porzellanaffen; in Glas geblasene Liebespaare) renommierte Galerien und erzielt auf dem Kunstmarkt die höchsten Preise eines lebenden Künstlers; für sein überdimensioniertes rotes Edelstahlherz, „Hanging Heart" zahlte ein Bieter bei Sotheby's 23,5 Mio. Dollar (Blomberg 2008: 10). Als verkaufsförderndes Ambiente für eine Auswahl seiner Werke diente ihm 2008 das Schloss von Versailles, eine Schau, die von wütenden Protesten der um ihr nationales Erbe besorgten Franzosen begleitet wurde. Der Leiter der Schlossanlage, Jean-Jacques Aillagon, ehemaliger französischer Kulturminister, stellte nach Koons den japanischen Popkünstler Takashi Murakami aus. Dass dieser als „Spielzeugfabrikant für Erwachsene" (Marc Fumaroli) gilt, ist dem verantwortlichen Aussteller des Spektakels nur recht – solange er für eine Belebung des Versailler Tourismusbetriebs sorgt und sich im Kampf um die staatlichen Subventionen als nützlich erweist (Süddeutsche Zeitung vom 18./19.9.2010, S. 16: „Medusa lächelt aus dem Spiegelsaal").

Damien Hirst, Mitbegründer der Gruppe „Young British Artists", wurde durch spektakuläre und provozierende Plastiken bekannt (in Formaldehyd eingelegter Hai; ein mit 8.601 Diamanten bestückter menschlicher Schädel, dessen Materialwert allein 15 Mio. britische Pfund beträgt). Er gilt als einer der reichsten zeitgenössischen Künstler der Welt, mit einem geschätzten Vermögen von einer Milliarde US-Dollar. Als „Finanzhai unter den Künstlern" (Welt online vom 5.4.2010) verkörpert Hirst in Personalunion Künstler, Sammler und Spekulant. Nachdem Sotheby's

---

117 Pettibones Appropriationen Warhols wurden bei Sotheby's im Frühjahr 2007 „für 50.000 Dollar und mehr" angeboten. (Süddeutsche Zeitung vom 15.5.2007, S. 13: „Die Jagdsaison ist eröffnet").

118 Pettibone über sich und Warhol: „Ich bin ein sorgfältiger Handwerker, er ist ein Schlamper." (Interview in Frankfurter Allgemeine Zeitung vom 22.2.2007, S. 31).

2007 eines seiner Werke für 14,5 Mio. Euro versteigert hatte, ließ er, unter Umgehung von Galeristen, 2008 in einer zweitägigen Auktion bei Sotheby's 287 seiner Werke versteigern, mit einem Erlös von 172 Mio. Dollar (The Wall Street Journal vom 17.9.2008: "Damien Hirst Skips the Middleman"). Business Schools ziehen ihn in ihren Management-Kursen bereits als erfolgreiches Fallbeispiel heran. In den Augen der Wirtschaftswissenschaftler ist er ein Meister der strategischen Innovationen, der sich, „um in der Sprache der Betriebswirte zu bleiben, neue Vertriebskanäle erschlossen (hat). Und neue Kundengruppen: Hirst vertraute nicht auf traditionelle Kunstliebhaber, sondern suchte sich gezielt russische Oligarchen, arabische Ölscheichs und angelsächsische Hedge-Fonds-Manager als Abnehmer" (Handelsblatt vom 8.2.2010: „Was Manager von Damien Hirst lernen können").

Vom affirmativen Virus ist die professionelle Kunstkritik nicht minder befallen. Der amerikanische Kunstexperte Harold Rosenberg annotierte bereits 1978 despektierlich deren Niedergang mit der Bemerkung, dass sie „kaum mehr als Einkaufsberatung geworden" sei (zit. n. Gewen 2006: 379). Christian Demand hat in einer streitbaren Analyse aufgezeigt „wie die Kunst sich der Kritik entledigte" (Untertitel). Statt kritischer Analyse und sachhaltiger Beschreibung böten die fachlich oft nur dürftig ausgebildeten Kritiker „enthusiastische Erlebnisaufsätze" und „Simulation von Tiefsinn" (Demand 2007: 11). Isabelle Graw verweist auf einen Funktionswandel der Kunstkritik, durch den ihr in bestimmten Marktsegmenten nur noch eine „apologetische Form der Hofberichterstattung" zugestanden würde (Graw 2008: 234). Aus einer amerikanischen Befragung von 169 Kunstkritikern weiß Hanno Rauterberg (2010) zu berichten, dass viele gar keine Kritiker mehr sein wollen. Manchen unter ihnen sei schon der Begriff suspekt geworden; sie schrieben lieber aus der Sicht des Kunstproduzenten, Sammlers oder Kurators. Zwei Gründe werden für den Niedergang der Kunstkritik angeführt: 1. Kritiker haben als „Multirollenspieler" ihre Unabhängigkeit verloren: „mal besuchen sie eine Galerie als Abgesandte der veröffentlichten Meinung, dann mimen sie dort den Vernisagenredner, bezahlt vom Galeristen; mal beraten sie Sammler und Museen, dann schreiben sie über diese; mal sind sie Freund des Künstlers, mal sein Kritiker" (Rauterberg 2004; ähnlich auch Graw 2008: 108f.). 2. Über die Maßstäbe der Kunstkritik herrscht große Verunsicherung; „alle Kunstnormen sind kollabiert" (Rauterberg 2008). Zuzuschreiben ist dies auch der neueren Kunsttheorie. Sie hat den Kritikern den Boden unter den Füßen weggezogen, ihre Qualitätskriterien und Bewertungsstandards unheilbar unterminiert. Wie anders soll man es deuten, wenn der einflussreiche Kunstkritiker und Philosoph Arthur C. Danto nach seinem Erweckungserlebnis beim Anblick von Warhols „Brillo Boxes" in einer New Yorker Gallery erklärt, dass von nun an alles ein Kunstwerk sein könne, sofern es ins Museum gehängt oder gestellt würde (Danto [1964] 1994a; 1993)? Die Einebnung (auf Neudeutsch: *Crossover*) von Hochkunst und Trivialkultur in der Postmoderne wird häufig mit einer Demokratisierung der Kunst gerechtfertigt. So wendet sich die Soziologin Zahner gegen das „elitäre Kunstverständnis" Bourdieus (2006: 290) und hebt positiv hervor, dass „das Feld der erweiterten Kunstproduktion neben einer Ökonomisierung der Kunst vor allem auch deren Demokratisierung dar(stellt)" (ebd.: 292). Wenn Demokratisierung bedeutet, „dem Affen Zucker zu geben", mit anderen Worten: einem Publikum mit unausgebildetem Kunstverständnis das vorzusetzen, was es ohnehin schon kennt oder ohne Anstrengungen unmittelbar erfassen kann, dann behandelt man es als unmündig. Adorno hat sich nicht gescheut, die Frage aufzuwerfen, „ob das Publikum überhaupt Richtiges wollen kann". Seine Antwort: Es müsse dazu „durch sich selbst und gegen sich selbst zugleich" gebracht werden, und zwar auf dem Wege der Erziehung, die es dagegen resistent macht, sich kulturindustrielle Machwerke („kalkulierte Idiotie") darbieten zu lassen (Adorno 1986: 346f.). Mit dem unreflektierten Postulat einer Demokratisierung der Kunst gibt man in frivoler Weise preis, was den „Anspruch der Künste" ausmacht: „aktiver Bestandteil der Emanzipation, von dauerhafter Entwicklung und von Humanität zu sein" (Hoffmann 2006: 279).

4. Gegenbewegungen

Die fortschreitende Kommerzialisierung der Kunstwelt ist nicht ohne innerkünstlerische Kritik geblieben, die die Tendenzen zur Marktaffinität der Kunst bloßlegt. Exemplarisch hat der in New York lebende deutsche Konzept-Künstler Hans Haacke mit seinen Collagen, Installationen, Plakaten und Architekturmodellen in unbeirrter Konsequenz die Verschränkungen von Kunst, Kapital und Macht aufgedeckt; denunziert hat er auch den Imagetransfer, den Sponsoren, Sammler und Politiker mit ihrer Kunstförderung anstreben. In seinem Zyklus „Der Pralinenmeister" (1981) stellte er Verbindungen her zwischen der rücksichtslosen Ausbeutung von Arbeitskräften und dem mit raffiniertesten Wertsteigerungsstrategien betriebenen Kunstmäzenatentum des Aachener Sammlers und Schokoladenfabrikanten Peter Ludwig (Ursprung 2010: 70). Befreundet mit dem kapitalismuskritischen Soziologen Pierre Bourdieu, machte Haacke die Macht multinationaler Konzerne und ihrer Machenschaften zum Thema verschiedener Werke, die bei Museumsausstellungen in den USA teilweise der Zensur, so im Museum für moderne Kunst (MoMA), zum Opfer fielen (Haacke 2010: 154ff.). Ihren Sponsor Rockefeller wollte das Museum nicht vergraulen. Auch Haackes Einrichtung des Deutschen Pavillons 1993 auf der Biennale in Venedig knüpfte unbequeme Verbindungen zwischen Wirtschaft und Kultur im Deutschland der 1930er Jahre und des Wirtschaftswunders in der Nachkriegszeit (Hemken 1998: 128). Er war es auch, der im Lichthof des Berliner Reichstagsgebäudes den von den Abgeordneten mit ihrer Heimaterde zu füllenden Trog mit der Bezeichnung „Der Bevölkerung" – gleichsam als Antidot zur wilhelminischen Giebelinschrift „Dem deutschen Volke" – als seinen Beitrag zur künstlerischen Ausgestaltung des Reichstagsgebäudes im Jahre 2000 aufstellte.

Haacke gehört einer Richtung der bildenden Kunst an, die Günter Metken (1996) in den 1970er Jahren mit den Begriffen „Spurensicherung" und „Feldforschung" bedacht hatte. Künstler wie Christian Boltanski, Jochen Gerz und andere bedienen sich bei ihrer künstlerischen Spurensicherung der Methoden der Archivierung und der Sozialwissenschaften (z.B. mit Dokumentarfoto, Fragebogen, Interview, Diagramm) und verfolgen mit dem „Einbringen sozialwissenschaftlicher Perspektiven in den ästhetischen Prozess" (Wick 1978a: 17) eine Sensibilisierung für gesellschaftliche Probleme und verfestigte Normen oder das Aufdecken von Machtstrukturen. Fragwürdig an diesem Unterfangen ist allein der Terminus „soziologische Kunst"; fügt er doch etwas zusammen, was weder seriöser soziologischer Forschung noch der künstlerisch-kompositorischen Gestaltung förderlich ist (vgl. dazu Janecke 2000).

Mit deutlichem Kontrapunkt zu Warhol haben andere Künstler die Möglichkeiten der bildenden Kunst in der angeblich postmodernen Beliebigkeit ausgelotet und mit authentischen Werken bewiesen, dass die Kunst ihren Anspruch auf Autonomie, Kritik und Emanzipation keineswegs aufgibt oder aufgeben muss. Das sei im Folgenden an zwei Beispielen, an Gerhard Richter und Joseph Beuys, erläutert.

Der Maler Gerhard Richter hat zwar von Warhol das mechanische Abmalen von Fotos übernommen, aber er nutzt mit dieser Technik seine malerischen Mittel völlig anders: nicht zur einfachen Reproduktion der Vorlage, sondern zu ihrer Verwandlung und Reflexion. Seine Bilder sind Bilder über Bilder, sie reflektieren „die Tradition des Illusionismus als auch die moderne Verweigerung von Abbildlichkeit"; sein Thema ist das „'Bild an sich' – seine möglichen Rollen und Funktionen" (Ullrich 2009: 140). Charakteristisch dafür sind seine Verwischungen, die das handwerklich Abgemalte wie hinter einem Schleier erscheinen lassen und durch „inhaltliche Offenheit und narrative Unschärfe (...) jedwede Sicherheit über die Identität des Gegenstandes" erschüttern (Henatsch 1998: 84). Mit dieser Technik hat Richter eines der brisantesten Themen der bundesdeutschen Nachkriegsgeschichte, den Terrorismus der Baader-Meinhof-Gruppe („Rote-Armee-Fraktion"), bearbeitet. Sein Zyklus „18. Oktober 1977" besteht aus 15 nach Art der Grisaille in dumpfem Grau gemalten Ölbildern der RAF-Terroristen und ihres Umfelds. Die Gemälde bilden zwar konkrete Personen ab (Ulrike Meinhof,

4. Gegenbewegungen

Andreas Baader, Gudrun Ensslin, Holger Meins), die aber durch die Verwischungen teilweise nur mit Kenntnis der Ausgangsfotos identifizierbar sind. Die Bilder, teils Diptychen und Triptychen, tragen unpersönliche Titel wie „Tote", „Erhängte", „Erschossener". Allein das als „Jugendbildnis" betitelte Werk, das Ulrike Meinhof im jugendlichen Alter darstellt, ist nur schwach verwischt; mit verträumtem Blick zeigt es die noch nicht in Gewalt und Terror Verstrickte.

Richter nähert sich mit dem Zyklus einem zentralen historischen Ereignis nicht als Historienmaler, sondern als reflektierter Künstler, der zugleich die abbildgebundene Themenbezogenheit der Fotomalerei und die abstrakten Ausdruckqualitäten der Malerei neu erprobt (Henatsch 1998: 56). Er löst die Fotos aus dem Funktionszusammenhang von Polizei und Skandalpresse. In einem indifferenten Grau dargestellt und verwischt, hinterlässt das Ungeheure des Geschehens Ungewissheit und Abgründigkeit. Die malerische Umsetzung „lässt das Sujet im Moment des sich aneignenden Zugriffs durch den Betrachter zerrinnen und entzieht es ihm. Sie beinhaltet gleichermaßen emotionale Fassungslosigkeit gegenüber dem konkreten Geschehen wie rationale Unfassbarkeit der sich unwiederbringlich als vergangen konstituierenden Geschichte" (ebd.: 83). Gleichsam exemplarisch lotet Richter damit auf einem avancierten künstlerischen Niveau und an einem nichttrivialen Thema die Bedingungen und Möglichkeiten der Malerei in der Postmoderne aus. Nach dem Urteil des Karlsruher Kunst- und Medienwissenschaftlers Wolfgang Ullrich gibt es nur „wenige Beispiele, bei denen vergleichbar komplex mit Unschärfe gearbeitet wurde" (Ullrich 2009: 141). Wie existenziell Richter diese künstlerische Auseinandersetzung verstand, zeigt seine Notiz für die Pressekonferenz zur erstmaligen Präsentation des Zyklus: „Die tödliche Realität, die unmenschliche Realität. Unsere Auflehnung. Ohnmacht, Scheitern, Tod." (Zit. nach Hemken 1998: 63)

Einen eigenen künstlerischen Weg ging auch der mit Warhol und anderen Pop-Art-Künstlern befreundete Joseph Beuys. Er war nicht nur ein vielseitiger Künstler, sondern hatte auch ausgeprägte politische und gesellschaftliche Utopie-Vorstellungen, die er engagiert vertrat. Als „idealtypischer Gegenspieler" zu Warhol, mit dem ihn die gelebte „Synthese von Kunst und Leben" verband (Spohn 2008: 122), nicht aber sein Œuvre (das hatte mit der Pop Art wenig gemeinsam), behauptete Beuys sich zur Blütezeit der Pop Art „als Einziger in Augenhöhe zu der in Sammlerkreisen außerordentlich begehrten Pop-Art" (Ermen 2007: 71). Der Durchbruch war ihm 1969 auf dem Kölner Kunstmarkt mit „The Pack (das Rudel)" gelungen, einer Installation mit einem alten VW-Bus, aus dem 24 Schlittenobjekte ausschwärmen und raumgreifend das Weite suchen. Das für die Installation Charakteristische ist „ihre niemals endende Vieldeutigkeit" (ebd.: 73) zwischen Geburtsvorgang, jugendlichem Aufbruch und sich ankündender Katastrophe; nicht zuletzt darin bekundet sich ihre Differenz zu den eingängigen und eindimensionalen Werken der Pop Art.

Die Installation wurde für 110.000 DM verkauft und entsprach der Summe, für die damals ein großes Bild von Robert Rauschenberg gehandelt wurde. Der Preis war für Beuys vornehmlich ein Maßstab für die Bedeutung des Kunstwerkes und für die Anerkennung als Künstler. Bei aller Geringschätzung, die Beuys dem Geld gegenüber zeigte, konnte und wollte er den Kunstmarkt als Barometer des Erfolgs nicht ignorieren. Der Galerist Schmela sagte von ihm: „Er könnte Millionär sein, wenn er nur wollte" (Ermen 2007: 78), aber er wollte nicht. Wenn Beuys die Gleichung „Kapital = Kunst" aufgestellt hat, dann trennten ihn Welten vom Warholschen Kapitalverständnis. Beuys lehnte den privaten ebenso wie den staatlichen Kapitalismus ab und befürwortete einen freiheitlichen Sozialismus. In seinem System der Wirtschaftswerte nahm die Kunst eine wichtige Rolle ein: sie sei das wahre Kapital menschlicher Fähigkeiten und Kreativität (Buchhart 2010: 43; Hofbauer 2010: 105). Seine Ideen zur „Sozialen Plastik" liefen darauf hinaus, einen „neuen sozialen Organismus", eine soziale und demokratische Lebensform als Kunstwerk zu schaffen (Szeemann 1997: 288), der „Entwurf einer Idealgesellschaft (...) auf der Basis freier, kreativer und autonomer Individuen" (Wick 1978b: 104).

Charakteristisch für Beuys war auch, dass er seine Objekte, wenn sie verkauft waren, immer noch als seine Werke betrachtete, an denen er weitergearbeitet hat, „auch wenn sie schon in anderen Händen waren" (Ermen 2007: 74). Das Beuyssche Œuvre könnte dem entsprechen, was Adorno als „künstlerische Utopie heute" ausbuchstabierte: „Dinge machen, von denen wir nicht wissen, was sie sind" (Adorno 1978b: 540).

Die Geschichte der Künste kennt als Gegenbewegung zum Manierismus und erstarrtem Formenkanon den wiederkehrenden Pendelausschlag zu einer „Rebarbarisierung" der Kunst, durch die als kunstfern geltendes, subkulturell verachtetes Material aufgenommen und in neuer Konstellation souverän integriert wird. So haben auf je eigene Weise Caravaggio, Gustav Mahler und Bertolt Brecht aus dem Profanen, Trivialen und Vulgären geschöpft, ihm bildliches, musikalisches und sprachliches Material abgewonnen und sich kreativ anverwandelt. Diese Grenzverschiebung sollte nun nicht mit dem schlichten Repetitionsprinzip der Pop-Kultur verwechselt werden. Unter ihrem Label wird heute auch manches subsummiert, was eher jenem Verfahren entspricht. Zu Unrecht wird daher etwa Peter Handke in einer literaturwissenschaftlichen Arbeit von Anja Pompe (2009) als Pop-Künstler abgehandelt, weil er „aus dem Bereich des Profanen eine potenziell neue Kunst schöpft" und rehabilitiert, „was der Moderne als sinnlich, trivial oder funktionslos

4. Gegenbewegungen

gilt". Pompe stempelt Handke gar zum Pop-Avantgardisten, der er jedoch ebenso wenig ist wie Beuys es war.

Epilog. In dem Film „Fahrenheit 451" des französischen Regisseurs François Truffaut werden in einer hedonistischen Zukunftsgesellschaft Bücher als unglückstiftend angesehen; sie sind gesetzlich verboten. Die Feuerwehr hat die Aufgabe, Bücher aufzuspüren und zu verbrennen, um das glückliche Leben in der Gesellschaft nicht zu gefährden. Abseits der Gesellschaft leben in den Wäldern die „Buchmenschen", die ihre Lieblingsbücher auswendig lernen, um sie vor dem Vergessen zu bewahren. Als Parabel wirft der Film ein Licht auf unsere gegenwärtige kulturelle Situation. Zwar hängen die authentischen Kunstwerke weiterhin in den Museen und stehen in den großen Bibliotheken, aber sie sind nur noch im Gedächtnis immer weniger existent. Der Eventzirkus und das ubiquitäre Medienspektakel verkleistern Augen und Ohren und stumpfen die Aufnahmefähigkeit ab für jene Werke, bei denen noch „etwas auftaucht, was es nicht gibt". Wie Findlinge ragen die Werke verbliebener authentischer Künstler aus dem Maelstrom der Kulturindustrie heraus. Sie tragen Namen wie Anselm Kiefer, Richard Serra oder Louise Bourgeois aus der bildenden Kunst, wie Friederike Mayröcker, Imre Kertész oder Jonathan Franzen aus der Dichtung, wie Hans Werner Henze und Wolfgang Rihm aus der musikalischen Komposition, wie Alexander Kluge und Pina Bausch aus Film und Tanz. In dem durchkommerzialisierten Universum erinnern diese nicht ganz willkürlich herausgegriffenen Schöpfer von Kunstwerken mit unausdeutbarer Sinnfülle an den Traum von einer zweckfreien ästhetischen Welt, in der der Mensch im Spiel – erschüttert und beglückt zugleich – ganz zu sich selbst findet.

Literaturverzeichnis

Siglen für Briefwechsel (BW)

BW G/G: Stefan George – Friedrich Gundolf Briefwechsel. Hg. Robert Boehringer und Georg Peter Landmann. München 1962
BW G/H: Briefwechsel zwischen George und Hofmannsthal. 2. erg. Aufl. München 1953
BW G/W: Stefan George – Friedrich Wolters Briefwechsel 1904-1930. Hg. Michael Philipp. Amsterdam 1998
BW W/G: Karl und Hanna Wolfskehl Briefwechsel mit Friedrich Gundolf. 2 Bde. Hg. Karlhans Kluncker. 2. Aufl. Amsterdam 1976

Literatur

Adorno, Theodor W. 1977a: Thesen zur Kunstsoziologie. In: Gesammelte Schriften. Band 10.1. Frankfurt am Main, S. 367-374
Adorno, Theodor W. 1977b: Résumé über Kulturindustrie. In: Gesammelte Schriften. Band 10.1. Frankfurt am Main, S. 337-345
Adorno, Theodor W. 1977c: George und Hofmannsthal. Zum Briefwechsel. In: Gesammelte Schriften. Band 10.1. Frankfurt am Main, S. 195-237
Adorno, Theodor W. 1978a: Ideen zur Musiksoziologie. In: Gesammelte Schriften. Band 16. Frankfurt am Main, S. 9-23
Adorno, Theodor W. 1978b: Vers une musique informelle. In: Gesammelte Schriften. Band 16. Frankfurt am Main, S. 493-540
Adorno, Theodor W. 1984: (mit Max Horkheimer) Dialektik der Aufklärung. Gesammelte Schriften. Band 3, 2 Aufl. Frankfurt am Main
Adorno, Theodor W. 1986: Kann das Publikum wollen? In: Gesammelte Schriften. Band 20.1. Frankfurt am Main, S. 342-347
Adorno, Theodor W. 1990a: Noten zur Literatur. Gesammelte Schriften. Band 11, 3. Aufl. Frankfurt am Main
Adorno, Theodor W. 1990b: Einleitung in die Musiksoziologie. In: Gesammelte Schriften, Band 14, 3. Aufl. Frankfurt am Main, S. 169-433
Adorno, Theodor W. 1990c: Dissonanzen. In: Gesammelte Schriften. Band 14, 3. Aufl. Frankfurt am Main, S. 7-167
Adorno, Theodor W. 1996a: Ästhetische Theorie. Gesammelte Schriften. Band 7, 6. Aufl. Frankfurt am Main

Adorno, Theodor W. 1996b: (mit Hanns Eisler) Komposition für den Film. In: Gesammelte Schriften. Band 15, 2. Aufl. Frankfurt am Main, S. 7-155

Akademie der Künste (Hg.) 1988: Dichter und Richter. Die Gruppe 47 und die deutsche Nachkriegsliteratur (Ausstellungskatalog). Berlin

Alemann, Heine v. 1997: Galerien als Gatekeeper des Kunstmarktes. Institutionelle Aspekte der Kunstvermittlung. In: Gerhards 1997: 211-239

Almanach 1962: Almanach der Gruppe 47 1947-1962. Hg. Hans Werner Richter in Zusammenarbeit mit Walter Mannzen. Reinbek 1962

Almendinger, Jutta / Hackman, J. Richard 1994: Die Integration von Frauen in professionelle Organisationen. In: Kölner Zeitschrift für Soziologie und Sozialpsychologie 46: 238-258

Alpers, Svetlana 1989: Rembrandt als Unternehmer. Sein Atelier und der Markt. Köln (Engl.: Rembrandt's Enterprise. London 1988)

Ammann, Jean-Christophe 1999: Das „Guggenheim-Syndrom". In: Hoffmann 1999: 32-41

Andrews, Keith 1974: Die Nazarener. München

Arnheim, Rudolf [1932] 2002: Film als Kunst. Frankfurt am Main

Arnold, Alice Laura 2005: Gegen das Dekorative – Im Dialog mit der internationalen Moderne. In: Anita Beloubek-Hammer / Magdalena M. Moeller / Dieter Scholz (Hg.): Brücke und Berlin. 100 Jahre Expressionismus. Berlin, S. 26-27

Arnold, Heinz Ludwig 2004a: Die Gruppe 47. Reinbek bei Hamburg

Arnold, Heinz Ludwig (Hg.) 2004b: Die Gruppe 47. Ein kritischer Grundriß. Text + Kritik, Sonderband, 3. Aufl.

Astruc, Alexandre 1992: Die Geburt einer neuen Avantgarde. Die Kamera als Federhalter. In: Christa Blümlinger / Constantin Wulff (Hg.): Schreiben Bilder Sprechen. Wien

Bachleitner, Rudolf 1976: Die Nazarener. München

Barthes. Roland 1987: S/Z. Frankfurt am Main

Bätschmann, Oskar 1997: Ausstellungskünstler. Kult und Karriere im modernen Kunstsystem Köln

Baumann, Günter 2000: Der George-Kreis. In: Richard Faber / Christine Holste (Hg.): Kreise – Gruppen – Bünde. Zur Soziologie moderner Intellektuellenassoziation. Würzburg, S. 65-84

Baxandall, Michael 1980: Die Wirklichkeit der Bilder. Malerei und Erfahrung im Italien des 15. Jahrhunderts. 2. Aufl. Frankfurt am Main

Beaucamp, Eduard 1999: Die moderne Kunst am Ende ihres Jahrhunderts. In: Hans Thomas (Hg.): Die Lage der Kunst am Ende des 20. Jahrhunderts. Dettelbach

Becker, Howard S. [1982] 2008: Art Worlds. 25th Anniversary Edition. Berkeley

Beckert, Jens / Rössel, Jörg: 2004: Kunst und Preise. Reputation als Mechanismus der Reduktion von Ungewissheit am Kunstmarkt. In: Kölner Zeitschrift für Soziologie und Sozialpsychologie 56: 32-50

Behnke, Christoph 2001: Zur Gründungsgeschichte deutscher Kunstvereine. In: Milla/Munder 2001: 11-22

Bell, Quentin 1997: Erinnerungen an Bloomsbury. Frankfurt am Main

Bell, Quentin 2003: Bloomsbury nach 1918. In: Christine Frick-Gerke (Hg.): Inspiration Bloomsbury. Der Kreis um Virginia Woolf. Frankfurt am Main, S. 127-142

Bendixen, Peter 2001: Einführung in die Kunst- und Kulturökonomie. 2. Aufl. Wiesbaden.

Benn, Gottfried 1989: Rede auf Stefan George. In: ders.: Sämtliche Werke. Band IV: Prosa 2. Stuttgart, S. 100-112

Bertuleit, Sigrid 1984: Max Liebermann und Barbizon. Landleben – Naturerlebnis. Hannover

Beyme, Klaus von 2005: Das Zeitalter der Avantgarden. Kunst und Gesellschaft 1905-1955. München

Blasberg, Cornelia 2000: Charisma in der Moderne. Georges Medienpolitik. In: Deutsche Vierteljahresschrift für Literaturwissenschaft und Geistesgeschichte 74: 111-145

Blomberg, Katja 2008: Wie Werte entstehen. Das Geschäft mit der Kunst. 3. Aufl. Hamburg
Boehringer, Robert 1967: Mein Bild von Stefan George. 2. Aufl. Düsseldorf
Boerner, Sabine 2002a: Führungsverhalten und Führungserfolg. Beitrag zu einer Theorie der Führung am Beispiel des Musiktheaters. Wiesbaden
Boerner, Sabine 2002b: Kein Dirigent, aber viele Führende. Das Orpheus Chamber Orchestra – ein Modell für Unternehmen? In: OrganisationsEntwicklung 21: 52-57
Boerner, Sabine / Krause, Diana E. 2002: Führung im Orchester: Kunst ohne künstlerische Freiheit? In: Zeitschrift für Personalforschung 16: 90-106
Bondi, Georg 1934: Erinnerungen an Stefan George. Mit einer Bibliographie. Berlin. Nachdruck (ohne Bibliographie) Düsseldorf 1965
Borchard, Stefan 2007: Heldendarsteller. Gustave Courbet, Edouard Manet und die Legende vom modernen Künstler. Berlin
Borchardt, Rudolf 1957: Prosa I (Gesammelte Werke in Einzelbänden). Stuttgart
Borchardt, Rudolf 1980: Rede über Hofmannsthal. In: Ralph-Rainer Wuthenow (Hg.): Stefan George in seiner Zeit. Dokumente zur Wirkungsgeschichte. Band I. Stuttgart, S. 88-92
Bourdieu, Pierre 1974: Zur Soziologie der symbolischen Formen. Frankfurt am Main
Bourdieu, Pierre 1982: Die feinen Unterschiede. Frankfurt am Main
Bourdieu, Pierre 1983: Ökonomisches Kapital, kulturelles Kapital, soziales Kapital. In: Reinhard Kreckel (Hg.): Soziale Ungleichheiten. Soziale Welt, Sonderband 2: 183-198
Bourdieu, Pierre 1985: Sozialer Raum und „Klassen". Leçon sur la leçon. Zwei Vorlesungen. Frankfurt am Main
Bourdieu, Pierre 1991: Die Intellektuellen und die Macht. Hamburg
Bourdieu, Pierre 1992: Rede und Antwort. Frankfurt am Main
Bourdieu, Pierre 1993a: Sozialer Sinn. Kritik der theoretischen Vernunft. Frankfurt am Main
Bourdieu, Pierre 1993b: Soziologische Fragen. Frankfurt am Main
Bourdieu, Pierre 1997: Das literarische Feld. In: Louis Pinto / Franz Schultheis (Hg.): Streifzüge durch das literarische Feld. Konstanz, S. 33-147
Bourdieu, Pierre 1998: Praktische Vernunft. Zur Theorie des Handelns. Frankfurt am Main
Bourdieu, Pierre 1999: Die Regeln der Kunst. Genese und Struktur des literarischen Feldes. Frankfurt am Main
Bourdieu, Pierre / Wacquant, Loïc J. D. 1996: Reflexive Anthropologie. Frankfurt am Main
Braese, Stephan (Hg.) 1999: Bestandsaufnahme. Studien zur Gruppe 47. Berlin
Braungart, Wolfgang 1997: Ästhetischer Katholizismus. Stefan Georges Rituale der Literatur. Tübingen
Braungart, Wolfgang 2005: „Was ich noch sinne und was ich noch füge / Was ich noch liebe trägt die gleichen züge". Georges performative Poetik. In: Text + Kritik, Heft 168: 3-18
Brenken, Anna / Dressler, Fritz 1988: Künstlerdorf Worpswede. Hamburg
Breuer, Stefan 1995: Ästhetischer Fundamentalismus. Stefan George und der deutsche Antimodernismus. Darmstadt
Briegleb, Klaus 1999: „Neuanfang" in der westdeutschen Nachkriegsliteratur – Die Gruppe 47 in den Jahren 1947-1951. In: Braese 1999: 35-63
Briegleb, Klaus 2003: Mißachtung und Tabu. Eine Streitschrift zur Frage: „Wie antisemitisch war die Gruppe 47?" Berlin
Bruhn, Manfred 2010: Sponsoring. 5. Aufl. Wiesbaden
Brystyn, Marcia 1978: Art Galleries as Gatekeepers: The Case of the Abstract Expressionists. In: Social Research 45: 390-408

Buchhart, Dieter 2010: Der Künstler als CEO und der CEO als Künstler. In: Kunstforum International, Band 200 (Januar-Februar 2010): 38-55
Bürger, Peter 1974: Theorie der Avantgarde. Frankfurt am Main
Busch, Werner 1993: Das sentimentalische Bild. Die Krise der Kunst im 18. Jahrhundert und die Geburt der Moderne. München
Casson, Lionel 2002: Bibliotheken in der Antike. Düsseldorf
Cofalla, Sabine 1998: Der „soziale Sinn" Hans Werner Richters. Zur Korrespondenz des Leiters der Gruppe 47. 2. Aufl. Berlin
Cofalla, Sabine 1999: Hans Werner Richter – Anmerkungen zum Habitus und zur sozialen Rolle des Leiters der Gruppe 47. In: Braese 1999: 65-85
Collins, Randall 1987: Schließungsprozesse und die Konflikttheorie der Profession. In: Österreichische Zeitschrift für Soziologie 12: 46-60
Conti, Alessandro 1998: Der Weg des Künstlers. Vom Handwerker zum Virtuosen. Berlin
Crone, Rainer / Wiegand, Wilfried 1972: Die revolutionäre Ästhetik Andy Warhols. Darmstadt
Dahlmanns, Janina 2005: Die Anfänge der Brücke im Zeichen der Stilkunst um 1900. In: Anita Beloubek-Hammer / Magdalena M. Moeller / Dieter Scholz (Hg.): Brücke und Berlin. 100 Jahre Expressionismus. Berlin, S. 20-21
Dahme, Heinz-Jürgen / Rammstedt, Otthein (Hg.), 1984: Georg Simmel und die Moderne. Neue Interpretationen und Materialien. Frankfurt am Main
Damus, Martin 2000: Kunst im 20. Jahrhundert. Von der transzendierenden zur affirmativen Moderne. Reinbek bei Hamburg
Dann, Otto (Hg.). 1981: Lesegesellschaften und bürgerliche Emanzipation. München
Danto, Arthur C. 1993: Das Ende der Kunst. In: ders.: Die philosophische Entmündigung der Kunst. München, S. 109-145
Danto, Arthur C. [1964] 1994a: Die Kunstwelt. In: Deutsche Zeitschrift für Philosophie 42: 907-919
Danto, Arthur C. 1994b: Warhol. In ders.: Reiz und Reaktion. München, S. 334-342
Deicher, Susanne 2004: Piet Mondrian 1872-1944. Konstruktion über dem Leeren. Köln
Demand, Christian 2007: Die Beschämung der Philister. Wie die Kunst sich der Kritik entledigte. 2. Aufl. Springe
Deutscher Bühnenverein 2010: Theaterstatistik 2008/2009. 44. Heft. Köln
Dossi, Piroschka 1997: Hype! Kunst und Geld. München
Dresdner, Albert [1915] 1968: Die Entstehung der Kunstkritik im Zusammenhang der Entstehung der europäischen Kunstgeschichte. München
Drinkuth, Friederike Sophie 2003: Der moderne Auktionshandel. Die Kunstwissenschaft und das Geschäft mit der Kunst. Köln
Duby, Georges 1998: Kunst und Gesellschaft im Mittelalter. Berlin
Durbé, Dario / Damigella, Anna Maria 1975: Corot und die Schule von Barbizon. München
Durkheim, Emile [1895] 1961: Regeln der soziologischen Methode. Neuwied
Eisermann, Gottfried 1979: Georg Simmel (1858-1918). In: Alphons Silbermann (Hg.): Klassiker der Kunstsoziologie. München, S. 85-113.
Elias, Norbert 1991: Mozart. Zur Soziologie eines Genies. Frankfurt am Main
Embacher, Erich 1985: Hans Werner Richter. Zum literarischen Werk und zum politisch-publizistischen Wirken eines engagierten Schriftstellers. Frankfurt am Main
Enquete-Kommission 2007: Kultur in Deutschland. Schlussbericht. Bundestags-Drucksache 16/7000 vom 11.12.2007
Enzensberger, Hans Magnus 1962: Die Clique. In: Almanach 1962: 22-27

Enzensberger, Hans Magnus 1968: Gemeinplätze die Neueste Literatur betreffend. In Kursbuch 15: 187-197
Enzensberger, Hans Magnus 2002: Bücher à la carte. In: Frankfurter Allgemeine Zeitung vom 9. November 2002, S. 33
Erd, Rainer 1997: Kunst als Arbeit. Organisationsprobleme eines Opernorchesters. In: Gerhards 1997: 143-169
Erling, Katharina 1998: Worpswede. In: Städtische Galerie Karlsruhe (Hg.): Deutsche Künstlerkolonien 1890-1910 (Ausstellungskatalog). Karlsruhe, S. 93-170
Ermen, Reinhard 2007: Joseph Beuys. Reinbek bei Hamburg
Faber, Richard / Holste, Christine (Hg.) 2000: Kreise – Gruppen – Bünde. Zur Soziologie moderner Intellektuellenassoziation. Würzburg
Fertig, Ludwig 1998: Abends auf den Helikon. Dichter und ihre Berufe. Frankfurt am Main
Fischer, Hans Conrad 2000: Johann Sebastian Bach. Sein Leben in Bildern und Dokumenten. Überarb. Neuausgabe. Holzgerlingen
Florida, Richard 2002: The Rise of the Creative Class. New York
Frick-Gerke, Christine (Hg.) 2003: Inspiration Bloomsbury. Der Kreis um Virginia Woolf. Frankfurt am Main
Friedrich, Heinz 1962: Das Jahr 47. In: Almanach 1962: 15-21
Fügen, Hans Norbert 1972: Dichtung in der bürgerlichen Gesellschaft. Sechs literatursoziologische Studien. Bonn
Fügen, Hans Norbert 1974: Der George-Kreis in der „dritten Generation". In: Wolfgang Rothe (Hg.): Die deutsche Literatur in der Weimarer Republik. Stuttgart, S. 334-358
Fuhse, Jan 2006: Gruppe und Netzwerk – eine begriffsgeschichtliche Rekonstruktion. In: Berliner Journal für Soziologie 16: 245-263.
Gabriel: 2002: Die Nationalbibliotheken Europas (http://www.ddb.de/gabriel)
Gadamer, Hans-Georg [1960] 1990: Wahrheit und Methode. Grundzüge einer philosophischen Hermeneutik. 6. Aufl. Tübingen
Gallwitz, Klaus (Hg.) 1981: Die Nazarener in Rom. Ein deutscher Künstlerbund der Romantik. München
Gendolla, Peter / Leinecke, Rita (Hg.) 1997: Die Gruppe 47 und die Medien. Siegen
George DB = Stefan George: Gesamtausgabe der Werke. Digitale Bibliothek
Gerhards, Jürgen (Hg.) 1997: Soziologie der Kunst. Produzenten, Vermittler und Rezipienten. Opladen
Germanisches Nationalmuseum (Hg.) 2001: Künstlerkolonien in Europa. Im Zeichen der Ebene und des Himmels (Ausstellungskatalog). Nürnberg
Gewen, Barry 2008: Kunst und Kritik. Ein Lagebericht. In: Merkur, Heft 685: 277-287
Gilcher-Holtey, Ingrid 2004: Was kann Literatur und wozu schreiben? Das Ende der Gruppe 47. In: Berliner Journal für Soziologie 14: 207-232
Goodrow, Gérard A. 2004: Wertetransfer. In: Kunstsammlung Nordrhein-Westfalen (Hg.): Das Magazin der Kunstsammlung Nordrhein-Westfalen. Heft 20-21: 22-24
Grasskamp, Walter 1993: Die Einbürgerung der Kunst. Korporative Kunstförderung im 19. Jahrhundert. In: Ekkehard Mai / Peter Paret (Hg.) 1993: Sammler, Stifter und Museen. Kunstförderung in Deutschland im 19. und 20. Jahrhundert. Köln, S. 104-113
Grasskamp, Walter 1998: Kunst und Geld. Szenen einer Mischehe. München
Graw, Isabelle 2008: Der große Preis. Kunst zwischen Markt und Celebrity Kultur. Köln
Groppe, Carola 2001: Konkurrierende Weltanschauungsmodelle im Kontext von Kreisentwicklung und Außenwirkung des George-Kreises. In: Wolfgang Braungart / Ute Oelmann / Bernhard Boeschenstein (Hg.): Stefan George. Werk und Wirkung seit dem „Siebenten Ring". Tübingen, S. 265-282

Groys, Boris 2003: Medienkunst im Museum. In: ders.: Topologie der Kunst. München, S. 59-76
Groys, Boris 2004: Der Pop-Geschmack. In: Walter Grasskamp / Michaela Krützen / Stephan Schmitt (Hg,): Was ist Pop? Zehn Versuche. Frankfurt am Main, S. 99-113
Grünbein, Durs 2010: Vom Stellenwert der Worte. Frankfurter Poetikvorlesung 2009. Frankfurt am Main
Gundolf, Friedrich 1909: Gefolgschaft und Jüngertum. In: Blätter für die Kunst, VIII. Folge: 106-112 (wieder abgedruckt in: Landmann 1965: 78-81)
Gundolf, Friedrich 1910: Das Bild Georges. In: Jahrbuch 1: 19-48 (wieder abgedruckt in: Gundolf 1980: 121-149)
Gundolf, Friedrich 1980: Beiträge zur Literatur- und Geistesgeschichte. Heidelberg
Haacke, Hans 2010: Wider die Selbstzensur und undurchsichtige wirtschaftliche und kulturelle Verflechtungen und Machenschaften. In: Kunstforum International, Band 200 (Januar-Februar 2010): 155-169
Haak, Carrol 2008: Wirtschaftliche und soziale Risiken auf den Arbeitsmärkten von Künstlern. Wiesbaden
Habermas, Jürgen 1962: Strukturwandel der Öffentlichkeit. Neuwied
Hachmeister, Lutz / Rager, Günther 2002: Wer beherrscht die Medien? Die 50 größten Medienkonzerne der Welt. Jahrbuch 2003. München
Hantelmann, Dorothea von / Lüthy, Michael 2010: Handeln als Kunst und Kunst als Handeln. Zur Einführung. In: Karin Gludovatz / Dorothea von Hantelmann / Michael Lüthy / Bernhard Schieder (Hg.): Kunsthandeln. Zürich, S. 7-12
Hartmann, Heinz 1968: Arbeit, Beruf, Profession. In: Soziale Welt 19: 193-216
Haskell, Francis 1996: Maler und Auftraggeber, Kunst und Gesellschaft im italienischen Barock. Köln
Haskell, Francis 2000: The Ephemeral Museum. Old Masters Paintings and the Rise of the Arts Exhibition. New Haven
Haslinger, Josef / Treichel, Hans-Ulrich (Hg.) 2005: Wie wird man ein verdammt guter Schriftsteller? Frankfurt am Main
Hauser, Arnold 1983: Soziologie der Kunst. (TB-Ausgabe). München
Hauser, Arnold 1990: Sozialgeschichte der Kunst und Literatur. München
Hegel, Georg Wilhelm Friedrich [1842] 1956: Ästhetik. Band I. Frankfurt am Main
Heinold, Wolfgang Ehrhardt. 2001: Bücher und Büchermacher. Verlage in der Informationsgesellschaft. 5. Aufl. Heidelberg
Hemken, Kai-Uwe 1998: Gerhard Richter. 18. Oktober 1977. Frankfurt am Main
Henatsch, Martin 1998: Gerhard Richter. 18. Oktober 1977. Das verwischte Bild der Geschichte. Frankfurt am Main
Herchenröder, Christian 2000: Kunstmärkte im Wandel. Düsseldorf
Hermand, Jost 1998: Die deutschen Dichterbünde. Von den Meistersingern bis zum PEN-Club. Köln
Hermsen, Torsten 2001: Die Kunst der Wirtschaft und die Wirtschaft der Kunst. In: Soziale Systeme 7: 156-176
Herzogenrath, Wulf 2001: Der Kunstverein in Bremen: Träger der Kunsthalle. In: Milla/Munder 2001: 23-25
Hoffmann, Hilmar (Hg.) 1999: Das Guggenheim-Prinzip. Köln
Hoffmann, Hilmar 2006: Lebensprinzip Kultur. Vorträge, Leitartikel und Essays 1947-2006. Frankfurt am Main
Hoffmann, Meike 2005: Leben und Schaffen der Künstlergruppe „Brücke" 1905-1913. Berlin
Hofmann, Werner 1998: Die Moderne im Rückspiegel. Hauptwege der Kunstgeschichte. München
Höhne, Steffen 2009: Kunst- und Kulturmanagement. Eine Einführung. Paderborn

Horkheimer, Max / Adorno, Theodor W. [1944] 1987: Dialektik der Aufklärung. In: Max Horkheimer 1987: Gesammelte Schriften. Band 5. Frankfurt am Main

Hüneke, Andreas 2005: Nahe und ferne Paradiese: Erotik und Exotik – Die Einheit von Mensch und Natur. In: Anita Beloubek-Hammer / Magdalena M. Moeller / Dieter Scholz (Hg.): Brücke und Berlin. 100 Jahre Expressionismus. Berlin, S. 100-101

Institut für Museumsforschung 2009: Statistische Gesamterhebung an den Museen der Bundesrepublik Deutschland für das Jahr 2008. Materialien aus dem Institut für Museumskunde, Heft 63. Berlin

Jähner, Horst 2005: Künstlergruppe Brücke. Geschichte einer Gemeinschaft und das Lebenswerk ihrer Repräsentanten. Leipzig

Jahrbuch 1: Jahrbuch für die geistige Bewegung. Hg. Friedrich Gundolf und Friedrich Wolters. 1. Jg./1910. Berlin

Jahrbuch 3: Jahrbuch für die geistige Bewegung. Hg. Friedrich Gundolf und Friedrich Wolters. 3. Jg./1912. Berlin

Janecke, Christian 2000. „Soziologische Kunst". Transformation und Sublimierung sozialen und politischen Engagements. In Hans Zitko (Hg.): Kunst und Gesellschaft. Beiträge zu einem komplexen Verhältnis. Heidelberg, S. 60-108

Jansen, Peter W. / Schütte, Wolfram 1992 (Hg.): Rainer Werner Fassbinder. Frankfurt am Main

Jarauch, Konrad H. 1989: Die Krise des deutschen Bildungsbürgertums im ersten Drittel des 20. Jahrhunderts. In: Jürgen Kocka (Hg.): Bildungsbürgertum im 19. Jahrhundert. Teil IV: Politischer Einfluß und gesellschaftliche Formation. Stuttgart, S. 180-205

Jarauch, Konrad H. 1995: Die unfreien Professionen. Überlegungen zu den Wandlungsprozessen im deutschen Bildungsbürgertum 1900-1955. In: Jürgen Kocka (Hg.): Bürgertum im 19. Jahrhundert. Göttingen, S. 200-222

Jauß, Hans Robert 1991: Ästhetische Erfahrung und literarische Hermeneutik. Frankfurt am Main

Jens, Walter [1961] 1964: Deutsche Literatur der Gegenwart. Themen, Stile, Tendenzen. 4. Aufl. München

Jens, Walter 1979: Rede. In: Hans A. Neunzig (Hg.): Hans Werner Richter und die Gruppe 47. München, S. 9-24

Kaiser, Gerhard 1974: Theodor W. Adornos „Ästhetische Theorie". In: ders.: Benjamin. Adorno. Zwei Studien. Frankfurt am Main

Kalden-Rosenfeld, Iris 2004: Tilman Riemenschneider und seine Werkstatt. 2. Aufl. Königstein i.Ts.

Kampmann, Sabine 2003: Der Künstler als Staffelläufer. Über die Autorfigur Markus Lüpertz im Spannungsfeld von Tradition und Innovation. In: Martin Hellmold / Sabine Kampmann / Ralph Lindner / Katharina Sykora (Hg.): Was ist ein Künstler? Das Subjekt der modernen Kunst. München, S. 43-66

Kaufmann, Thomas DaCosta 1998: Höfe, Klöster und Städte. Kunst und Kultur in Mitteleuropa 1450-1800. Köln

Keller, Sam 2010: Die Kunst hat die Strategien der Wirtschaft eher kopiert als kritisiert. In: Kunstforum International, Band 201 (März-April 2010): S. 74-77

Kemp, Wolfgang (Hg.) 1992: Der Betrachter ist im Bild. Kunstwissenschaft und Rezeptionsästhetik. Berlin

KfRW (= Kunstverein für die Rheinlande und Westfalen) 2004: 175 Jahre Kunstverein. Düsseldorf

Kimpel, Harald 1997: documenta. Mythos und Wirklichkeit. Köln

Kimpel, Harald 2002: documenta. Die Überschau. Köln

Kluncker, Karlhans 1974: Blätter für die Kunst. Zeitschrift der Dichterschule Stefan Georges. Frankfurt am Main

Kneer, Georg 2004: Differenzierung bei Luhmann und Bourdieu. In: Armin Nassehi / Gerd Nollmann (Hg.): Bourdieu und Luhmann. Ein Theorienvergleich. Frankfurt am Main, S. 25-56

Kolk, Rainer 1998: Literarische Gruppenbildung. Am Beispiel des George-Kreises 1890 bis 1945. Tübingen

König, René 1974: Das Selbstbewußtsein des Künstlers zwischen Tradition und Innovation. In: Kölner Zeitschrift für Soziologie und Sozialpsychologie, Sonderheft 17/1974 (Künstler und Gesellschaft): 341-353

Koppe, Franz (Hg.) 1993: Perspektiven der Kunstphilosophie. 2. Aufl. Frankfurt am Main

Kopper, Hilmar 1999: 1 + 1 = 3. Die Deutsche Guggenheim Berlin. In: Hoffmann 1999: 56-67

Kraus, Karl 1955: Beim Wort genommen. (Dritter Band der Werke von Karl Kraus, hgg. von Heinrich Fischer). München

Kris, Ernst / Kurz, Otto [1934] 1995: Die Legende vom Künstler. Ein geschichtlicher Versuch. Frankfurt am Main

Kröll, Friedhelm 1979: Gruppe 47. Stuttgart

Kröll, Friedhelm 1983: Gruppenzerfall. Versuch über die Gruppe 47. In: Neidhardt 1983: 319-342

Kröll, Friedhelm 1988: Die Gruppe, die eine Gruppe war. In: Akademie der Künste 1988: 124-132

Krüger, Michael 2010: Bücher, trotz allem. Die Erinnerungen des großen Verlegers André Schiffrin. In: Die Zeit vom 7. Oktober 2010, S. 52

Kunstmuseum Wolfsburg (Hg). 1998: Andy Warhol. A Factory (Ausstellungskatalog). Ostfildern

Kunstsammlung Nordrhein-Westfalen (Hg.) 2004: Die Kunst des Köderns. In: Das Magazin der Kunstsammlung Nordrhein-Westfalen. Heft 20-21: 28-30

Küster, Bernd 2001: „... diese irdischen Paradiese". Deutsche Künstlerkolonien im 19. Jahrhundert. In: Germanisches Nationalmuseum (Hg.) 2001: Künstlerkolonien in Europa. Im Zeichen der Ebene und des Himmels (Ausstellungskatalog). Nürnberg, S. 103-122

Kutschera, Franz von 1988: Ästhetik. Berlin

Landmann, Edith 1963: Gespräche mit Stefan George. Düsseldorf

Landmann, Georg Peter (Hg.) 1965: Der George-Kreis. Eine Auswahl aus seinen Schriften. Köln

Landmann, Georg Peter 1976: Stefan George und sein Kreis. Eine Bibliographie. 2. Aufl. Hamburg

Landmann, Michael 1984: Georg Simmel und Stefan George. In: Dahme/Rammstedt 1984: 147-177

Lehnert, Herbert 1971: Die Gruppe 47. Ihre Anfänge und ihre Gründungsmitglieder. In: Manfred Durzak (Hg.): Die deutsche Literatur der Gegenwart. Aspekte und Tendenzen. Stuttgart, S. 31-62

Lepenies, Wolf 1985: Die drei Kulturen. Soziologie zwischen Literatur und Wissenschaft. München

Linton, Ralph 1974: Gesellschaft, Kultur und Individuum. Frankfurt am Main (Engl.: The Cultural Background of Personality. New York 1945)

Luhmann, Niklas 1986: Das Kunstwerk und die Selbstreproduktion der Kunst. In: Hans Ulrich Gumbrecht / K. Ludwig Pfeiffer (Hg.): Stil. Geschichten und Funktionen eines kulturwissenschaftlichen Diskurselements. Frankfurt am Main, S. 620-672

Luhmann, Niklas 1990: Die Wissenschaft der Gesellschaft. Frankfurt am Main

Luhmann, Niklas 1995: Die Kunst der Gesellschaft. Frankfurt am Main

Luhmann, Niklas 2000: Die Politik der Gesellschaft. Frankfurt am Main

Lukàcs, Georg 1962ff.: Werke. Neuwied und Berlin

Maier-Solgk, Frank 2002: Die neuen Museen. Köln

Marcuse, Herbert [1937] 1965: Über den affirmativen Charakter der Kultur. In: ders.: Kultur und Gesellschaft 1. Frankfurt am Main, S. 56-101

Marcuse, Herbert 1957: Eros und Kultur. Stuttgart

Marcuse, Herbert 1977: Die Permanenz der Kunst. München

Marx, Karl / Engels, Friedrich 1962: Werke. Band 3. Berlin

Marx, Karl / Engels, Friedrich 1968: Werke. Ergänzungsband: Erster Teil (= MEW 40). Berlin

Marx, Karl 1939: Grundrisse der Kritik der politischen Ökonomie (Rohentwurf). Moskau. (Zitiert wird aus dem fotomechanischen Nachdruck der Europäischen Verlagsanstalt, Frankfurt am Main o.j.)

Mei, Jiangping / Moses, Michael 2002: Art as Investment and the Underperformance of Masterpieces: Evidence from 1875-2002. In: American Economic Review 92: 1656-1668

Menasse, Robert 2006: Die Zerstörung der Welt als Wille und Vorstellung. Frankfurter Poetikvorlesungen. Frankfurt am Main

Metken, Günter 1996: Spurensicherung. Eine Revision. Texte 1977-1995. Amsterdam

Mettler, Dieter 1979: Stefan Georges Publikationspolitik. Buchkonzeption und verlegerisches Engagement. München

Michalka, Matthias 1998: Das Stottern der Helden oder: Was hat das Kollektiv, was das "Ich" nicht hat? Vortrag vom 30.3.1998 im Kunstverein Ludwigsburg. Zweiter Teil (http://www.xcult.org/texte/michalka/m1.html)

Michel, Karl-Markus 1980: Versuch die „Ästhetische Theorie" zu verstehen". In: Burkhardt Lindner / W. Martin Lüdke (Hrsg.): Materialien zur ästhetischen Theorie. Theodor W. Adornos Konstruktion der Moderne. Frankfurt am Main

Milla, Bernd / Munder, Heike (Hg.) 2001: Tatort Kunstverein. Nürnberg

Moeller, Magdalena M. 2005: Künstlergruppe Brücke. München

Mommsen, Wolfgang J. 2002: Die Stiftung bürgerlicher Identität. Kunst- und Museumsvereine in Deutschland 1820–1914. In: ders.: Bürgerliche Kultur und politische Ordnung. Frankfurt am Main, S. 46–58

Monaco, James 1995: Film verstehen. Reinbek bei Hamburg

Müllerschön, Bernd / Maier, Thomas 2002: Die Maler der Schule von Barbizon. Wegbereiter des Impressionismus. Stuttgart

Neckel, Sighard (Hg.) Kapitalistischer Realismus. Von der Kunstaktion zur Gesellschaftskritik. Frankfurt am Main

Neidhardt, Friedhelm (Hg.) 1983: Gruppensoziologie. Perspektiven und Materialien. Kölner Zeitschrift für Soziologie und Sozialpsychologie, Sonderheft 25/1983

Nemeczek, Alfred 2002: documenta. Hamburg

Neumann, Thomas 1978: Der Künstler in der bürgerlichen Gesellschaft. In: Peter Bürger (Hg.): Seminar: Literatur- und Kunstsoziologie. Frankfurt am Main, S. 332-358

Neunzig, Hans A. (Hg.) 1979: Hans Werner Richter und die Gruppe 47. München

Nickel, Artur 1994: Hans Werner Richter – Ziehvater der Gruppe 47. Eine Analyse im Spiegel ausgewählter Zeitungs- und Zeitschriftenartikel. Stuttgart

North, Michael 2001: Das Goldene Zeitalter. Kunst und Kommerz in der niederländischen Malerei des 17. Jahrhunderts. 2. Aufl. Köln

Oertel, Rolf 1977: Psychologie des Denkens. Donauwörth

Osterkamp, Ernst 2005: Nachwort. In: Stefan George: Gedichte. Frankfurt am Main, S. 225-258

Panowsky, Erwin 1955: Meaning in the Visual Arts. New York. Dt. 1975: Sinn und Deutung in der bildenden Kunst. Köln

Paternoga, Sabrina 2005: Orchestermusikerinnen. Frauenanteile an den Musikhochschulen und in den Kulturorchestern. In: Das Orchester, Heft 5/2005: 8-14

Paternoga, Sabrina 2006: Orchestermusiker und Dirigenten. Aspekte der Zufriedenheit der Musiker mit dem Dirigenten – eine repräsentative empirische Untersuchung. In: Das Orchester, Heft 5/2006: 26-31

Pomian, Krzysztof. 1998: Der Ursprung des Museums. Vom Sammeln. Berlin

Pompe, Anja 2009: Peter Handke: Pop als poetisches Prinzip. Köln

Radkau, Joachim 2005: Max Weber. Die Leidenschaft des Denkens. München
Rauterberg, Hanno 2004: Die Feigheit der Kritiker ruiniert die Kunst. In: Die ZEIT vom 22. Januar 2004
Rauterberg, Hanno 2008: Schaudernde Begeisterung. In: Die ZEIT vom 23. Dezember 2008
Rauterberg, Hanno 2010: Schluss mit dem Gewisper! In: Die ZEIT vom 5. August 2010
Remm, Christiane 2005: Zwischen Individualität und Gemeinschaft. Die Künstlergruppe „Brücke" 1905-1913. Chronologie. In: Magdalena M. Moeller / Javier Arnoldo (Hg.): Brücke. Die Geburt des deutschen Expressionismus (Ausstellungskatalog). Berlin, S. 17-32
Richter, Hans Werner 1962: Fünfzehn Jahre. In: Almanach 1962: 8-14
Richter, Hans Werner 1979: Wie entstand und was war die Gruppe 47? In: Hans A. Neunzig (Hg.): Hans Werner Richter und die Gruppe 47. München, S. 41-176
Richter, Hans Werner 1997: Briefe. Hg. Sabine Cofalla. München
Riedel, Karl Veit 1976: Worpswede im Teufelsmoor bei Bremen. In: Gerhard Wietek (Hg.) 1976: Deutsche Künstlerkolonien und Künstlerorte. München
Rilke, Rainer Maria [1903] 1987: Worpswede. Frankfurt am Main
Rödiger-Diruf, Erika 1998a: Einleitung. In: Städtische Galerie Karlsruhe (Hg.): Deutsche Künstlerkolonien 1890-1910 (Ausstellungskatalog). Karlsruhe, S. 11-18
Rödiger-Diruf, Erika 1998b: Sehnsucht nach Natur. Zur Entwicklungsgeschichte der Künstlerkolonien im 19. Jahrhundert. In: Städtische Galerie Karlsruhe (Hg.): Deutsche Künstlerkolonien 1890-1910 (Ausstellungskatalog). Karlsruhe, S. 39-70
Roeck, Bernd 1999: Kunstpatronage in der Frühen Neuzeit. Göttingen
Romain, Lothar 1984: Zur Geschichte des deutschen Kunstvereins. In: Arbeitsgemeinschaft deutscher Kunstvereine (Hg.): Kunstlandschaft Bundesrepublik. Stuttgart, S. 11-37
Rother, Rainer (Hg.) 1997: Sachlexikon Film. Reinbek bei Hamburg
Ruhrberg, Karl (Hg.) 1996: Alfred Schmela: Galerist – Wegbereiter der Avantgarde. Köln
Ruppert, Wolfgang 1998: Der moderne Künstler. Zur Sozial- und Kulturgeschichte der kreativen Individualität in der kulturellen Moderne im 19. und frühen 20. Jahrhundert. Frankfurt am Main
Sabin, Stefana 1992: Andy Warhol. Reinbek bei Hamburg.
Scheler, Max 1960: Gesammelte Werke. Band 8: Die Wissensformen und die Gesellschaft. 2. Aufl. Bern
Schepers, Heiner 2001: Kunstvereine sind Orte für die Zukunft der Kunst. In: Milla/Munder 2001: 27-31
Schiffrin, André 2001: Verlage ohne Verleger. Über die Zukunft der Bücher. Berlin
Schiller, Friedrich 2004: Sämtliche Werke in fünf Bänden. Band V: Erzählungen, Theoretische Schriften. München
Schimank, Uwe 1996: Theorien gesellschaftlicher Differenzierung. Opladen
Schimank, Uwe 2001a: Organisationsgesellschaft. In: Georg Kneer / Armin Nassehi / Markus Schroer (Hg.): Klassische Gesellschaftsbegriffe der Soziologie. München, S. 278-307
Schimank, Uwe 2001b: Funktionale Differenzierung, Durchorganisierung und Integration in der modernen Gesellschaft. In: Tacke 2001: 19-38
Schindler, Herbert 1982: Nazarener. Romantischer Geist und christliche Kunst im 19. Jahrhundert. Regensburg
Schmalenbach, Hermann 1922: Die soziologische Kategorie des Bundes. In: Die Dioskuren. Jahrbuch für Geisteswissenschaften. Erster Band. München, S. 35-105
Schmidt, Siegfried J. 1989: Die Selbstorganisation des Sozialsystems Literatur im 18. Jahrhundert. Frankfurt am Main
Schmied, Wieland 1990: Kunst, Kunstgeschichte, Kunstakademie. (Schriftenreihe der Akademie der Bildenden Künste München, Bd. 1). München
Schneede, Uwe M. (Hg.) 2000: Museum 2000 – Erlebnispark oder Bildungsstätte? Köln

Schnell, Ralf (Hg.) 2000: Metzler Lexikon Kultur der Gegenwart. Stuttgart
Schonauer, Franz 2000: Stefan George in Selbstzeugnissen und Bilddokumenten. 10. Aufl. Reinbek bei Hamburg
Schulze, Gerhard 1992: Die Erlebnisgesellschaft. Kultursoziologie der Gegenwart. 2. Aufl. Frankfurt am Main
Schwab, Christoph Theodor [1846] 2003: Hölderlins Leben. Hg. Werner Schauer. München
Schwab-Felisch, Hans 1952: Die Literatur der Obergefreiten. In: Der Monat 4, H. 42: 644-651
Schweppenhäuser, Gerhard 2000: Einleitung. Kunst als Erkenntnis und Erinnerung. In: Herbert Marcuse. Nachgelassene Schriften. Band 2: Kunst und Befreiung. Lüneburg
Scott, W. Richard 1986: Grundlagen der Organisationstheorie. Frankfurt am Main
Seel, Martin 2007: Die Macht des Erscheinens. Texte zur Ästhetik. Frankfurt am Main
Seibert, Peter 1993: Der literarische Salon. Literatur und Gesellschaft zwischen Aufklärung und Vormärz. Stuttgart
Seifter, Harvey/Economy, Peter 2001: Das virtuose Unternehmen. Frankfurt am Main
Sheehan, James J. 2002: Geschichte der deutschen Kunstmuseen. Von der fürstlichen Kunstkammer zur modernen Sammlung. München
Siebertz-Reckzeh, Karin 2000: Soziale Wahrnehmung und Museumsnutzung. Bedingungsvariablen kultureller Partizipation. Münster
Silbermann, Alphons 1973: Empirische Kunstsoziologie. Eine Einführung mit kommentierter Bibliographie. Stuttgart
Silbermann, Alphons (Hg.) 1979: Klassiker der Kunstsoziologie. München
Simmel, Georg 1989: Philosophie des Geldes. (Gesamtausgabe, Band 6) Frankfurt am Main
Simmel, Georg 1992: Aufsätze und Abhandlungen 1894 bis 1900. (Gesamtausgabe, Band 5) Frankfurt am Main
Simmel, Georg 2000: Psychologisch-ethnologische Studien über die Anfänge der Musik (1881). (Gesamtausgabe, Band 1) Frankfurt am Main
Simmel, Georg 2005: Briefe 1880-1911. (Gesamtausgabe, Band 22) Frankfurt am Main
Simmel, Georg 2008: Jenseits der Schönheit. Schriften zur Ästhetik und Kunstphilosophie. Ausgewählt von Ingo Meyer. Frankfurt am Main
Spohn, Annette 2008: Andy Warhol. Frankfurt am Main
Stefan George-Stiftung 2000: Stefan-George-Bibliographie 1976-1997. Tübingen
Steiner, Barbara 2001: Was können Kunstvereine heute (noch) leisten? In: Milla/Munder 2001: 55-62
Steinle, Christa 2005: Die Rückkehr des Religiösen. Nazarenismus zwischen Romantik und Rationalismus. In: Max Hollein / Christa Steinle (Hg.): Religion – Macht – Kunst. Die Nazarener (Ausstellungskatalog). Köln, S. 15-35
Stock, Wolf-Dietmar (Hg.) 1986: Worpswede. Eine deutsche Künstlerkolonie um 1900 (Ausstellungskatalog). Fischerhude
Stöhr, Jürgen (Hg.) 1996: Ästhetische Erfahrung heute. Köln
Strauß, Botho [1981] 2004: Paare, Passanten. München
Szeemann, Harald (Hg.) 1997: Beuysnobiscum. Dresden
Tacke, Veronika (Hg.) 2001: Organisation und gesellschaftliche Differenzierung. Wiesbaden
Tangian, Katia 2010: Spielwiese Kunstakademie. Habitus, Selbstbildnis, Diskurs. Hildesheim
Thimann, Michael 2006: Der „glücklichste kleine Freystaat von der Welt"? Friedrich Overbeck und die Nazarener in Rom. In Ulrich Raulff (Hg.): Vom Künstlerstaat. Ästhetische und politische Utopien. München, S. 60-103

Thurn, Hans Peter 1991: Die Sozialität der Solitären. In: Kunstforum International, Bd. 116 (November-Dezember 1991): 100-129 (wieder abgedruckt in: Thurn 1997: 81-122)

Thurn, Hans Peter 1994: Der Kunsthändler. Wandlungen eines Berufes. München

Thurn, Hans Peter 1997: Bildmacht und Sozialanspruch. Studien zur Kunstsoziologie. Opladen

Thurn, Hans Peter 2002: Artikel „Kunstsoziologie". In: Günter Endruweit / Gisela Trommsdorf (Hg.): Wörterbuch der Soziologie. 2. Aufl. Stuttgart, S. 304-308

Todd, Pamela 2002: Die Welt von Bloomsbury. Frankfurt am Main

Töteberg, Michael 2002: Rainer Werner Fassbinder. Reinbek bei Hamburg

Türk, Klaus / Lemke, Thomas / Bruch, Michael 2002: Organisation in der modernen Gesellschaft. Eine historische Einführung. Wiesbaden

Ullrich, Wolfgang 2009: Die Geschichte der Unschärfe. Berlin

Ursprung, Philip 2010: Die Kunst der Gegenwart. 1960 bis heute. München

Velthuis, Olav 2003: Symbolic Meaning of Prices: Constructing the Value of Contemporary Art in Amsterdam and New York Galleries. In: Theory and Society 32: 181-215

Wagenbach, Klaus 2000: Nachwort. In: André Schiffrin: Verlage ohne Verleger. Über die Zukunft der Bücher. Berlin, S. 114-125

Wapnewski, Peter 1960: Deutsche Literatur des Mittelalters. Göttingen

Warnke, Martin 1989: Kunst unter Verweigerungspflicht. In: Volker Plagemann (Hg.): Kunst im öffentlichen Raum. Anstöße der 80er Jahre. Köln, S. 223-226

Warnke, Martin 1996: Hofkünstler. Zur Vorgeschichte des modernen Künstlers. 2. Aufl. Köln

Warnke, Martin 2004: Zu originell, um Schecks zu unterschreiben. In: Frankfurter Allgemeine Zeitung vom 8. Mai 2004, S. 41

Weber, Marianne, 1989: Max Weber. Ein Lebensbild. München

Weber, Max 1956: Die rationalen und soziologischen Grundlagen der Musik. In: ders.: Wirtschaft und Gesellschaft, Anhang. 4. Aufl. Tübingen, S. 877-928

Weber, Max, 1963: Gesammelte Aufsätze zur Religionssoziologie. Band I, 5. Aufl. Tübingen

Weber, Max, 1994: Max Weber Gesamtausgabe, Bd. II/6: Briefe 1909-1910. Tübingen

Weber, Max: [1922] 1964: Wirtschaft und Gesellschaft. Studienausgabe. Köln

Weber, Max: 1994: Wissenschaft als Beruf [1917/1919]. Politik als Beruf [1919]. Studienausgabe der Max Weber-Gesamtausgabe Band I/17. Tübingen

Wegener, Ulrike 1999: Künstler, Händler, Sammler. Zum Kunstbetrieb in den Niederlanden im 17. Jahrhundert. Niedersächsisches Landesmuseum Hannover

Weiller, Edith 1994: Max Weber und die literarische Moderne. Ambivalente Begegnungen zweier Kulturen. Stuttgart

Weinhold, Kathrein 2005: Selbstmanagement im Kunstbetrieb. Handbuch für Kunstschaffende. Bielefeld

Wellershoff, Dieter: Die Auflösung des Kunstbegriffs. 2. Aufl. Frankfurt am Main

Werche, Bettina 1997: Die Zusammenarbeit von Jan Breughel d. Ä. mit Hendrik van Balen. In: Breughel – Breughel. Flämische Malerei um 1600 (Ausstellungskatalog). Lingen 1997, S. 67-74

Wick, Rainer 1978a: Kunst als sozialer Prozeß. In: Kunstforum International, Band 27: 16-18

Wick, Rainer 197b: Sozialutopisches Denken bei Joseph Beuys. In: Kunstforum International, Band 27: 103-107

Wick, Rainer / Wick-Kmoch, Astrid (Hg.) 1979: Kunstsoziologie. Bildende Kunst und Gesellschaft. Köln

Wiggershaus, Renate 1987: Virginia Woolf. Leben und Werk in Texten und Bildern. Frankfurt am Main

Willette, Randall 2010: Kunst als alternative Anlagestrategie: In: Kunstforum International, Band 201 (März-April 2010): 84-87

Literaturverzeichnis

Wimmer, Thomas 1991: I Nazareni – die klösterliche Utopie. In: Kunstforum International, Band 116 (November-Dezember 1991): 78-99

Windeler, Arnold / Lutz, Anja / Wirth, Carsten 2000: Netzwerksteuerung durch Selektion – Die Produktion von Fernsehserien in Projektnetzwerken. In: Jörg Sydow / Arnold Windeler (Hg.): Steuerung von Netzwerken. Konzepte und Praktiken. Wiesbaden, S. 178-205

Winkler, Michael 1972: George-Kreis. Stuttgart

Wittkower, Rudolf / Wittkower, Margot 1989: Künstler – Außenseiter der Gesellschaft. 2. Aufl. Stuttgart

Wolters, Friedrich 1909: Herrschaft und Dienst. Berlin (auszugsweise wieder abgedruckt in: Landmann 1965: 82-86)

Wolters, Friedrich 1910: Richtlinien. In: Jahrbuch 1: 128-145 (wieder abgedruckt in: Landmann 1965: 150-161)

Wülfing, Wulf / Bruns, Karin / Parr, Rolf (Hg.), 1998: Handbuch literarisch-kultureller Vereine. Gruppen und Bünde 1825-1933. Stuttgart

Wyss. Beat 2005: Die ersten Modernen. In: Max Hollein / Christa Steinle (Hg.): Religion – Macht – Kunst. Die Nazarener (Ausstellungskatalog). Köln, S. 155-167

Zahner, Nina: 2006: Die neuen Regeln der Kunst. Andy Warhol und der Umbau des Kunstbetriebs im 20. Jahrhundert. Frankfurt am Main

Ziermann, Horst (Hg.) 1966: Gruppe 47. Die Polemik um die deutsche Gegenwartsliteratur. Eine Dokumentation. Frankfurt am Main

Register

Abstrakter Expressionismus 62-65

Appropriation Art 199

Ästhetik 10, 14, 18ff., 31, 33, 52, 103, 107, 111, 193, 198
- Produktions-/Werkästhetik 10, 14
- Rezeptions-/Wahrnehmungsästhetik 10, 13ff., 28
- Spielmetapher (F. Schiller) 18, 181f., 205

Auktionshaus 61, 66f., 83, 186ff.

Ausstellung 27, 34, 61ff., 66, 71ff, 73-75, 80f., 102, 105, 123, 128, 130f., 134, 192ff.
- Biennale Venedig 74f., 105, 202
- documenta 74f.

Avantgarde 19, 24, 62-66, 104, 112, 125, 127, 140, 143f., 165, 182f., 184

Bibliothek 27, 75-78, 205

Buchhandel 60, 190

Expressionismus 125f., 128

Fernsehen 42, 54

Film 25, 35, 41ff., 47, 52-57, 71f, 114f., 184, 190, 205
- Autorenfilm 42, 56, 143
- Filmfestival 26, 55
- Genrefilm 56
- Neuer deutscher Film 56
- Nouvelle Vague 56
- Studiosystem 55f.

Fotografie 35, 43, 53

Galerie, Galeristen 27, 32ff., 57, 60-68, 81f., 83, 186f., 195, 197ff, 200
- Castelli, Leo 64f., 197
- Fischer, Konrad 65f.
- Guggenheim, Peggy 63f.
- Janis, Sidney 64, 197
- Kahnweiler, Daniel Henry 61, 63
- Parsons, Betty 64
- Schmela, Alfred 33, 65, 204
- Sonnabend, Illeana 65
- Sprüth, Monika 66
- Vollard, Ambroise 63

Hermeneutik 15, 140

Kapital, symbolisches 23f., 62, 68, 141ff., 145f., 149, 156, 169, 175f., 193, 197

Kulturindustrie 10, 19, 22, 33, 52, 183f., 186, 198, 201, 205

Kulturwirt 196

Kulturwirtschaft 194f.

Künstler (auch Schriftsteller, Filmschaffende etc.) durchgängig
- als Profession 11, 16, 20, 28, 32, 34-45, 82, 85-88, 104-108, 109-112, 140, 177
- Handwerker-Künstler 92-96
- Hofkünstler 11, 96-101, 107, 184
- moderner Künstler 11, 102-108

Künstlergruppe 27, 47, Kap. IV, Kap. V
- antitheater 47, 114f.
- Barbizon 113, 119-121
- Bloomsbury 114, 132-137
- Brücke 113, 126-132

- Factory 114f., 196
- George-Kreis 114, 145-155, 163-179
- Gruppe 47 113, 155-179
- Nazarener 114, 115-119
- Worpswede 113, 122-125

Künstlerhabitus, Künstlerlegende 86-91

Künstler-/Malerwerkstatt 46f., 92f., 135

Künstlerverband 27

Kunst-/Kulturförderung 73, 80, 86, 193f., 201

Kunsthochschule 27, 34-46
- für Bildende/Freie Kunst 36-39
- Film-/Fernseh-/Medienhochschule 42f.
- Kunstuniversität 43ff.
- Musikhochschule 39ff.
- Schauspiel-/Theaterhochschule 41f.

Kunstkritik 27, 61, 106, 197f., 200

Kunstmarkt 27, 31, 61f., 66, 67f., 81f., 104f., 185-189, 198, 203f.

Kunstmesse 61, 66, 186, 188, 195

Kunstsoziologie 9-205
- Adorno, Theodor W. 10, 14, 17f., 20-22, 33, 150, 182f., 184, 186, 201, 204
- Becker, Howard S. 25f.
- Bourdieu, Pierre 10, 15, 22ff., 29, 62, 67, 89, 140-146, 151, 171f., 175, 193, 197, 201
- Hauser, Arnold 17f., 96, 101
- Hegel, Georg Wilhelm Friedrich 14, 103, 182
- König, René 86, 111
- Lukàcs, Georg 17f.
- Luhmann, Niklas 9f., 24, 29ff., 32f., 91. 104, 107, 110, 141
- Marcuse, Herbert 18-20, 182f.
- Marx, Karl 16
- Silbermann, Alphons 9, 20
- Simmel, Georg 16f., 148f., 131, 153ff.
- Weber, Max 16f., 29, 45, 85, 140f., 153ff., 164, 167, 173

Kunstverein 27, 34, 61, 79-82, 84, 106, 127, 130

Lesegesellschaft 27, 31, 78f.

Literaturhaus 27, 79

Literaturmarkt 189f.

Mäzen, Mäzenatentum 32, 61, 80, 86, 95, 98, 104f., 118, 127, 185, 193, 201

Medien(-kunst) 36, 39, 42f., 71f., 75f.

Museum 27, 33, 68-73, 81, 191-194, 200f.
- Guggenheim 70, 83, 191f., 197
- Künstlermuseum 70

Musik 10, 17, 22, 31, 34, 35ff., 39-41, 45, 47f., 86, 88, 106, 147

Netzwerk 25, 26, 53, 56, 60f., 82, 83, 108, 111, 164, 166

Öffentlichkeit (s. Publikum)

Oper 25, 27, 30, 40f., 47, 50, 52, 83

Orchester 27, 30, 34, 47-52, 83
- Orpheus Chamber Orchester 51

Organisation 11, 27f., Kap. II
- Einlinien- 48, 58, 72
- divisionale 46, 48
- „organisierte Anarchie" 46
- Strukturen 45f.

Pop Art 64f., 196-201, 203ff.

Profession (s. Künstler als Profession)

Professionelle Schließung 86, 140

Publikum 10, 11. 14, 16, 25, 27f., 31f., 34, 53, 58, 69, 71, 78-82, 91, 99, 102, 104, 106f., 109, 139f., 144, 171f., 177, 201

Register 223

Renaissance   36, 58, 95, 96f., 102, 103, 107, 117, 185

Reputation (s. Kapital, symbolisches)

Romantik   11, 30, 35, 90, 102, 116, 122, 181

Salon, literarischer   24, 27, 78f., 101, 132f., 139, 143, 148, 161, 176

Selbstreferenz der Kunst   34, 83

Sponsoring   73, 143, 190-194, 201
- Sponsoren-Scout   195

Strategie   10, 22, 24, 28, Kap. V
- Definition   140, 144

Theater   27, 33ff., 39, 41ff., 47-50, 83, 114f.

Verlag, Verleger   24, 27, 32, 34, 57-60, 83, 104ff., 135, 139, 143, 150f., 163, 166, 174, 189f.
- Bertelsmann   59f., 190
- Holtzbrinck   59f., 190

Umfassender Überblick zu den Speziellen Soziologien

> Profunde Einführung in grundlegende Themenbereiche

Georg Kneer /
Markus Schroer (Hrsg.)
**Handbuch
Spezielle Soziologien**

2010. 734 S. Geb. EUR 49,95
ISBN 978-3-531-15313-1

Erhältlich im Buchhandel
oder beim Verlag.
Änderungen vorbehalten.
Stand: Juli 2010.

Das „Handbuch Spezielle Soziologien" gibt einen umfassenden Überblick über die weit verzweigte Landschaft soziologischer Teilgebiete und Praxisfelder. Im Gegensatz zu vergleichbaren Buchprojekten versammelt der Band in über vierzig Einzelbeiträgen neben den einschlägigen Gegenstands- und Forschungsfeldern der Soziologie wie etwa der Familien-, Kultur- und Religionssoziologie auch oftmals vernachlässigte Bereiche wie etwa die Architektursoziologie, die Musiksoziologie und die Soziologie des Sterbens und des Todes.

Damit wird sowohl dem interessierten Laien, den Studierenden von Bachelor- und Masterstudiengängen als auch den professionellen Lehrern und Forschern der Soziologie ein Gesamtbild des Faches vermittelt. Die jeweiligen Artikel führen grundlegend in die einzelnen Teilbereiche der Soziologie ein und informieren über Genese, Entwicklung und den gegenwärtigen Stand des Forschungsfeldes.

Das „Handbuch Spezielle Soziologien" bietet durch die konzeptionelle Ausrichtung, die Breite der dargestellten Teilbereichssoziologien sowie die Qualität und Lesbarkeit der Einzelbeiträge bekannter Autorinnen und Autoren eine profunde Einführung in die grundlegenden Themenbereiche der Soziologie.

www.vs-verlag.de

Abraham-Lincoln-Straße 46
65189 Wiesbaden
Tel. 0611.7878-722
Fax 0611.7878-400